大学生就业指导与创业教育研究

主 编 ◎ 胡东亮 迟昊婷 师帅

图书在版编目（CIP）数据

大学生就业指导与创业教育研究/胡东亮，迟昊婷，师帅主编 . —北京：研究出版社，2023.1
ISBN 978-7-5199-1360-1

Ⅰ.①大… Ⅱ.①胡… ②迟… ③师… Ⅲ.①大学生—职业选择—研究②大学生—创业—研究 Ⅳ.①G717.38

中国版本图书馆 CIP 数据核字（2022）第 208121 号

出 品 人：赵卜慧
出版统筹：丁　波
责任编辑：陈侠仁

大学生就业指导与创业教育研究

DAXUESHENG JIUYE ZHIDAO YU CHUANGYE JIAOYU YANJIU

胡东亮　迟昊婷　师帅　主编

研究出版社 出版发行

（100006　北京市东城区灯市口大街 100 号华腾商务楼）

北京建宏印刷有限公司　新华书店经销

2023 年 1 月第 1 版　2023 年 2 月第 1 次印刷
开本：787 毫米×1092 毫米　1/16　印张：16
字数：420 千字

ISBN 978-7-5199-1360-1　定价：88.00 元
电话（010）64217619　64217612（发行中心）

版权所有·侵权必究

凡购买本社图书，如有印制质量问题，我社负责调换。

前　言

目前，我国大学毕业生的人数逐年增加，大学生就业越来越受到社会以及毕业生本人的重视。就业是大学毕业生所面临的重大抉择，是人生的重大转折，但目前不容乐观的就业形势，给大学生带来了很大的思想和心理压力，也使部分大学生产生了一些心理障碍，这既不利于就业，也影响了大学生的工作和学习。有效规划大学学习生活是应对"就业难"的重要举措，也是大学生的迫切愿望。在专业教师的指导下，在校大学生对自己的职业生涯进行科学的规划，从容做好就业准备，才能顺利走上工作岗位。

创新创业能力是当代青年成长和成才的重要保证，大学生是最具创新创业潜力的群体之一，开展创新创业教育，大力培养大学生的创新创业能力是建立高校创新体系的关键环节和基础性内容，对建设创新型国家起着积极作用。

本书既强调职业在人生发展中的重要地位，又关注毕业生的全面发展和终身发展。旨在通过激发学生职业生涯发展的自主意识，树立正确的就业观，促使毕业生理性地规划自身未来的发展，并努力在学习过程中自觉地提升就业能力和职业生涯管理能力。开展职业发展与就业指导工作是知识经济时代全面提高毕业生素质的客观要求，也是当前教育教学改革和发展的必然趋势。

本书的内容分为两大部分。第一部分讲述大学生就业指导相关知识，力求对大学生职业生涯规划与顺利就业起到一定的指导作用。第二部分阐释大学生创业相关知识，为大学生创新创业提供理论与实践方面的帮助。

本书的编写具有以下特色：（1）学术性和系统性，遵循教育部的就业指导课程教学要求，结合当前高等院校就业指导课程实施的实际需要，坚持以基本理论为指导，详细阐述各章知识，讲解相关理论；（2）针对性和适用性，以学生需求调研为依据，密切结合近几年大学生就业与创业的实践，并参考国内外就业指导的成熟做法，力图给高校毕业生就业的工作者和大学生以充实的就业和创业内容，增强针对性和适用性；（3）可读性和实践性，理论与实践的结合是就业指导课程的灵魂，采取理论联系实际的编写形式，便于读者理解理论知识，具有可读性和实践性。

在编写过程中借鉴了大量的国内外文献资料，以及各专家学者的著作和研究成果，在此表示由衷的敬意和感谢。由于编者水平有限，书中难免有缺漏和不足，敬请广大读者批评指正。

编　者
2022 年 7 月

目 录

第一章 大学生就业指导概述 ... 1
- 第一节 大学生就业指导的内涵与发展 ... 1
- 第二节 大学生就业指导的目的与意义 ... 4
- 第三节 大学生就业指导的内容与原则 ... 6
- 第四节 大学生就业指导的规划与实施 ... 9

第二章 职业概述与大学生职业生涯规划 ... 15
- 第一节 职业概述 ... 15
- 第二节 职业生涯规划概述 ... 21
- 第三节 职业生涯规划的方法与步骤 ... 33

第三章 大学生就业形势与政策 ... 39
- 第一节 大学生就业形势 ... 39
- 第二节 大学生就业法规 ... 44
- 第三节 就业协议与就业权益 ... 47

第四章 大学生就业途径 ... 61
- 第一节 就业信息的收集和筛选 ... 61
- 第二节 人才聘用制度 ... 66
- 第三节 国家公务员制度 ... 70
- 第四节 大学生参军入伍 ... 72

第五章 就业心理准备与心理调适 ... 76
- 第一节 就业心理障碍以及对策 ... 76
- 第二节 大学生就业心理准备 ... 80
- 第三节 就业心理调适 ... 83

第六章 求职技能与面试礼仪 ... 88
- 第一节 求职材料 ... 88
- 第二节 互联网求职方法 ... 93

第三节　笔试与面试 …………………………………………………………… 99
　　　第四节　职场礼仪 …………………………………………………………… 111

第七章　适应职场与职业发展 …………………………………………………… 114
　　　第一节　适应职场 …………………………………………………………… 114
　　　第二节　职业发展 …………………………………………………………… 123

第八章　终身教育与继续教育 …………………………………………………… 131
　　　第一节　树立终身学习观念 ………………………………………………… 131
　　　第二节　继续教育 …………………………………………………………… 136
　　　第三节　终身教育与继续教育的关系 ……………………………………… 147

第九章　创业概述 ………………………………………………………………… 148
　　　第一节　创业的概念与作用 ………………………………………………… 148
　　　第二节　创业的模式 ………………………………………………………… 151
　　　第三节　大学生创业教育 …………………………………………………… 153

第十章　创业者 …………………………………………………………………… 161
　　　第一节　创业者概述 ………………………………………………………… 161
　　　第二节　创业者素质 ………………………………………………………… 166

第十一章　创业机会与创业风险 ………………………………………………… 177
　　　第一节　创业环境 …………………………………………………………… 177
　　　第二节　创业机会与评估 …………………………………………………… 185
　　　第三节　创业风险 …………………………………………………………… 193
　　　第四节　商业模式与资源整合 ……………………………………………… 196

第十二章　撰写创业计划与创业实施 …………………………………………… 202
　　　第一节　创业计划 …………………………………………………………… 202
　　　第二节　创业团队与资金 …………………………………………………… 205
　　　第三节　创业实施 …………………………………………………………… 216

第十三章　新创企业的管理 ……………………………………………………… 223
　　　第一节　战略管理 …………………………………………………………… 223
　　　第二节　人力资源管理 ……………………………………………………… 229
　　　第三节　财务管理 …………………………………………………………… 236

参考文献 …………………………………………………………………………… 242

第一章 大学生就业指导概述

第一节 大学生就业指导的内涵与发展

一、就业内涵

从不同学科界定就业会产生多种定义。总的来说，劳动者为了维持自己的生活、实现自身的价值、对社会做出自己的贡献，就需要选择与自己能力相契合的职业，便于与生产资料和工作岗位迅速而有效地结合，这种结合就是就业。

就业的内涵包括两个方面的内容：一是社会客观条件，包含宏观方面的政治、经济等社会制度和目前发展水平所能够最大限度地提供的岗位数量与种类、职业收入与标准等；二是自身主观因素，指就业者自身的知识结构、专业素养、道德品质、性格特征、家庭教育及社会关系等。这两个方面的因素共同作用的结果就是就业。

二、就业指导的含义

人们通常把帮助择业者根据个人的生理和心理特点选择适合于自己职业的过程称为就业指导。就业指导有广义和狭义之分，狭义的就业指导是指给需要求职择业的劳动者传递就业信息，在其与职业结合过程中提供中介服务，从而实现就业；广义的就业指导是指为劳动者选择职业、准备就业以及在职业中求发展、求进步提供知识、经验和技能，包括预测就业市场，汇集、传递就业信息，开展就业政策咨询，进行思想教育，指导职业生涯规划，培养劳动技能，组织劳动力市场以及推荐、介绍和组织招聘等与就业有关的综合性社会咨询服务活动。

针对高校毕业生的就业指导，不仅服务于毕业生的就业环节，而且贯穿于大学阶段人才培养的全过程，它关乎大学生自身的发展与未来的前途，是为大学生提供集学习、指导、辅导和服务于一体的一系列活动的总和。它包含职业意识启蒙，职业认知指导，择业观念指导，职业生涯规划指导，就业技能提升指导，职业价值观指导，以及就业政策、信息、程序等事务指导。

三、大学生就业指导的发展

（一）国外大学生就业指导的发展

在高等教育步入大众化的今天，无论是发达国家还是发展中国家，都面临着大学生就业的现实问题。纵观国内外高校就业指导的发展历程，不难发现，其发展与社会、经济、教育的发展是同步的。

就业指导一说最早起源于美国，已有上百年历史。它主要是受西方国家经济社会发展、技术变革、职业分化以及失业问题治理的推动而产生和发展起来的。新技术的广泛运用既创造了一系列新的职业，扩展了人们选择职业的机会，也催生了就业指导的客观物质基础和社会条件。产业革命导致职业高度分化和失业者数量激增，而这两者是就业指导产生的直接原因。因此，就业指导是与职业分工同时同步进行的，并在职业结构变动和职业多样化、专业化的动力驱使下，不断丰富其内涵。

1. 萌芽阶段

早在1894年，美国加州工艺学校就有负责人开始推行就业技术理论。1898年，美国底特律中央中学校长杰西·戴维斯开始在学校教育中探索实施教育咨询和职业咨询，强调职业信息的重要性，并开始为学生提供就业信息。弗兰克·帕森斯在1908年创立了世界上第一个职业指导机构——波士顿地方职业局。在他出版的《选择一个职业》一书中，他首先运用了"就业指导"这个专业概念。

1911年，美国哈佛大学开设了世界上第一堂就业指导课，与此同时，美国也召开了第一届职业指导大会。由于当时系统的理论知识体系还没有建立，因此就业指导的核心仅围绕在实现"人与职业的匹配"，研究成果仅仅是明确了基本的要素，工作的范围也只是局限在收集与传递职业信息资料、提出建议和简单地对人员进行培训。

2. 起步阶段

在1910年左右，以美国为中心的职业指导运动开始兴起。1917年，波士顿与哈佛大学进行合作后，就业指导在美国的各类大学得到了迅速发展。在第一次世界大战之后，与就业指导相关的学科，包括心理学、经济学和社会学等得到了迅猛发展，在此基础上，就业指导理论也逐渐充实自己的理论内涵和实践途径。职业指导至此引起了世界各国的关注，包括英国、法国、德国等在内的国家都开始重视职业指导事业，并且逐渐由社会渗透到学校，并日趋科学化、制度化、规范化。

3. 完善阶段

自20世纪70年代起，美国通过实施"职业生涯教育"拨款计划，将普通教育与职业教育结合起来，在普通教育中设置职业预备课程。在这一阶段，西方国家大学逐渐实现了精英教育向大众教育的转变，高等教育的普及带动了毕业生人数的增长，随之就出现了大学生"就业难"的问题，但部分国家在国家宏观政策、高校就业指导两个层面促进大学生就业，形成了一套行之有效的就业模式，积累了诸多的经验，对提高大学毕业生就业率起到了很重要的作用。

欧美国家产生了有着不同阐释的新职业能力观。该观念认为，职业能力在内涵与外延上具有广泛的概念，不再局限于具体岗位对专门知识与技能的要求，开始蕴含"职业生涯"的价值理念，所注重的不仅是一个人的职业价值，更加注重人作为"人"的生存和发展的价值，重视人的生命意义。就业指导的做法演变为"辅导"。教育者不再扮演高高在上甚至是无所不能的师者，而更多的是处于一个提供服务的位置，即处于"非指导"地位，充分尊重来访的个体，相信个体具有自我认识、自我选择职业和规划人生的能力。

（二）我国大学生就业指导的发展

我国的大学生就业指导工作早在20世纪初就已出现。1916年，清华大学为了指导毕业生择业，开展了择业演讲活动，聘请知名专家来校举办职业讲座，以指导学生能够很好地选择职业。社会上也成立了各种职业指导机构，如中华职业教育社、上海职业指导所等。但由于资金短缺、就业职位少等诸多原因，这一工作成效有限。中华人民共和国成立以后，在计划经济时期，国家对大学生的就业采取了高度集中的计划安置、统一分配政策。在"统包统分"的年代，这种就业教育方式确实很有成效。绝大多数大学毕业生都能服从国家需要，分到哪里，就能在哪里"生根、发芽、开花、结果"，度过自己一生的职业生涯。

改革开放以后，国家对毕业生就业政策进行了重大改革，实行"供需见面、双向选择"的就业制度。竞争机制开始进入高校和毕业生之间，毕业生被推上了市场化的就业轨道。高校为了提高本校毕业生的就业率、就业层次和就业质量，在大力提高教学质量、按市场需求调整专业、增强学生综合素质、拓宽就业适应面的同时，把毕业生就业指导工作提到了空前重要的位置。20世纪90年代初，作为国家高校改革的试点，深圳大学率先实行了毕业生不包分配政策，在国内高校中首先建立了毕业生就业指导中心，发行《就业指导报》，组织用人单位来学校招聘，广泛开展就业指导活动。随后，全国许多高校也纷纷效仿，陆续成立了毕业生就业指导机构。各级政府教育主管部门也成立了高校毕业生就业指导中心，宣传就业政策，发布就业信息，为大学生就业提供服务，从而开创了大学生就业指导工作的新局面。

国家有关部门多次下文，出台了一系列关于大学生就业指导的新政策；大学生就业指导受到了政府和社会的普遍关注，教育部、各省教育主管部门成立了大学生就业指导机构；各地人事部门也采取了相应的措施，定期或不定期举行区域性的大学生双向选择活动，积极为大学毕业生就业服务；电视、报刊等媒体专门开设了大学生就业指导专栏；各级各类大学生就业指导网站除了为毕业生提供大量的政策和就业知识，还为大学生择业提供了双选服务平台；各高校均设立了就业指导办公室或就业指导中心，建立了自己的就业指导网站，普遍开设了大学生就业指导课，大部分学校还将其列为必修课，通过对大学生全面的、系统的就业指导，普遍提高了大学生的就业能力和今后的职业发展能力。

近年来，随着劳动力市场的供求发生变化，越来越多的大学生出现就业难的问题，国家越来越重视就业指导工作，不仅对即将毕业的大学生进行就业指导教育，还对刚进入大学的新生进行职业规划教育，甚至定期举办职业规划大赛和大学生就业创业大赛，来促进就业指导工作的开展。除此之外，各省市的人力资源和社会保障部门、各个高校定期举行人才交流会，以促进大学生就业。伴随着网络的兴起，各种求职型网站如"智联招聘""中华英才网""求职网"等层出不穷，极大地推动了大学生的就业，就业指导工作开始进入深度发展阶段。

大学生就业指导工作将教育体系与经济体系结合起来，将学生在校学习与未来就业结合起来，将大学生个人需求与社会需求结合起来，对毕业生的顺利就业起到了十分重要的作用。

第二节　大学生就业指导的目的与意义

一、大学生就业指导的目的

(一) 促进大学生成才

择业是人生的关键问题之一，它直接影响到个人的前途和发展。如果处理不好，将会使一个人的人生道路崎岖不平。因此，职业的选择既是对未来人生发展道路的选择，更是对人生幸福的选择。一般来说，大学毕业生涉世未深、经验不足、职业目标不确定，容易在选择职业的过程中犹豫不定、走弯路，甚至找不准自己的发展方向。而大学生就业指导恰好可以为大学生提供这样的帮助，如就业指导中的职业生涯指导能够帮助大学生正确了解自我、规划职业。

(二) 帮助大学生就业

大学生能否顺利就业主要取决于社会的需求及自身的素质。这两个方面虽不是大学生就业指导可以直接影响和瞬间转变的，但就业指导可以帮助大学生用正确的价值观、道德标准和行为规范参与求职活动；可以为大学毕业生提供准确的社会需求信息和就业形势分析；可以向大学生介绍求职面试的方法和技巧，帮助他们提高展现自我的能力；还可以给大学生提供相应的心理咨询和辅导，帮助大学生缓解就业压力带来的心理负担。总之，这些措施都可以实实在在地为大学生提供有关就业方面的帮助，有利于他们顺利实现就业。

(三) 推动大学生职业发展

对大学生进行就业指导有利于他们今后的发展和成才。大学生在就业过程中所得到的不仅是用人单位录用和不录用的结果，还可以体会用人单位对职业素养的要求，因此大学生就业的过程也是受教育的过程。大学生就业指导中的一些要求，如展示真实形象、锻炼表达能力、增强团队意识、遵守市场规范等，不仅是对就业的具体指导，而且是对今后事业发展的长远指导。就业是开展事业的第一步，不能只为就业而就业，而是通过就业来成就事业，展示人生的价值。因此，大学生就业指导可以在一定意义上推动大学生职业发展。

总之，近几年高校不断扩招，高校毕业生的数量不断增长，大学生就业竞争将更加激烈。作为高校的就业指导部门有责任、有义务帮助大学生树立正确的就业观念，并为其选择职业、准备就业、职业发展等提供知识、技能指导，组织与就业有关的综合性社会咨询服务活动，使大学生会就业、就好业，以期达到使无业者有业、有业者敬业、敬业者乐业、乐业者创业的就业指导最高境界。

(四) 促进社会经济更快、更好地发展

"人力资源是第一资源"，现代社会的竞争核心是人才的竞争。大学生是国家培养的高级专门人才，是未来高素质人才群体的核心，是实施科教兴国战略、实现21世纪宏伟目标的重要

力量。我国已进入加快推进社会主义现代化的新阶段，培养同现代化要求相适应的高素质劳动者和数以千万计的专门人才，发挥我国巨大的人才资源优势，关系到21世纪我国社会主义事业的全局。

二、大学生就业指导的意义

（一）有助于大学生成才以及顺利就业

一个人所从事的职业，意味着一个人的未来发展和前途。工作岗位的选择是人生中关键的一步，虽说工作不可能一步到位，但选择却是十分重要的。假如所从事的工作岗位与自己的能力及兴趣都相符，那么工作起来就会更加努力、奋发上进，愿意去努力实现自己的价值；假如所从事的职业不是自己感兴趣的，那么工作的状态就是毫无斗志、混日子，更谈不上成就以及事业的发展。

首先，高校通过开展就业指导工作可以帮助大学生形成正确的就业观念和价值观念，在日常学习生活中，指导和督促他们提升自己的综合能力，在专业知识方面给予正确的引导，通过理论学习与社会实践相结合，从而增强学生适应社会环境的能力与人际交往的能力，促进学生专业知识和就业能力双提升。

其次，在大学生就业指导中开展就业形势解读、面试技巧、简历制作等方面的工作，可以在一定程度上帮助大学生设计良好的形象，在参与岗位竞争时更好地展现自己，找到适合自己的岗位。

（二）有助于大学毕业生资源的合理配置

我国是发展中国家，经济社会发展亟须人才供应。大学毕业生是国家高层次人力资源，他们具有思想活跃、文化素质高、有专业知识、有特长、创新能力强、懂新时代科技等特点。若将大学毕业生输送到适合的工作岗位，必然能调动他们的积极性，发挥他们的特长，将他们在学校所学的知识转化为生产力，从而推动我国现代化建设。但现实中常面临的情况是，"大学毕业生找不到适合自己的工作岗位""用人单位找不到他们所需要的人才"。应如何解决这一个问题？高校就业指导就是用人单位和大学生两者之间很好的桥梁。就业指导一方面可以根据市场走向、就业形势趋向、用人单位的岗位需求，了解择业者的心理特点，以便人才安排得合理、科学，使用得当、有效；另一方面，帮助学生了解就业形势，树立正确的就业观，选择最能发挥自己专长和才能的工作岗位，这样才能避免"英雄无用武之地，用武之地找不到英雄"的情况发生，达到人力资源合理配置的目的，促进社会稳定发展。

（三）进一步深化我国高等教育体制改革

高校能否将大学毕业生顺利送出学校走上工作岗位，关系到教育改革目标能否实现。"双向选择""自主择业"的毕业生就业制度变革，不仅对学生来说是挑战，对高校来说更是一种挑战。从某种意义来讲，大学毕业生是一所学校的"产品"，那么"产品"在市场上是否具有竞争力，是否经得起社会用人单位的检验，这直接反映着一所学校办学水平、教学质量的优劣。

就业指导在学校与用人单位两者之间充当媒介，能起到连接两者之间关系的作用。高校通过就业指导向社会用人单位介绍学校的专业背景和特色，在一定程度上能帮助大学毕业生进行一个良好的广告推销，也可以获得用人单位对高校人才培养的反馈信息，反馈于学校的教学和管理等环节，从而进一步促进学校改进工作、深化教育体制改革。高校根据反馈信息及时调整当前课程体系、专业结构以及学校培养模式，提高教学质量，培养出用人单位需要的人才。

第三节　大学生就业指导的内容与原则

一、大学生就业指导的主要内容

第一，就业观指导。就业观指导是指帮助大学生树立正确的就业观念，引导和教育学生在择业和就业过程中正确处理个人目标与社会需要、个人素质与岗位发展、个人利益与集体利益等关系，确立崇高的职业道德，以积极进取的精神和态度投入工作岗位中，实现个人价值和社会价值。就业观是大学生的世界观、人生观、价值观在择业和就业上的直接反映，是选择职业和发展道路的前提，对大学生就业行为和职业发展有着重要影响。因此，要引导大学生从自身实际情况出发，正确认识自身价值，明确社会需要，处理好环境、利益、地位等各类客观因素的干扰和影响，找到切合自身发展特点的职业道路。

第二，就业形势与政策的宣传和指导。就业形势与政策是影响大学生个人职业选择和发展的关键因素，会对大学生就业前景产生重要影响，因此这是就业指导的一个重要方面。一方面，从就业形势角度来讲，要引导高校毕业生准确把握国家经济和社会发展形势，了解就业形势和总体态势，结合当下影响就业的利弊因素，根据专业方向、行业发展等特点，全面地向学生分析就业形势。通过分析，可以让学生更清醒地认识到就业中存在的机遇和困难，及时调整就业心态和期望，并采取积极主动的方法迎接挑战；另一方面，从就业政策宣传方面来看，学生在择业过程中缺乏对国家就业方针、政策的理解和把握，存在认识模糊不清、理解不够透彻的问题，严重影响职业目标和发展道路的合理选择，所以要在就业指导中及时、准确地向大学生宣传有关就业政策，解读就业制度和就业方式，帮助其完成就业。

第三，就业信息指导与服务。就业信息是大学生掌握就业动态、把握就业机会的关键，及时传达丰富的就业信息是帮助大学生进行就业选择和职业决策的重要前提。为大学生提供及时有效的就业信息，并进行相关信息指导，从而使学生和社会之间建立良好的信息互通。由于学生信息渠道较窄，信息来源较少，而且市场上的就业信息很复杂，因此需要精心细致收集和整理，根据每位毕业生的实际情况，对信息进行甄别筛选，有针对性地将准确、可靠、有助于合理就业的信息及时传达给每位毕业生。同时，也要指导大学生主动掌握收集信息的方法和途径，学会分类与辨别，筛选有价值的信息，为个人就业提供重要信息来源。

第四，就业技能和技巧指导。大学生求职过程是自我推荐和自我展示的过程，掌握完善的求职技能和技巧，对于顺利就业至关重要。通过就业技能指导，使大学生能够全面掌握自荐、应聘、面试等各个环节中的方式与方法，了解与用人单位沟通时的基本常识、相关礼仪及个人形象，更好地使肢体语言和有声语言在求职择业过程中得以合理运用。在就业指导中要注重加强大学生就业技能和技巧的学习和指导，使其在求职过程中及时总结经验，合理运用相关技巧。

第五，就业能力培养。面对就业形势的日趋严峻和就业竞争压力逐渐增大的外在环境，提升大学生就业能力是增强其就业竞争力、拓宽就业选择的根本途径。就业能力主要包括大学生的学习能力、专业能力、实践能力及职业素养等内容。其中，学习能力是基础，能够使个人在职业发展中不断汲取新知识和新技能，以适应社会发展要求；专业能力是职业发展的长期需要，只有具备了良好的专业素养和扎实的专业知识储备，才能更好地在职业发展中实现个人价值；实践能力是理论与实践结合能力的重要体现，也是解决实际问题的重要保障，只有用理论知识更好地指导实践，才能立足于专业岗位，不断取得突破；职业素养是内涵，体现了个人在职业发展中的行为规范，是决定其能否快速融入集体并实现个人价值的关键。因此，在就业指导中，要注重和加强对大学生就业能力的培养，从根本上解决大学生的就业问题。

第六，就业心理辅导。大学生在择业和就业过程中，不仅要克服外在环境和困难带来的阻碍，还要克服出现的焦虑、消极、盲目、自卑等心理问题和心理障碍。因此，及时有效地进行心理辅导是大学生就业指导中的一个重要环节。一方面，大学生心理辅导从培养正确的就业观和良好的择业心态着手，引导大学生客观地分析就业形势，正确面对自身的优势和劣势，准确地进行自我评价和定位，防止出现因个人及环境因素导致的心理波动和落差；另一方面，在就业指导过程中，要对学生表现出的心理问题进行及时干预，掌握相关的心理调适方法，引导学生进行自我心理调节，克服不良心理因素的影响，增强战胜挫折和困难的勇气及能力，以积极健康的心态面对就业过程中的一切挑战。因此，通过积极的就业心理辅导及必要的心理问题危机干预，使学生摆正择业心态，克服心理障碍，培育良好健康的就业心理。

二、大学生就业指导的原则

随着高校就业制度改革的深入及高校教育"大众化"的到来，高校毕业生的就业面临着新的机遇和挑战。新形势下，就业工作是关系到高校生存和发展的"生命线工程"，做好就业工作更是高校当前的重要任务之一。加强对大学生的就业指导是高校的责任，也是大学生受教育的权利。有针对性地对普通高校毕业生开展就业指导，对于提高毕业生就业指导工作实效和改进就业指导工作方法，具有十分重要的现实意义。高校进行大学生就业指导的主要原则如下。

（一）坚持思想教育和心理疏导相结合的原则

随着"双向选择，自主择业"这种新的就业机制的确立，毕业生在就业过程中的主体地位和选择性明显增强，就业已逐步市场化，再加上高校扩招后的毕业生陆续进入就业市场，人数迅猛增加。面对就业的新环境和就业中的竞争压力，毕业生在思想上和心理上存在许多忧虑，不少人茫然失措、信心不足。传统的择业观念和择业误区对毕业生的影响，使毕业生产生了部分不正确的择业观和就业观，如因利益的驱动和个人定位不准，择业时过分看重就业单位的经济效益，在地域上偏重大、中城市，迷恋国家机关、行政事业单位、大型企业，盲目追求热门职业，等等。这些现象均对毕业生顺利就业产生了不利影响，以致在毕业生就业过程中出现了"无业可就"和"有业不就"两种最突出的表现。因此，在就业指导中应坚持思想教育和心理疏导相结合的原则，对毕业生进行道德观、人生观、价值观的指导，引导正确处理国家需要和个人发展、成才与发财、事业与生活、奉献与索取的关系，使毕业生充分认识自己，合理定位，正确择业，及时就业。

（二）坚持综合素质优先的原则

高校作为社会主义建设高层次人才的培养基地，应转变教育观念，更新教育思想，全面推进素质教育，将素质教育贯彻到整个教育过程中、落实到教学的各个方面。特别是面临新的就业形势及新的就业观念，在高校毕业生就业指导中应融入素质教育的理念，并使之成为就业指导的有机组成部分。如今，用人单位在选择毕业生的过程中，择人条件也发生了明显的变化，不仅看专业，更看重毕业生的能力。在就业市场中，那些综合素质好、动手能力强以及有各种特长的毕业生深受用人单位的欢迎和青睐。因此，在就业指导中应坚持综合素质优先的原则，通过引导和教育，激励大学生顺应时代潮流，不断挖掘自身潜力，加强自身综合素质的培养和提高，主动适应复杂多变的竞争社会，抓住机遇，以实现人生理想和社会价值。

（三）坚持普遍指导和个性化辅导相结合的原则

在毕业生的就业指导过程中，各高校应根据毕业生的共性安排相同的就业指导内容，并采取集中讲授、专题报告等形式对毕业生进行就业政策、就业形势、收集信息、择业准备、求职技巧等就业知识的指导，同时更应根据毕业生个体的差异、特点等，对其个性的塑造、潜能的开发、个人理想和需求的引导、个体职业能力倾向的培养与测试、职业生涯规划等方面进行分散的小型的辅导，使共性与个性协调发展，从而使就业指导达到更加理想的效果。

（四）坚持职业生涯设计和求职技能提高相结合的原则

近几年来，高校就业指导对象大多为应届毕业生，就业指导时间仅仅是在毕业的最后一年，就业指导内容主要表现在就业思想教育、政策指导、信息指导、技巧指导等方面。因此，就业指导仍存在短期性和季节性，还未将大学生就业指导工作贯穿大学教育的全过程。随着就业形势的需要，就业指导应"以人为本"，将就业指导拓展到职业观的全面教育。从大学生一入校便开始进行就业教育，及早培养学生的就业竞争意识，帮助大学生合理安排时间，引导大学生结合自己的性格、气质、兴趣、爱好、特长及所学专业，正确评价自己，树立积极而切合实际的职业理想，确定合理的职业生涯目标。

（五）坚持理论和实践相结合的原则

就业指导的过程是大学生学习实践的过程，课程最根本的特点是针对性和实践性，要能切实解决大学生择业中的实际问题，给大学生求职择业和今后的工作适应以有效的指导。在整个就业指导的过程中要避免空洞的说教，应通过典型案例分析、专题讨论、模拟就业市场等一系列实践活动，帮助毕业生分析就业形势、了解就业政策、提高就业技能，让学生在实践中得到提高，而且要在实践中检验指导的成效，以进一步改进、完善就业指导的方式和内容体系，确保教学效果。

第四节　大学生就业指导的规划与实施

一、就业指导的主要任务

（一）正确认识当前的就业形势

通过就业指导使大学生正确地认识当前的就业形势，认识到自身就业的有利条件、不利因素以及就业趋势，加强就业信息指导，有利于大学生做出合理的就业定位，使其主观愿望符合社会的实际，能够及时、顺利地就业。

（二）熟悉国家的就业制度、政策和法规

通过就业指导使大学生明白我国就业的方针、政策、原则及有关规定和具体实施办法，知道择业、就业的工作程序和有关手续，熟悉就业的法律法规，有利于大学生提高竞争意识和依法维权意识。

（三）树立正确的职业意识、职业道德、职业理想

通过就业指导，使大学生高度重视自己的思想道德素质的完善，理解职业对从业者的道德要求，充分了解自己的个性特点，完善自己的能力和素质，规范自己的行为，选择适合自身的职业，进而树立正确的职业观、择业观、创业观和职业理想，形成良好的职业道德。

（四）了解就业和创业的基本条件

通过就业指导，帮助大学生了解职业的种类，各种具体职业的性质、特点和资格要求，不同职业的岗位内容、知识和能力要求以及现代职业的发展趋势等，从而把握就业和创业的基本条件。

（五）确立正常的就业心理

通过就业指导，运用心理学的原理和方法，针对大学生心理发展的特点和择业中暴露的心理问题，进行择业心理教育与指导，有效地预防和解决择业的心理问题，帮助大学生保持健康的心理，做好择业的心理准备，增强心理承受能力。

（六）掌握求职择业的技巧方法

通过就业指导，指导大学生掌握求职择业的基本方法和技巧，培养大学生求职择业的能力，帮助大学生提前做好充分的就业准备，提高就业成功率。

（七）树立创业意识，培养创业精神，形成自主创业的基本能力

通过就业指导，开展创业教育，帮助大学生认识创业的活动规律，掌握创业的基本方法，在实践活动中了解和运用创业知识、方法与要领，从而提高自己的思想素质、心理素质、文化素质、身体素质和专业素质，提高生存能力、社会适应能力、自我调控能力、不断学习和发展的能力。

二、大学生就业指导的方法

在大众化教育背景下，一方面，各高等学校专业设置的不同决定了就业指导的差异性；另一方面，大学生个体特征的差异性决定了就业指导方式的多样性。通过就业指导课程的讲授，既要使大学生掌握在就业时具有普遍意义的知识和方法，又要因地制宜，根据校情及大学生个体情况有针对性地进行个性化指导。大学生就业指导主要有五种方法。

（一）加强就业政策辅导，主动规避"政策壁垒"

学校通过就业指导课的培训，指导毕业生掌握当年相关的就业政策和规定，依法就业，走出择业的误区。毕业生只有掌握就业政策，才能在关键的时候抓住稍纵即逝的机会；才能提高求职命中率，少走弯路，避免不必要的损失；才能根据社会的需要并结合个人的实际，在就业过程中有的放矢地选择职业，在政策允许的范围内去联系单位，顺利实现自己的就业理想。也只有掌握就业政策和法规，才能在就业过程中减少不必要的纠纷和违约现象，以实现顺利就业。就业政策和法规不仅仅是对毕业生的就业行为进行限制和约束，而且是在"双向选择、自主择业"的条件下，保护大学生和用人单位双方的合法权益。

（二）转变毕业生就业观念，适度调整就业期望值

目前，一部分大学生急功近利的思想表现得比较突出，择业期望值过高，他们选择职业考虑最多的是单位所属的地域，是否在大、中城市，经济效益如何，而对国家的需要、个人未来的发展则考虑得较少。因此，就业指导应加强学生的思想教育，要对学生进行道德观、人生观、价值观的指导，引导毕业生认清当前就业形势，在全面、客观地评价自己的基础上，调整好就业期望值，找准坐标，使自己的职业意向与社会需求相吻合。同时，要指导毕业生学会自我调节，提高心理承受能力；指导毕业生在择业过程中克服从众心理，培养科学决策能力，确立正确的择业观，抓住机会，顺利就业。

（三）强化诚信教育，夯实毕业生道德基础

近年来，面对就业市场的激烈竞争和新的挑战以及社会负面因素的影响，部分大学生不守信用、不守承诺的现象时有发生，如大学生贷款后不按时还款，甚至恶意拖欠、逃避，还款信誉较差；在求职过程中部分毕业生为了在就业市场的竞争中取胜，将自荐材料做虚假包装，面试时自我拔高，在签约时"脚踩两只船"，盲目签约、随意毁约等现象严重地违背了诚信原则，丧失了道德基础。在大学生就业市场化的今天，毕业生就业必须履行诚实守信原则，高校在就

业指导过程中更应加强大学生的诚信教育,并将诚信教育渗透到教学、生活、管理等各个环节和过程,贯穿大学生活始终,把思想教育和严格管理结合起来,做到常抓不懈。

(四) 筛选就业信息,帮助毕业生择业决策

在信息时代,毕业生可以通过多种现代通信工具和手段获得大量的需求信息,但这些信息并不是都有效和有用,还必须对信息加以筛选,去粗取精,去伪存真。毕业生对信息的筛选应建立在对自己全面、客观、公正评价以及对用人单位详细了解的基础之上,根据在一定范围内择业、发挥优势和学以致用、面对现实的筛选原则,结合自己的实际情况,有目的、有针对性地进行排列、整理和分析,只有这样才能使需求信息具有准确性、科学性和有效性,使之更好地为毕业生择业服务。对于筛选后的信息,毕业生需根据社会需求、个人期望以及兴趣、气质、性格、能力等因素进行择业决策,最终选择自己理想的职业。

(五) 倡导自我创业,拓展毕业生就业途径

创新是一个民族进步的灵魂,当前,人类已经进入知识经济的时代。我国把"科教兴国"确立为实现现代化的根本战略,科技进步和知识创新在我国经济建设中的地位和作用已摆在重要的位置。相关政府工作报告指出:"加快建设一批投资少、见效快的大学生创业园或创业孵化基地。"这将极大地促进毕业生自我创业的发展。

大学生作为青年知识分子的优秀代表,最富有激情,是新时代的生力军,是社会中最具创造力的一个群体。近年来,大学生创业风起云涌,这展示了当今大学生的精神风貌和素质教育的丰硕成果,也标志着毕业生就业观念和传统就业模式的根本改变。毕业生创业,不仅解决了自身的就业问题,而且创造了更多的就业机会,在为社会创造新财富的同时,也实现了自身的价值。

三、大学生就业指导途径

大学生就业指导不同于简单的就业安置,不仅要帮助大学生选择职业,而且要让大学生敬业、乐业、成业。为了取得良好的教学效果,高校在教授就业指导课程时可以根据高校及学生自身情况灵活安排,基本方式如下。

(一) 通过课堂教学方式

高校开设就业指导课程是对大学生进行就业指导的主要方法,而课堂教学是将就业指导科学化、系统化、信息化、规模化的主要方式,也是大众化教育形势下落实就业指导工作的重要途径。通过多媒体课堂教学,可以使大学生系统、全面地学习和掌握就业指导的理论知识和操作技能,并在较短的时间内获得较多的就业信息与技巧,充分发挥就业主体的主动性,将课堂所学知识转化为自觉、自主、科学的自我指导,从而有助于大学生成功求职择业。

(二) 通过课外系列活动的方式

就业指导课外系列活动是课堂教学的有益补充,它包括与就业指导相关的各类学生活动及

社团活动,如组织就业指导专题讲座是被学生课外活动普遍采用的方法,学校通过邀请某一专业领域的专家学者、某一行业的成功人士、就业指导或人力资源专家,通过讲述亲身经历或工作经验对大学生进行权威指导。举行与就业相关的大学生社团活动也是进行课外就业指导的有效途径之一,如结合课堂教学进行的各种活动,如通过模拟招聘的真实场景,让大学生身临其境地体会应聘过程,获得感性体验、积累实战经验,以便在真正面临求职择业时能够应对自如。另外,通过编写印发就业指导宣传材料、建设就业信息网站、刊发媒体专题报道等多种宣传教育形式开展就业指导活动,营造一个全员关心毕业生就业的良好氛围,通过灵活多样的宣传教育形式给学生以指导。

(三) 通过就业咨询的方式

就业咨询,就是回答大学生有关就业的问题,为其选择就业提供参考意见和建议。就业咨询的方式多种多样,有正式咨询,也有非正式咨询;有面对面直接咨询,也有通过书面或网络的间接咨询;有个体咨询,也有集体咨询;有定期咨询,也有非定期咨询;等等。咨询内容十分广泛,既包括就业形势、就业政策、就业信息,也包括自我评价、求职技巧等方面。在咨询过程中,大学生经常采用个别咨询的方式。每个毕业生都有自己的个性特征及职业发展愿望,也会遇到不同问题,个别咨询指导可以根据毕业生个体情况给予其具体指导,帮助其明确自己的优势,找出不足,合理定位,确定适合自己的择业目标,解决其求职择业中遇到的具体问题,利其就业,促其成才。

四、大学生就业指导的途径创新

(一) 建立省级高校就业共享信息库

高校应积极开展网络就业指导工程建设。一方面,需要建立并逐步完善各级就业信息库。通过系统性的建设,各高校可以获悉往届学生的就业去向、就业专业对口的占比等,针对不同专业的学生提供就业、择业帮助;另一方面,学生通过查询信息库,可以更深入地了解自身专业的就业前景,根据专业就业流向,切实清晰地把握本专业的就业目标,由此更好地规划今后的职业生涯。就业信息库的内容应包括当前最新的就业政策解读、招聘信息、就业形势分析、专业行业介绍、往届毕业生的就业去向、就业典型案例、优秀学生的职业生涯规划案例等。学生可以在就业信息库里随时查询就业方面的信息,充分了解本专业的主要就业去向和就业企业,增强就业观念。

此外,就业共享信息库的建立应基于层级的统计,由各专业班级至各年级、各学院再至各高校,逐级合并,最终形成完整而系统的数据库。省级高校就业共享信息库的建立可以更好地为全省的毕业生服务,为进一步推进大学生就业指导工作打下扎实基础。

(二) 搭建官方就业微信平台

如今,正处于一个知识更新速度快、信息量巨大的大数据时代,在区别于传统信息交互方式的情况下,大学生更易于接受新的事物,更具有创造力。因而,高校在开展就业指导工作时，需要根据网络新媒体在大学生日常生活中的应用程度，来优化学生获取和加工就业信息的途径以及扩大信息影响的范围。高校应积极搭建官方微信平台，针对不同年级、不同专业、不同地域的学生，实时发布高效、高质量的就业信息，紧贴市场变化，提供有用的资讯。各高校应通过官方就业微信平台，做好后台的宣传和服务工作，设立相应的微信公众号和订阅号，整合及优化社会资源，满足大学生对就业信息的不同需求，并通过微信平台定期推送就业信息，让每位学生都能收到相关就业信息。这样学生就能第一时间获取就业、招聘信息，既方便又高效。

利用好官方就业微信，一方面，为各类用人单位和学生搭建沟通桥梁，通过线上线下的互动方式，优化资源配置，并且把招聘信息、招聘内容和招聘活动有机结合起来，环环相扣，形成一个良性的循环；另一方面，学校也能够更好地了解用人单位的用人需求和学生的就业需要，帮助学生答疑解惑，以便更好地开展就业指导。

（三）借助微博推动大学生就业指导工作

在多媒体快速发展的今天，高校要结合时代发展特点，善于针对学生使用微博获取资讯的习惯来推动就业指导工作。虽然以辅导员微信和 QQ 通知为主的传统途径在学生获取就业信息方面仍占主导地位，但大学生通过微博等途径获取就业信息的途径会更多。就业信息获取渠道的选择，将会在今后的就业过程中发挥不可忽视的重要作用。因而，高校在开展就业指导工作的时候，要与时俱进，将传统途径和新兴途径结合起来，在开展传统就业宣讲会的同时，利用微博同步进行就业政策、就业形势等方面的宣传。这样，学生即使错过了就业宣讲会，也可以第一时间通过微博获取信息。

通过微博平台，高校可以将就业相关资讯以"润物细无声"的形式渗透到学生的日常生活中，使就业信息的推送服务成为学生群体所关注的热门话题，从而推动大学生就业指导工作的开展。

（四）有针对性地选择就业信息传递媒体

调查发现，在校女大学生使用交流性媒体的频率要高于男生，而男生则更倾向于使用呈现性媒体。所谓交流性媒体，指的是类似于微博、微信、博客等可以在线提问、咨询、留言的互动性媒体。呈现性媒体指的是信息以文字或者图片形式直接呈现在媒体上，信息发布后，咨询者只能获取信息，不能与发布者互动咨询的媒体，诸如报纸杂志、网站等。

因此，针对不同性别的大学生使用媒体习惯的差异，高校可以通过微信、微博等网络新媒体向大学生推送就业方面的相关信息；同时，也可以通过官方就业网站及官方就业软件等在线发布相关信息。这样既便于学生从不同渠道接收就业信息，也可以使就业指导工作更高效地开展。

（五）开发大学生就业软件

目前，手机已经成为大学生必不可少的日常用品。随着智能手机的普及，开发大学生就业软件迫在眉睫。高校可以根据实际情况开发官方就业软件，同时做好宣传工作，让每位学生下载使用。学生可以用自己的学号登录就业软件，查询就业政策、招聘信息、就业手续、企业信息等方面的内容。这样方便学生在外出时也能随时查看相关的就业信息。

我国高校毕业生人数在逐年增长，面对越来越庞大的毕业生群体，如何全面落实和贯彻就业与创业工作，是各地高校面临的首要问题。高校应注重和逐步实现官方就业软件与学生的对接，参考社会常用就业软件，例如智联招聘、前程无忧、赶集网、58同城等应用软件的形式，完善高校官方就业软件。

这样有利于为大学生提供可靠、真实的就业信息，形成高校为企业提供优质人才的同时又为学生提供优质岗位的双向互动模式，不断推进人才、岗位等资源的优化配置，促进大学生就业与创业。

第二章　职业概述与大学生职业生涯规划

第一节　职业概述

一、职业的概念

职业是人们在社会中所从事的作为主要生活来源的工作，通常也称为工作岗位。职业是人们的一种社会活动和生活方式，又是一种经济行为，也是人们从社会中谋取多种利益的资源，它对于每个人都极为重要，是一个人社会地位的一般性表现，也是一个人的权利、义务、职责。

人们从不同的角度出发，对职业的概念有不同的论述。

我国自古就有"职业"一词，从词义的角度解释，"职"有"社会责任""权利与义务"的含义，而"业"是以某种特殊的技能"从事某种业务""完成某种事业"。

美国社会学家塞尔兹认为，职业是个人为了不断地取得收入而连续从事的具有市场价值的特殊活动。这种活动决定着从事它的那个人的社会地位。

美国著名哲学家教育家杜威从实用主义哲学观点出发，认为职业是人们可以从中得到利益的一种生存活动。我国学者姚裕群认为，职业是一个中性的概念，从社会的角度而言，职业是指人们为了谋生和发展而从事的相对稳定的、有收入的、专门类型的社会劳动，从个人的角度而言，职业则是指个人扮演的一系列工作角色。

在现实生活中，人们无不与职业活动发生着紧密的联系，职业活动几乎贯穿于每个人的一生。人们在生命的早期阶段接受教育与培训，是为将来的职业活动做准备；人们从青年时期走入职业生涯，到老年最终离开职业岗位，长达几十年，即使退休以后，仍然参与职业活动。因此，职业活动是每个人社会生活中的重要组成部分。

在社会生活中，每一个有劳动能力的人都要从事一定的生产劳动或工作，用以维持生活，承担社会义务，促进社会发展。人的社会生活和工作领域是非常广阔的，职业门类极其繁多，但每个社会成员只能在某个领域做某种具体工作，以其有限的生命在有限的空间内占有一席之地，这就是他的职业。从社会生产的角度来看，职业是社会分工的结果，一定的社会分工或社会角色的持续实现就形成了职业。

综上所述，职业具有经济性，即从中取得收入；职业具有技术性，即可发挥才能和专长；职业具有社会性，即承担生产任务，履行公民义务；职业具有促进性，即符合社会需要，为社会提供有用的服务；职业具有连续性，即所从事的劳动相对稳定，是非中断性的。

正确认识职业的概念是正确制定个人职业生涯规划的基础条件。对大学生来说，深刻理解职业的内涵，根据自己的特点选择职业非常必要。

二、职业的意义

(一) 职业是人的生活方式

无论是男是女,不论年长还是年少,不论家庭背景、教育程度、个人志向如何,在人的一生中,都要遇到职业问题。在漫长的一生中,有着长达三四十年的职业生涯;在进入职业之前的十几年、二十几年,其学习经历和生活经历与未来的职业预期有一定联系;年老退休以后的生活,也与以前的职业关系甚大。

因此,可以说职业是关系着每一个社会成员一生的重大问题,是人的一种重要生活方式。

(二) 职业是人的社会角色

在人类社会产生以后,有了劳动的分工,也就产生了种种职业。社会越发展,职业种类也就越多。可以说,职业是一个有着广泛内容的博大精深的领域。人,一般都在某种职业岗位上工作,这就使每个人都成了社会劳动大机器中的一个部件,受到社会方方面面的影响,又在社会的运转中扮演一个特定的职业角色,例如工人、厂长、工程师、演员、导演、教师等。

(三) 职业是关系各层面的大事

职业,是一种重要的社会现象,在人类社会的各个层面中都有其重要性。职业是关系个人前途的大事。从个人的角度看,职业是一个人的生存方式,是其生活的物质基础,同时也是个人从事社会活动的主要领域。在适宜的条件下,职业及其活动内容能成为个人奋斗的目标与为之奉献的事业。

职业是关系家庭状况的大事。从家庭的角度看,职业是需要做出重大选择的事情,甚至是家庭得以建立和维系的重要因素。家庭关系的另外一个内容,是代际关系。为人父母,都希望子女有前途、有成就,所谓前途和成就也就是后代在职业方面的成功。解决好夫妻双方、父(母)子两辈的职业选择、发展、晋升、调动等问题,在自己所热爱的岗位、热衷的领域工作,是任何一个家庭都关心的重大问题。

职业是关系社会局面的大事。从全社会的角度看,职业是构成社会存在的基础,是构成社会运行的一种具体方式,也是构成社会成员的阶层划分与社会地位的归宿。职业,涉及人们从事社会生活的动力,涉及人的社会关系,涉及一个社会的平等与效率选择。

(四) 职业造就人的命运

人们都有对好际遇和好命运的渴望。但是人们的际遇和"命运",往往难以符合一己之见和自身的渴望。即使人们为自身的前途已经做出了努力,但外部因素仍然不是自己能够改变的。事实上,命运问题不是一个抽象的社会心理问题,而是一个实在的如何看待人的社会存在,特别是如何看待自己的社会存在与相应的社会生活态度问题。

大学生毕业后融入社会有两个重要问题要解决:一是寻找工作岗位;二是组建家庭。"工作岗位问题"即职业社会化问题,"组建家庭"即婚姻社会化问题。所谓职业社会化,就是个人走上社会，寻求到一定的职业岗位并在这个岗位上工作，适应职业、适应工作环境（物质环境与人际环境），在社会中寻找到自己的合适位置。从这个意义上说，人的职业生涯造就了人的命运。

（五）职业体现人与人的社会关系

职业实质上实现了劳动者与生产资料的结合，体现着人与人的社会关系。人们通过职业活动不仅满足了自身的需要，而且通过各自劳动成果的交换，满足了彼此的需要。因此，职业及职业活动对个人和社会有非常重要的意义。

对个人而言，职业生活是人生的重要组成部分，职业问题解决的好坏，对个人一生能否顺利发展具有重要的意义。

三、职业的特点

职业是个人在社会中所从事的作为主要生活来源的工作。职业具有以下特点。

（一）职业与社会分工的关系极为密切

每一种职业都是社会分工中的一定部门。职业随着社会分工的产生而出现，随着社会分工的发展而变迁。

（二）职业具有明显的经济性和一定的连续性

所谓职业的经济性，是指人们从事职业活动会获得经济收入即报酬。所谓职业活动的连续性，是指一个人在较长时间内进行某种活动，并通过这项活动较稳定地获得一定的经济收入或报酬。

（三）职业具有知识性和技术性

在社会生活中不难发现，要从事某些职业，必须经过较长时间专门的知识学习或技术培训。从事这些职业活动的职业者，需要具备特殊的知识和技术。某些职业活动所需要的知识和技术比较容易掌握，而有一些职业活动的知识和技术不易掌握；有的职业活动的知识和技术必须在特定的学校、培训机构获得，有的却可以在家庭和就业实践中获得。

（四）职业具有规范性

职业活动必须遵从一定的规范，即职业规范，它是社会规范的重要组成部分。社会规范是一个社会或社会群体的成员所共有的行为规则和标准，其包括法律条文、组织规章、道德规范、社会风俗、习惯及各种禁忌等。职业规范主要包括人们在就业活动中应遵守的各种操作规则及办事章程、职业道德规范和在职业活动中养成的种种习惯。这些职业规范或以法律、法规，组织章程和有关条约、守则的方式体现出来，或只是一些约定俗成非正式的规范。无论职业规范是以何种方式体现，也不管就业者主要遵从哪一类职业规范，任何职业活动都不是无行为准则可寻的,职业活动总要受一定职业规范的约束。

(五)职业具有差异性

职业的领域非常宽广,种类繁多。我国古代就有"三百六十行"之说,现代职业更是成千上万,并且不断分化出新的职业,每一种职业都需要特定的知识和技能,只有符合了这些特定的要求,才能胜任所从事的职业。即使是同一种职业,也有职称之分。例如,高校教师有助教、讲师、副教授、教授之分。

(六)职业具有历史性

每一种职业的含义不是一成不变的。随着社会生产力和劳动分工不断发展,在特定的社会历史发展阶段,职业的性质和内容是有一定差别的。不同时期会出现不同的职业,相同名称的职业在不同的时期会有不同的内容,某些职业甚至发生了根本性的变化。例如,以前法院做记录的叫书记员,使用的工具是纸和笔;现在法院做记录的叫速录员,使用的工具是速录机。

四、未来的职业与未来的劳动者

(一)未来职业的发展趋势

1. 职业要求的综合化

随着科学技术的发展,有些职业的专业化要求越来越高,人们若不具备一定的专业能力,达不到专业的要求,就不能从事该职业。有的职业与另一种职业之间交叉延伸,从事一种职业时需要具备另一种职业的要求,如以前的科研人员只管科研成果,但现在的许多研究人员,既是研究者,又是开发者,有时还是经营管理者。职业要求的综合化,要求劳动者具有较高的综合素质和较强的应变能力,有的学生在校期间攻读双学位甚至多学位,有的考取多个职业资格证书,以此适应未来工作的需要。

2. 职业活动的自由化

随着职业分工的不断细化,职业活动将出现自由化的趋势。职业活动自由化有以下三种表现:一是职业场所的自由化。有些劳动者没有固定的工作场所,在家里、网上上班已成为一种职业的新时尚。二是职业活动时间的自由化。如律师、设计师等,以完成某一具体工作任务为目标,没有严格的上班时间或下班时间界限。三是职业人的自由化。从事自由职业的人,没有具体的工作单位,常常以完成某项工作、任务的形式来履行其职业职责,如文化娱乐影视界人士、自由撰稿人、经纪人、作家等。

3. 第三产业的职业数量大增

随着科学技术水平的提高,不少职业的寿命相对缩短,职业之间的地位兴衰不断变迁,尤其是第三产业的职业数量增加迅速,就业人数显著增加,在发达国家均已超过50%。国际劳动组织的统计显示,第三产业从业者的比例,美国和加拿大最高,均为63%,日本为58%,德国为54%。目前,我国第三产业从业者的比例虽仅有48%,但发展潜力较大。

(二) 未来的职业特点

科学技术的发展使社会分工和职业分化的势头进一步加快,未来职业的发展呈现出智能化、综合化、专业化的特点。

1. 职业的智能化

职业的智能化指在职业劳动中,体力劳动的比重减少,脑力劳动的比重增加,以及体力劳动脑力化。职业的智能化使得各种就业岗位对单纯体力劳动者的需求量明显减少。

2. 职业的综合化

职业的综合化指职业之间相互交叉、重叠,职业对从业人员的技能、知识经验、能力素质要求越来越全面。如产品推销员不仅要求掌握产品推销知识,还要求具备公关能力;会计师不仅要求具备会计专业知识,还要求会操作电脑。职业的综合化对职业人员提出了更高的要求,各种职业岗位更欢迎那些有多方面能力的人才。

3. 职业的专业化

职业的专业技术水平要求越来越细、越来越高,职业的专业化要求各种职业岗位有更多的受过专门培训、接受过专业教育、掌握最新技术的人才。

(三) 未来的劳动者类型

1. 智能型劳动者

智能型劳动者是指掌握相当专业知识,具有熟练工作技能,从事以知识和智力为基础的工作的劳动者。智能型劳动者分布于各行各业,如科学家、工程师、技师、医师、经理、艺术家、推销员、智能型工人及智能型农民等。智能型劳动者与传统的体力劳动者的区别在于,他们有较高的文化程度,有相当的理论知识和分析能力,有较熟练的动手操作技能,能够根据工作实际进行分析判断或思维决策,是体力和脑力互相结合、互相补充的新型劳动者。

一个企业纵使有周密的发展计划和宏伟蓝图,有先进的设施设备,但如果在生产第一线,缺乏足够的有较高分析判断能力的操作工人,企业的一切努力也将事倍功半,并会因此缺乏竞争能力而带来生存危机。从这个意义上来说,一个企业的成败不仅要依靠决策管理层和技术开发部门,还取决于在生产第一线是否拥有能够正确执行决策者意图的智能型劳动者,取决于他们的智能和创造力。

当今,社会正在由工业经济时代走向信息与知识经济时代,高新技术对工作岗位的影响越来越大,岗位的"智能化"对劳动者在理论知识、专业技术和专业技能等方面不断提出更高的要求。科学和技术的飞速发展,促使产品的更新速度不断加快,以计算机技术为例,目前技术寿命大约只有1年。在知识经济时代,企业开发、生产的主要是知识型、智力型的产品,而一个从业人员既是设计者、开发者，同时又是生产者。因此，从业人员必须是智能型劳动者。

2. 复合型劳动者

复合型劳动者就是拥有多种技能的劳动者。随着社会的发展，越来越多的专项技能将成为新时代劳动者的通用技能，因此，要求劳动者能够具有复合型技能。如机器维修，以前的维修工人要么只懂机械，要么只懂电路的原理，而现在先进的机器要求维修工人既要懂机械，又要懂电子即机电一体化，否则便不是一个称职的维修工人。

复合型技能是相对于专项性技能而言的。它不仅体现在掌握多种通用技能、单项技能方面，还体现在掌握同一类职业共同的专业理论方面，并能在这些专业理论的基础上，把已掌握的技能迁移到新的职业岗位所需要的技能中。

随着职业更迭的加速，一个人一生可能从事多个职业。如果是单一型劳动者，一旦失去原有工作岗位就可能一时找不到工作，必须通过重新培训才能上岗。只有成为复合型劳动者，在职业生活中具有较强的应变能力，才能比较容易地将已掌握的技能迁移到新的职业岗位所需的技能上，缩短失业时间或避免失业。

3. 社会型劳动者

社会型劳动者是指除了掌握相当的专业知识、具有熟练的工作技能，还具备一定的组织能力、协调能力，人际交往、公共关系、职业道德、环境意识等社会活动能力的劳动者。传统的劳动者一般固定在某种工作岗位上，不断地重复相同的操作，与他人合作要求不高，许多人几乎不需要与外界打交道。比如车工，只需埋头苦干，生产出优质的零件，就是一个好工人。现代社会，相互封闭、相互隔绝的劳动岗位将不复存在。而在信息时代，人们随时随地都置于数字化网络化智能化的环境中，多种相互结合、相互支撑的岗位结构将作为具有社会型特征的岗位架构。在这种岗位架构下，个人的力量越来越渺小，更多的成果需要依靠集体的智慧。因此，还要求劳动者具有从事职业活动所必须具备的社会活动能力。

4. 创业型劳动者

创业型劳动者是指既有创业意识和精神，又有相应的创业能力的劳动者。由于我国人口众多，就业矛盾长期存在，人们对就业岗位的竞争会表现得更加激烈。自主创业不仅可以实现自我就业，还可以创造出更多的就业岗位。从广义上讲，创业是指创业者的各项创业实践活动，其功能指向是成就国家、集体和个体的大业；从狭义上讲，创业则是指创业者的生产经营活动，主要是开创个体和家庭的小业。作为新时代的创业者必须具有坚定的信念、致富的欲望、超常的胆量和魄力、坚强的毅力，以及市场意识、竞争意识、信誉意识和艰苦奋斗的精神等创业意识和精神，同时还必须具有信息收集处理、生产和经营管理、分析决策、选拔用人、公关协调以及创新的能力。

掌握职业未来发展的趋势以及特点，了解未来劳动者的类型有助于在大学期间有意识地提高自己的专业能力与综合素质，为迎接未来社会的挑战而刻苦学习。

第二节 职业生涯规划概述

一、职业生涯规划的含义

职业生涯是指一个人的职业经历。它是一个人一生中所有与职业相联系的行为、活动及相关的态度、价值观、愿望等的连续性经历,也是一个人一生中职业、职位的变迁及工作、理想的实现过程。

职业生涯规划是指在分析、测定职业生涯主客观条件的基础上,对自己的兴趣、爱好、能力、价值观、职业素质等进行综合分析与权衡,确定最佳的职业奋斗目标,并为实现这一目标做出行之有效的安排。简单地说,职业生涯规划就是对整个职业经历进行规划。

二、职业生涯规划的特点

(一)个性化

个性化是职业生涯规划最重要的特征,它是由个人性格、价值观、思维方式、行为方式、对成功的评价等方面的差异性决定的。职业生涯规划不是别人强加在个人身上的实施方案,而是个人在内心动力的驱使下,结合社会和企业的发展,依据现实条件和机会所制定的个性化的发展方案。尽管家庭、企业、社会环境对个人职业生涯规划有着重要的影响,但其发展的动力和源泉还是来源于个人的自尊。

(二)开放性

职业生涯规划具有开放性。个人是职业生涯规划制订和执行的主体,但这并不意味着个人闭门造车、独自完成,也不意味着必须一次完成终生不变。职业生涯规划的开放要求个人与外界尽可能多地交换信息,与家人、老师、上级、下级、朋友、职业顾问等交换意见,广泛听取他们的建议,并充分利用测评工具测定职业潜能。同时,职业生涯规划是使人全面发展的一种有效工具,而不是固定的行为模式,需要根据客观环境、自身条件的变化等及时进行调整。

(三)指导性

职业生涯规划作为个人职业发展和行动的方案,发挥着指导性的作用。它能够指导大学生全方位地整合信息,以科学的态度进行职业规划和职业选择,正确地选择自己的职业和发展道路;指导大学生有效地解决思想上及行为上的问题,引导大学生进行积极的职业准备,在未来的职业发展中有较强的目的性和计划性,在困惑的时候不盲目、不慌乱。

三、职业生涯规划的意义

职业生涯将伴随我们一生,拥有成功的职业生涯能帮助我们更好地实现完美人生。大学阶段是一个人学习专业知识和技能的关键时期,也是个人素质提升的重要时期。但在这个职业生涯的起点,很多同学是盲目的,不能根据社会需要、自身素质和个人理想做出正确的规划,一旦规划失误,将面临职业生涯重新开始的难题,甚至可能导致整个职业生涯不顺利。因此,职业生涯规划对大学生来说具有特别重要的意义。

(一)有助于发掘自我潜能,增强个人实力

(1) 引导个人正确认识自身的个性特质、现有与潜在的资源优势,从而重新定位自己的价值并使其持续增值。

(2) 引导个人对自己的综合优势与劣势进行对比分析。

(3) 帮助个人明确职业发展目标与职业理想。

(4) 引导个人评估目标与现实之间的差距,从而做出与实际相符的职业定位。

(5) 帮助个人搜索或发现新的职业机会。

(二)有助于明确发展目标,提升成功概率

职业生涯规划的功能在于为职业生涯设定目标,并明确达成目标所需要的步骤。制定目标是一个探索的过程,这个过程可以帮助我们逐渐厘清什么是有价值、有意义的。目标可以为我们带来希望,指明方向,从而让我们在职业生涯中突破重重内外障碍,最终努力实现既定目标。因此,好的规划就是成功的开始。

(三)有助于不断完善自我,提升竞争实力

随着社会的不断进步,竞争越来越激烈。要想在激烈的竞争中脱颖而出并保持立于不败之地,做好个人职业生涯规划是重中之重。职业生涯规划是结合自身及职业特点制订的具有理论支撑、科学性和可操作性较强的指导性计划,可以促使我们运用科学的方法、采取可行的措施,有针对性地学习相关知识、参加相关培训和实践,以不断增强自身的职业竞争能力。

(四)有利于增强职业发展后劲

由于缺乏职业生涯规划方面的指导和长远打算,不少大学生长期没有职业定位,在职业发展过程中随波逐流。这种情况会对大学毕业生产生很多不利影响:一方面,难以在一个合适的领域内积累必要的工作经验,进而不能为今后的职业发展奠定坚实的基础;另一方面,影响职业的稳定发展。而无论是一个不具备应有职业技能和经验的求职者,还是频繁跳槽的求职者,都难以得到用人单位的青睐。

相反,经过系统的职业生涯规划培训的大学生一般都有明确的职业定向,在择业时一般都很慎重,能够确定与自身素质相匹配的职业目标,并能根据自己的职业目标和职业发展路线来推动自己的职业发展。也就是说,职业生涯规划能够有效地降低因入职不匹配而导致的离职

率,并增强大学生的职业发展后劲,使其在职业发展道路上走得更快、更远。

四、职业生涯规划的类型

按照规划的时间维度,职业生涯规划可分为短期规划、中期规划、长期规划和人生规划四种类型。

(1) 短期规划。两年以内的规划,主要用于确定近期目标。

(2) 中期规划。2~5年的规划,主要用于确定中期职业目标和任务,是最常用的一种职业生涯规划。

(3) 长期规划。5~10年的规划,主要用于设定较长远的职业目标,以及为实现此目标所应采取的具体措施。

(4) 人生规划。整个职业生涯的规划,时间跨度长达40年左右,主要用于设定整个人生的发展目标。

在实际操作中,由于环境和个人情况的变化通常难以把握,因此时间跨度太大的规划对现实活动的指导意义往往很有限。而时间跨度太小的规划容易受规划执行情况的影响,所以人们一般把职业生涯规划的重点放在时间跨度为2~5年的中期规划上,这样既便于根据实际情况设定可行目标,又便于随时根据现实的反馈进行修正或调整。

五、职业生涯规划的原则

(一) 社会需求原则

职业是一种社会活动,它必定受到社会的制约,如果职业脱离社会需求,将很难被社会接纳。大学生进行职业生涯规划时应把握社会对人才的需求状况,以社会需求作为出发点和落脚点,以使职业生涯规划具有现实性和可行性。

此外,个人的职业发展与社会发展有着密切的关系。个人需要利用社会所提供的适宜条件来满足个人的职业发展需要。同时,个人必须为社会做出贡献,履行自己的社会义务。个人的发展必须顺应社会的发展,个人的职业规划必须满足社会的需求。只有这样,个人才可能有较好的职业发展。

(二) 利益结合原则

利益结合原则即个人发展应与企业发展、社会发展相结合,个人在进行职业生涯规划时应处理好个人与企业、个人与社会之间的利益关系,寻找个人发展与企业发展、社会发展的结合点。

无论是就业还是自主创业,个人的职业发展都离不开企业或其他社会组织。个人是在一定的社会环境和企业环境中发挥才干的,必须接受社会和企业的现实状况,认可企业的目标和价值观念,并把自己的价值观念、知识技能和努力集中于企业的需要和发展上。因此,个人在进行职业生涯规划时应遵循利益结合原则,对自己进行恰当的定位。

（三）提升能力原则

职业生涯规划必须与提高综合能力相结合。知识经济时代是崇尚创新、呼唤创造力的时代，因此，个体在进行职业生涯规划时应注重培养推陈出新、以创新为荣的意识；应树立终身学习的思想观念，不断更新知识结构，有针对性地"充电"，使自己具有广博的知识和开阔的视野，以适应瞬息万变的社会形势，跟上时代发展的潮流；应注重个性发展，用已有知识探索未知世界，解决新问题，创造新机会，努力成为社会的强者。

在此过程中，个体还应认识到个体智慧的局限性，认清团结协作的重要性，培养团队精神；在人际交往中培养良好的沟通能力，以便与他人友好合作。唯有如此，才能在职业生涯发展中不断提升自己的综合能力，更好地应对知识经济时代的各种挑战。

（四）时间梯度原则

人的生命是短暂的，职业生涯更为短暂。人们从20岁左右开始工作，到60多岁退休，职业生涯只有40年左右。除去生活的时间，直接用于工作的时间非常有限。同时，由于人生具有多个发展阶段和多个职业生涯周期，因此职业生涯规划的内容必须分解为若干个阶段，并划分到不同的时间段。每一个时间段都有"起点"和"终点"，即"开始执行"和"完成目标"两个时间坐标，有利于人们按期完成规划任务。如果没有明确的时间规定，那么职业生涯规划就会陷于空谈。

（五）综合评价原则

综合评价原则即对职业生涯进行全过程和全方位的综合评价。由于个体的职业发展是分阶段的，发展目标也是分阶段实现的。因此，个体在进行职业生涯规划过程中应注意对阶段目标的进展和完成情况进行评价，并适时反馈和调整，以使职业生涯朝着正确的方向发展。同时，综合评价原则可以促进个人在职业生涯、个人事务、家庭生活三个方面协调发展。

六、职业生涯规划理论

（一）帕森斯的特质因素论

1909年，弗兰克·帕森斯根据多年的工作经验，在其《选择一个职业》一书中提出了特质因素理论（又称帕森斯的人职匹配理论），特质因素论是最早的职业辅导理论。帕森斯认为，个人都有自己独特的人格模式，每种人格模式的个人都有其相适应的职业类型。

"特质"是指个人的人格特征，包括能力倾向、兴趣、价值观和人格等，这些都可以通过心理测验工具来加以评量。

"因素"是指在工作上要取得成功所必须具备的条件或资格，这可以通过对工作的分析而了解。

帕森斯主张选择职业的三大要素和步骤如下。

1. 评价求职者的生理和心理特点（特性）

通过心理测验及其他测评手段，获得有关求职者的身体状况、能力倾向、兴趣爱好、气质与性格等方面的个人资料，并通过会谈、调查等方法获得有关求职者的家庭背景、学业成绩、工作经历等情况，并对这些资料进行评价。

2. 分析各种职业对人的要求（因素），并向求职者提供有关的职业信息

这些职业信息包括：(1) 职业的性质、工资待遇、工作条件以及晋升的可能性；(2) 求职的最低条件，诸如学历要求、所需的专业训练、身体要求、年龄、各种能力以及其他心理特点的要求；(3) 为准备就业而设置的教育课程计划，以及提供这种训练的教育机构、学习年限、入学资格和费用等；(4) 就业机会。

3. 入职匹配

在了解求职者的特性和职业的各项指标的基础上，进行比较分析，以便选择一种适合其个人特点又有可能得到并能在职业上取得成功的职业。入职匹配分为两种类型：(1) 因素匹配（职业找人）。例如，需要有专门技术和专业知识的职业与掌握该种技能和专业知识的择业者相匹配。(2) 特性匹配（人找职业）。例如，具有敏感、易动感情、不守常规、个性强、理想主义等人格特性的人，宜从事偏向于审美性、自我情感表达的艺术创作类型的职业。

特性因素论强调个人所具有的特性与职业所需要的素质与技能之间的协调和匹配。为了对个体的特性进行深入详细的了解与掌握，特性因素论十分重视人才测评的作用。可以说，特性因素论进行职业指导是以对人的特性的测评为基本前提的，它首先提出了在职业决策中进行人职匹配的思想，奠定了人才测评的理论基础，推动了人才测评在职业选拔与指导中的运用和发展。

(二) 霍兰德的职业兴趣理论

职业兴趣理论主要是由美国著名的职业指导专家约翰·霍兰德提出和发展的，它源于人格心理学的概念和大量职业咨询的实践与研究。霍兰德从整个人格的角度来考察职业选择问题，因此，他的职业兴趣理论超越了心理学和非心理学的理论框架，基本上属于包含职业选择和职业适应理论在内的职业人格理论。他认为，人的一生面临许多选择，职业方面的选择是关乎一生幸福的重要内容之一。其中，职业兴趣起到了极为重要的影响。根据霍兰德的观点，一个人的职业兴趣会极大地影响职业的适宜度。当他从事的职业与其兴趣相吻合时，就可能发挥其最佳水平，易于做出成就；反之则可能感到极不适应或者毫无兴趣，即使取得一定成绩也难以获得成就感。曾获得诺贝尔物理学奖的丁肇中博士说"兴趣比天才更重要"，这是对职业兴趣理论的最好诠释。

1. 基本内容

(1) 理论核心。目前，作为职业选择的首选工具，霍兰德职业兴趣量表被国内外几乎所有的职业机构应用。霍兰德提出：人格类型模式和职业类型模式应互相配合，人格与职业环境的匹配是形成职业满意度、成就感的基础。

（2）主要观点。霍兰德认为，生涯选择是个人人格在工作世界中的表露和延伸。某类型的职业通常会吸引具有相同人格特质的人，而具有相同人格特质的人对许多生活事件的反应模式也是基本相似的。他们创造了具有某一特色的生活环境（也包括工作环境）。霍兰德认为，在同等条件下，人和环境的适配性或一致性将会增加个体的工作满意度、职业稳定性和职业成就感。

霍兰德生涯理论的基础主要由四个基本假设组成：①大多数人的人格特质都可以归纳为六种类型：现实型、研究型、艺术型、社会型、经营型和常规型。②工作环境也有六种类型，其名称、性质与人格类型的分类一致。③人们都尽量寻找那些能突出自己特长、体现自己价值和能力、令自己愉快的职业。例如，一个现实型的人会尽力去寻找现实型的职业，其他几种人格类型和职业类型的匹配亦然。④一个人的行为表现是职业环境类型和人格类型相互作用的结果。

如果知道自己的人格类型和职业类型，我们就可以预测自己的职业选择、工作变换职业成就、教育及社会行为。

2. 人格类型分类

（1）现实型。现实型的人喜欢从事户外工作或操作机器，而不喜欢在室内工作。这种人通常比较现实，身强体壮，擅长机械和体力劳动。他们会倾向于选择如下一些职业：制造、渔业、野生动物管理、技术贸易、机械、农业、技术、林业、特种工程师等。有时候，现实型的人在用言语表达自己的情感时可能会存在困难。

（2）研究型。研究型的人喜欢那些与思想有关的研究活动，如数学、物理、生物和社会科学等。他们喜欢研究那些需要分析、思考的抽象问题。研究型的人通常具有如下特征：聪明、好奇、有学问、具有创造性和批判性、具有数学和科学天赋。这一类型的人虽然常隶属某一研究团体，但他们喜欢独立工作。以下人员就属于研究型的人：实验室工作人员、生物学家、化学家、社会学家、工程设计师、物理学家和程序设计员等。

（3）艺术型。艺术型的人喜欢自我表达，喜欢在写作、音乐、艺术和戏剧等方面进行创作。他们通常会尽力避免那些过度模式化的环境。他们喜欢将自己完全投入在自己所设定的项目中。这样的人通常善于表达，有直觉力、想象力和创造力，具有表演、写作、音乐创作和讲演等天赋。他们从事的职业主要是作家、诗人、艺术家、音乐家、漫画家、演员、导演、作曲家、乐队指挥和室内装潢等。

（4）社会型。社会型的人的典型表现是喜欢与人合作，积极关心他人的幸福，喜欢给人做培训或给大家传达信息，愿意帮助别人解决困难。他们喜欢的工作环境是那些需要与人建立关系、与群体合作、与人相处以及通过谈话来解决问题和困难的工作环境。社会型的人通常易合作、友好、仁慈、随和、机智、善解人意。他们偏好的职业主要是教育工作者、社会工作者、心理咨询师等。

（5）经营型。经营型的人喜欢领导和控制别人，或为了达到个人或组织的目的而去说服别人。他们追求高出平均水平的收入。他们喜欢权力，希望成就一番事业。这样的人多从商或从政。经营型的人通常精力充沛、自负、热情、自信、具有冒险精神，能控制形势，擅长表达和领导。他们大多会在政治或经济领域取得成就。适合这类人的职业主要有商业管理、律师、政治领袖、推销商、市场经理或销售经理、体育运动策划者、采购员、投资商、电视制片人和保险代理人等。

(6) 常规型。典型的常规型的人喜欢规范化的工作或活动，他们希望确切地知道别人希望他们怎么样和让他们干什么，他们喜欢整洁有序。若把常规型的人放在领导者的位置会让他们感到不适应，他们更愿意在一个大的机构中处于从属地位、跟随大流。常规型的人大多具有细心、顺从、依赖、有序、有条理、有毅力、效率高等特征。他们多擅长文书或数据类工作，通常会在商业事务性的工作中取得成就。适合这一类人的典型职业有会计、银行出纳、图书管理员、秘书、档案文书、税务专家和计算机操作员等。

3. 霍兰德六种人格类型之间的关系

霍兰德以一个六边形形象地阐述了六个人格类型之间的关系（如图2-1所示）。六种类型占据了六边形的六个角，各角相邻类型彼此间具有较高的一致性，即相邻两种类型间有一定的共同特点。而相隔一角的类型之间一致性其次。相对角之间的类型一致性最弱，用虚线表示。以社会型与现实型为例：社会型的人喜欢帮助别人，在团体中工作，看重人际间的互动；现实型的人则偏好用机器来工作，而不喜欢以人群为工作的对象。

霍兰德的类型论提出之后，产生了广泛的影响。对职业指导过程的分析、解释和诊断产生了重大影响，其理论被广泛用于心理测量工具的编制和应用，并激发了众多对其理论的研究工作与报告的产生。

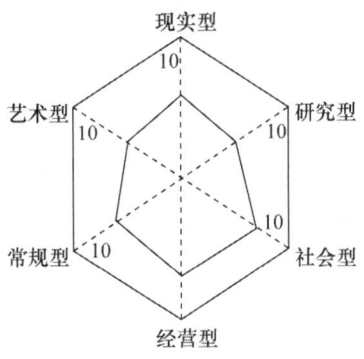

图2-1 六种人格类型关系

(三) 萨帕及霍尔的生涯发展理论

美国心理学家唐纳德·萨帕和道格拉斯·霍尔分别从广义和狭义的角度对职业生涯作出了具有较大影响的定义。

1. 萨帕的广义职业生涯

美国心理学家萨帕认为，生涯不仅仅是一份职业或工作，也是决定人们怎样生活、贯穿一生的过程。

这是一种比较广泛的定义，在时间范围上与生涯的概念等同，按照萨帕的定义，职业生涯除了职位之外还包括各种生活角色。

而关于生涯发展阶段的理论，萨帕在20多年的大量实验研究的基础上，提出了人生的完整的职业发展阶段模式。这是他对职业发展研究最主要的贡献，也是其理论最有影响的部分。具体分为：成长阶段、探索阶段、建立阶段、维持阶段、衰退阶段。在上述萨帕的生涯发展阶段中，每一阶段都有一些特定的发展任务需要完成，每一阶段需达到一定的发展水准或成就水准，而且前一阶段发展任务的达成与否关系到后一阶段的发展。在以后的研究岁月中，萨帕对发展任务的看法又向前跨了一步。他认为在人一生的发展中，各个阶段同样要面对成长、探索、建立、维持和衰退的问题，因而形成"成长—探索—建立—维持—衰退"的循环。

1976—1979年，萨帕在英国进行了为期4年的跨国文化研究。之后他提出了一个更为广阔的新概念：生活广度、生活空间的生涯发展观。这个生涯发展观，除了原有的发展阶段理论之外，较为特殊的是萨帕加入了角色理论，并将生涯发展阶段与角色彼此间交互影响的状况，描绘出一个多重角色生涯发展的综合图形。这个生活广度、生活空间的生涯发展图形，萨帕将它命名为"一生生涯的彩虹图"。

萨帕认为：职业生涯的内容包括个人一生中多种职业和生活角色，就像彩虹同时具有许多色带一样。这些角色包括子女、学生、休闲者、民众、工作者、配偶、家管人员、父母、退休者九项。而这九个角色的扮演主要集中在以下四个场所：家庭、小区、学校及工作场所。即自青春期至退休所有职业和非职业的综合。萨帕将显著角色的概念引入生涯彩虹图，显著角色指各个角色的重要性或显著性。他认为角色除了与年龄及社会期望有关外，与个人所涉及的时间及情绪程度也都有关联，因此每一阶段都有显著角色。

2. 霍尔的狭义职业生涯

霍尔认为：职业生涯是一个人终其一生与工作或职业相关的经历和活动，是个体跨越时间的一系列工作经历的总和，包含一个雇佣时间跨度，即职业生涯起始于工作之前的专门的职业学习和训练，终止于完全结束或退出职业工作的这一段历程。

无论是哪一种定义，都淡化了职业作为谋生手段的作用，而指向个人生命的意义。因而，这里所讲的职业就不仅仅是谋生的手段，更是实现个人价值、追求理想生活的重要途径。

个人的职业生涯是一个漫长的过程。他可能遵循传统，一生只从事一种职业，持续而稳定地在此职业岗位上晋升、增值；也可能由于个人兴趣、能力、价值观以及工作环境的变化而经历不同的岗位、职业甚至行业。大多数人还是希望找到一种相对稳固、适合自己的职业。

如果将霍尔的狭义的生涯定义回放进萨帕广义的生涯定义中，我们可看到，他们有一个重叠的阶段，即在"工作者"角色扮演过程中的重合。据此，可以推出职业生涯的大致阶段，并可针对这一阶段进行详细的规划。以"工作"的发展轨道作为职业生涯设计的"蓝图"，规划自身一步步向前发展的生涯路线。

（四）职业锚理论

职业锚是指当一个人面临职业选择的时候，他无论如何都不会放弃的职业中至关重要的东西或价值观。正如"职业锚"这一名词中"锚"的含义一样，职业锚实际上就是人们选择和发展自己的职业生涯时所围绕的中心，是企业和个人进行职业生涯决策时的核心因素，是判断人们是否达到职业成功的标准。

职业锚理论产生于美国麻省理工学院斯隆管理学院埃德加·沙因教授领导的专门研究小

组,是在对该学院毕业生的职业生涯研究中演绎成的。斯隆管理学院的 44 名 MBA 毕业生,自愿形成一个小组,接受沙因教授长达 12 年的职业生涯研究,通过面谈、跟踪调查、公司调查、人才测评、问卷调查等多种方式,施恩最终分析总结出了职业锚(又称职业定位)理论。

1. 基本类型

沙因教授在 1978 年提出了五种类型的职业锚,随后大量的学者对职业锚进行了广泛研究,并在 20 世纪 90 年代将职业锚确定为以下八种类型。

(1) 技术/职能型。技术/职能型的人追求在技术/职能领域的成长和技能的不断提高,以及应用这种技术/职能的机会。对自己的认可来自他们的专业水平。他们喜欢面对专业领域的挑战。他们通常不喜欢从事一般的管理工作,因为这意味着他们不得不放弃在技术/职能领域的成就。

(2) 管理型。管理型的人追求并致力于工作晋升,倾心于全面管理,独立负责一个部门,可以跨部门整合其他人的努力成果。他们想去承担整体的责任,并将公司的成功与否看成自己的工作。具体的技术/职能工作仅仅被看作通向更高、更全面管理层的必经之路。

(3) 自主/独立型。自主/独立型的人希望随心所欲地安排自己的工作方式、工作习惯和生活方式。追求能施展个人能力的工作环境,最大限度地摆脱组织的限制和制约。他们宁愿放弃提升或工作发展机会,也不愿意放弃自由与独立。

(4) 安全/稳定型。安全/稳定型的人追求工作中的安全与稳定感。他们因为能够预测到稳定的将来而感到放松。他们关心财务安全,例如退休金和退休计划。稳定感包括诚实、忠诚以及完成老板交代的工作。尽管有时他们可以达到一个高的职位,但他们并不关心具体的职位和具体的工作内容。

(5) 创业型。创业型的人希望用自己的能力去创建属于自己的公司或创建完全属于自己的产品(或服务),而且愿意去冒险,并克服面临的障碍。他们想向世界证明公司是他们靠自己的努力创建的。他们可能正在别人的公司工作,但同时他们在学习并寻找机会。一旦时机成熟,他们便会走出去创立自己的事业。

(6) 服务型。服务型的人一直追求他们认可的核心价值,例如帮助他人,改善人们的安全,通过新的产品消除疾病等。他们一直追寻这种机会,这意味着即使变换公司,他们也不会接受不允许他们实现这种价值的变动或工作提升。

(7) 挑战型。挑战型的人喜欢解决看上去无法解决的问题,战胜强硬的对手,克服无法克服的困难障碍等。对他们而言,参加工作或职业的原因是工作允许他们去战胜各种不可能。他们需要新奇、变化和困难,如果事情非常容易,他马上会变得非常厌烦。

(8) 生活型。生活型的人希望将生活的各个主要方面整合为一个整体,喜欢平衡个人的、家庭的和职业的需要。因此,生活型的人需要一个能够提供"足够弹性"的工作环境来实现这一目标。他们将成功定义得比职业成功更广泛。相对于具体的工作环境、工作内容,生活型的人更关注自己如何生活、在哪里居住、如何处理家庭事业等。

经过多年的发展,职业锚已经成为职业发展、职业生涯规划的必选工具。职业锚实际上是内心个人能力、动机、需要、价值观和态度等相互作用和逐步整合的结果。在实际工作中,通过不断地审视自我,逐步明确个人的需要与价值观,明确自己的擅长所在以及今后发展的重点,最终在潜意识里找到自己长期稳定的职业定位即职业锚。

2. 职业锚的作用

职业锚作为一个人的自省的才干、动机与价值观的模式，在个人的职业生涯与工作生命周期，以及个人与组织的事业发展过程中都发挥着重要的功能与作用。

（1）选择职业生涯发展道路。职业锚是通过工作经验的积累产生并形成的，能够清楚地反映个人的价值观与才干，也能反映个人进入成年期的潜在需求和动机。个人抛锚于某一职业工作的过程，实际上就是个人自我真正认知的过程，即认识自己具有什么样的能力、才干，需要什么。通过对职业锚的认识，找到自己长期稳定的职业贡献区，从而决定自己将来的主要生活与职业选择。

（2）确定职业生涯目标，发展职业角色形象。职业锚清楚地反映出个人的职业生涯追求与抱负。例如，技术/职能型职业锚的人，其志向和抱负在于专业技术方面的事业有成，有所贡献。同时，根据职业锚可以判断个人达到职业成功的标准。例如，对抛锚于管理型的人来说，其职业成功在于升迁至更高的职业，获得更大的管理机会。因此，明确自己的职业锚，可以帮助确定自己职业生涯成功的标准、职业生涯成功要求的环境，从而确定职业目标及职业角色。

（3）有助于提高个人的工作技能，提高自己的职业竞争力。职业锚是个人经过长期寻找所形成的职业生涯的定位，是个人的长期贡献区。职业锚形成后，个人便会相对稳定地从事某种职业。这样必然会累积工作经验、知识与技能，随着个人工作经验的丰富和累积以及个人知识的扩展，个人的职业技能将不断增强，个人职业竞争力也随之增加。

3. 职业锚理论对大学生职业生涯规划的意义

有人认为，职业锚形成于获取工作经验之后，是通过工作经验的积累产生并形成的。因此，它不适合于在校的学生（除非个人有相对较强的社会实践和工作经验）。但在实际运用中发现，职业锚理论对于大学生的职业生涯规划具有非常重要的意义。

（1）职业生涯规划首先要进行自我定位。职业锚是内心深处对自己的看法和自我定位，是人们选择和发展自己的职业时所围绕的中心，能指导、约束或稳定个人的职业生涯。它决定着个人职业生涯的方向，也决定着职业生涯规划的成败。因此，大学生职业生涯规划的首要环节是自我分析、自我定位。也就是说，大学毕业生求职之前先要进行职业生涯规划，进行职业生涯规划之前先要进行自我定位，先要弄清自己想要干什么、能干什么，自己的兴趣、才能、学识适合干什么。通过自我分析与可靠的量表工具的测量，评估出自己的职业倾向、能力倾向和职业价值观。

（2）职业生涯规划是一个动态变化过程。施恩教授认为，职业生涯规划实际上是个持续不断的探索过程。在这一过程中，每个人都在根据自己的天资、能力、动机、需要、态度和价值观等慢慢地形成较为明晰的与职业有关的自我概念。随着一个人对自己越来越了解，这个人就会越来越明显地形成一个占主要地位的职业锚。当今社会处于激烈的变化过程中，大学毕业生的就业观念也要相应地改变，打破传统的"一业定终身"的观念，就业、再就业是大趋势，职业生涯规划也随之根据各种变化来调整。环境的变化可导致自我观念的变化，反映到制定职业生涯规划上来，应先找出基本的职业定位，沿着大的方向发展，不断探求自己的职业锚，而不应该一次就把终生的职业生涯的每一个具体细节都确定下来。

（3）大学生职业生涯规划的重点内容是职业准备、职业选择与职业适应。从职业生涯发展过程来看，职业生涯发展的阶段主要分为：①职业准备期：形成了较为明确的职业意向后，从事职业的心理、知识、技能的准备以及等待就业机会。每个择业者都有选择一份理想职业的愿望与要求，准备充分就能够很快地找到自己理想的职业，顺利地进入职业角色。②职业选择期：这是实际选择职业的时期，也是由潜在劳动者变为现实劳动者的关键时期。职业选择不仅仅是个人挑选职业的过程，也是社会挑选劳动者的过程，只有个人与社会成功结合、相互认可，职业选择才会成功。③职业适应期：择业者刚刚踏上工作岗位，存在一个适应过程，要完成从一个择业者到一个职业工作者的角色转换。要尽快适应新的角色、新的工作环境、工作方式、人际关系等。④职业稳定期：这一时期，个人的职业活动能力处于最旺盛时期，是创造业绩、成就事业的黄金时期。当然，职业稳定是相对的，在科学技术发展迅速、人才流动加快的今天，就业单位与职业岗位发生变化是很正常的。⑤职业结束期：由于年龄或身体状况原因，逐渐减弱职业活动能力与职业兴趣，从而结束职业生涯。

施恩教授指出，制定职业生涯规划时，要想对职业锚提前进行准确预测是很困难的，这是因为一个人的职业锚也是在不断发生变化的，它实际上是一个不断进行职业目标探索、职业选择和职业适应的过程所产生的动态结果。因此，大学生职业生涯规划的侧重点应在职业准备、职业选择、职业适应三个阶段。大学生要对职业进行物质、心理、知识、技能等各方面充分的准备，还要根据各方面的分析与自己的职业锚来合理、客观地对职业做出选择。对即将踏入的职业活动要有一定的心理预期，包括工作的性质、劳动强度、工作时间、工作方式、同事以及上下级关系都要快速适应，迅速成为一个成功的职业者。

上述职业规划理论都是成熟的经典理论，但是随着社会文化的变迁、经济结构的演化，职业生涯理论也必须不断地自我更新才能适应外界环境的变化，满足组织和个人对于长期发展的期望。

（五）认知信息加工理论

认知信息加工理论认为，生涯发展就是看一个人如何作出生涯决策，以及在生涯问题解决和生涯决策过程中如何使用信息。

1991年，盖瑞·彼得森、詹姆斯·桑普森、罗伯特·里尔登合著了《生涯发展和服务：一种认知的方法》一书，阐述了这一认知信息加工的方法。

1. 理论假设

(1) 生涯选择以认知与情感的交互作用为基础。
(2) 进行生涯选择是一种问题解决活动。
(3) 生涯问题解决者的能力取决于知识和认知操作。
(4) 生涯问题解决是一项记忆负担繁重的任务。
(5) 生涯决策要求有动机。
(6) 生涯发展包括知识结构的持续发展和变化。
(7) 生涯认同取决于自我知识。
(8) 生涯成熟取决于一个人解决生涯问题的能力。
(9) 生涯咨询的最后目标是促进来访者信息加工技能的发展。
(10) 生涯咨询的最终目的是增加来访者作为生涯问题解决者和决策制定者的能力。

2. 信息加工理论的核心

（1）信息加工金字塔模型。该理论把生涯发展与咨询的过程视为学习信息加工能力的过程，该理论的提出者按照信息加工的特性构建了一个信息加工金字塔。位于塔底的领域是知识的领域，包括自我知识和职业知识。中间领域是决策领域，包括沟通—分析—综合—评估—执行五个阶段。最上层的领域是执行领域，也称为元认知，元认知是一个人所具有的关于自己思维活动和学习活动的知识及其实施的控制，是任何调节认知过程的认知活动，即是任何以认知过程与结果为对象的知识，包括自我言语、自我觉察、控制与监督。

（2）CASVE循环。该理论认为，知识领域相当于计算机的数据文件，需要我们进行存储。决策领域是计算机的程序软件，让我们对所存储的信息进行加工处理。执行领域相当于计算机的工作控制功能，操纵计算机按指令执行程序。决策技能可以通过学习五阶段循环模型获得。这五个阶段如下。

①沟通（确认需求）：个人开始意识到问题的存在；
②分析（将问题的各组成部分相互联系起来）：对所有的信息进行分析；
③综合（形成选项）：个人形成可能的解决方法并寻求实际的解决方法；
④评估（评估选项）：评估每种选项的优劣，评出先后顺序；
⑤执行（策略的实施）：依照选择的方案做出行动。

3. 信息加工理论在咨询上的应用

金字塔模型作为了解生涯发展的一个框架，决策技能的五阶段循环有助于学习制定生涯决策的技能。在生涯咨询中，可以针对金字塔模型中的每一个方面，使用相应的咨询策略和方法。使用该理论进行咨询包括以下六个步骤。

（1）与来访者建立关系和收集信息的初始访谈。
（2）确定来访者是否对问题解决和职业决策做好准备的初步评估。
（3）确定问题和分析原因。
（4）与来访者共同形成咨询目标。
（5）帮助来访者形成个人学习计划（与来访者一起列出一系列可供其使用的活动和资源）。
（6）要求来访者执行他们的个人计划，总结来访者所取得的进步，并将在咨询中所学到的东西概括运用于今后所遇到的职业问题中。

4. 对认知信息加工理论的评价

该模型强调职业生涯咨询是一个持续的学习过程，它区别于其他理论的最主要方面是强调了认知信息加工的重要性。认知信息加工金字塔模型为咨询师提供了帮助来访者的理论框架，决策制定的五阶段循环模型可用于发展来访者问题解决的能力，生涯决策能力的获得可以被视为一种学习策略。该模型不同于其他理论的地方还在于其强调了元认知在生涯问题解决中的作用。

（六）社会学习理论

20世纪70年代以来，西方国家经济迅速发展，人力资源管理学科与职业生涯规划学科的众多学者为了创造出与之匹配的理论与方法，进行了大量探索与研究。人力资源学家杜拉于70年代初提出了独具特色的社会学习理论，这种职业生涯规划理论以经典行为主义、强化理论和认知信息加工理论为基础。职业生涯规划专家克朗伯兹首次将这种理论在实践中进行应用与评估。社会学习理论的核心理念如下：对他人行为与认知的学习与效仿决定着求职者的社会成熟程度，从而影响着求职者的职业导向与职业生涯规划思路。社会学习理论包含四种特质。一是遗传特质：包括性别、种族、外貌、智商、体质等，这些特点是人与生俱来的，某种程度上影响着求职者的职业起点与本源职场表现。二是环境特质：环境特质与个人无关，主要来自自然活动与人类的社会活动，分析显示，环境特质与求职者的职业选择有密切相关性。三是技能特质：社会学习理论认为求职者与择业者每个人有独特的技能经验（包括工具式经验与联结式经验），技能经验将在本质上对求职者的职业生涯规划造成影响。四是任务特质：这包括求职者分析与解决具体问题的能力、求职者的工作习惯、求职者的心理状态等各类特征。社会学习理论认为，以上四种职业特质在实际工作中对求职者与择业者的发展具有深远影响，从业人员在具体工作中依托以上特质，形成了自身对职场对工作的认知，从而进一步影响到对世界对个人的认知。传统上，兴趣观、价值观等因素均为学习、效仿、更正的结果，个人的学习经历或学习行为不当，可能会导致形成错误的职业发展推论，而阻碍其个人发展与职业发展。因此，社会学习理论特别强调丰富而适当的学习是个人职业生涯规划中的重要步骤。

社会学习理论强调，职业生涯规划不应仅仅关注人的特质，更应关注人在不同职业活动中的学习经历，从业人员通过这些活动能够学习锻炼其职业技能，这些所拥有的技能在未来的工作中可能会起到一定作用，从业人员在不断的学习过程中拓展其自身的职业兴趣，培养个人适当的职业观念与职业思维。社会学习理论依托社会学概念解释职业生涯规划学科探索，一定程度上补充了其他理论在研究与实践中的不足，体现了其在科研中的指导作用。

第三节　职业生涯规划的方法与步骤

一、职业生涯规划的方法

当代大学生踏入社会前，要对自己有一个基本认识，再依据一定的方法为自己的未来描绘一个美好的蓝图。大学生职业生涯规划的方法较多，主要介绍以下两种。

（一）职业生涯规划"五步法"

"五步法"是职业生涯规划的一种简单易行的方法。"五步法"被许多成功人士应用，依托的是归零思考的模式。共有五个问题，综合五个问题的回答，就可以设计出自己的职业规划。

Who are you?（你是谁？）
What do you want?（你想做什么？）
What can you do?（你会做什么？）
What can support you?（环境支持或允许你做什么？）

What you can be in the end?（你的职业与生活规划是什么？）

对于第一个问题"你是谁？"回答的要点是：面对自己，真实地想出每一个想到的答案，写完了再想想有没有遗漏，认为确实没有了，就按重要性进行排序。

对于第二个问题"你想做什么？"可将思绪回溯到孩童时代，从初次萌生想干什么的念头开始，回忆自己随着年龄的增长真心向往的事，并一一记录下来，写完后，认为没有遗漏就进行认真的排序。

对于第三个问题"你会做什么？"则把确实证明自己的能力和自己还可以开发出来的潜能一一罗列出来，认为没有遗漏了，就进行认真的排序。

对于第四个问题"环境支持或允许你做什么？"则要考虑本单位、本市、本省、本国和其他国家，只要认为是自己有可能借助的环境，都应在考虑范围之内，在这些环境中，认真想想自己可能获得什么支持和允许，然后按重要性排序。

如果能够成功回答第五个问题"你的职业与生活规划是什么？"，你就有了最后答案。具体做法是：把前四张纸和第五张纸一字排开，然后认真比较第一张至第四张纸上的答案，将内容相同或相近的答案用一条横线连起来，你会得到几条连线，而不与其他连线相交的又处于最上面的线，就是你最应该去做的事情，你的职业生涯就应该以此为方向，并在此方向上以3年为单位，提出短期、中期与长期的目标；再在短期的目标中提出今年的目标；最后，将今年的目标分解为每季度目标、每月目标、每周目标、每天目标。这样，你每天睡前就可以对照自己的目标进行反省，总结当日成就与失误、经验与教训，修正明天的目标与方法，第二天醒过来后就可以投入行动了。这样日积月累没有不能实现的规划。

（二）职业生涯规划SWOT分析法

"SWOT"分析法，即在职业生涯规划中通过对自己的Strength（优势）、Weakness（劣势）、Opportunity（机会）和Threat（威胁）进行分析，评估自己的技能、能力、价值观、兴趣爱好和职业机会等影响职业发展的主客观条件，明确自己的优点和缺点在哪里，明确自己感兴趣的不同职业道路的机会和威胁是什么。一般来说，在进行SWOT分析时，应遵循以下四个步骤。

1. 优势分析

在自己的职业生涯设计中，如果能根据自身长处选择职业并"顺势而为"地将自己的优势发挥得淋漓尽致，就会事半功倍，如鱼得水。职业生涯设计的前提是知道自身的优势是什么，并将自己的生活、工作和事业发展都建立在这一优势之上。具体来说，就是要知道以下三个方面。（1）学了什么。在几年的学习生活中，自己从学校开设的课程中学到了什么有价值的东西，社会实践活动提高和升华了个人哪方面的知识和能力。（2）曾经做过什么。在学校期间担任过什么学生职务，参加过什么社会实践活动，工作经验的积累程度如何等。这些可以从侧面反映出一个人的素质状况。在进行自我分析时，要善于利用过去的经验、成果推断未来的工作方向和机会。（3）最成功的是什么。自己做过的事情中最成功的是什么？是如何成功的？通过分析，可以发现自己的长处，譬如坚强的意志、创新的精神等，以此作为个人进行深层次挖掘的动力之源和魅力闪光点，形成职业生涯设计的有力支撑。

2. 劣势分析

要指出自身的劣势和自己最不擅长做的事情。找到自己的短处，可以努力去改正自己常犯的错误，提高自己的技能，放弃那些对自己不擅长的技能要求很高的职业。具体来说，就是要知道以下三个方面。(1) 自身的弱点。人都有弱点，这是我们与生俱来且无法避免的。卡耐基曾说："人性的弱点并不可怕，关键要有正确的认识，认真对待，尽量寻求弥补、克服的办法，使自我趋于完善。"(2) 经验或经历中所欠缺的方面。欠缺并不可怕，可怕的是自己还没有认识到或认识到了而一味地回避。正确的态度是认真对待，善于发现，努力克服和提高。(3) 最失败的是什么。你做过的事情中最失败的是什么？如何失败的？通过分析，避免在以后的职业生涯中再次失败，防止在跌倒的地方再次跌倒。

自我认识一定要全面、客观、深刻，绝不能回避缺点和短处。"当局者迷，旁观者清"，尽量多参考父母、同学、朋友、师长、专业咨询机构等的意见，力争对自我有一个全面的认识。

3. 机会分析

环境为每个人提供了活动的空间、发展的条件和成功的机遇。特别是近年来，社会快速的变化、科技高速的发展、市场竞争的加剧都会对个人的发展产生很大的影响。在这种情况下，如果能很好地利用外部环境，就会有助于个人的成功。与此同时，我们也面临各种各样的机遇，比如，经济快速发展为我们提供了发展空间，网络技术的发展使我们能了解更多的信息，择业的双向选择给了我们自主选择权等，这些都是大学生面对的机遇。具体来说，就是要做到：一是对社会大环境的认识与分析。当前社会政治、经济、科技、文化发展趋势有利于所选择的职业发展吗？具体哪方面有利？二是对自己所选组织或单位的外部环境分析。组织或单位在本行业中的地位与发展趋势如何？面对的市场怎样？有无职位空缺？需要具备哪些条件？

4. 威胁分析

除了机会，我们也会面对各种各样的挑战和威胁。这是我们无法控制的外部因素，但是，我们却可以弱化它的影响。这些因素包括：就业还处于买方市场形势；所学专业过时或不符合社会的需要；来自同学的竞争；面对具有更优的技能、更丰富的知识及更多实践经验的竞争者；公司不雇用某个专业的人；等等。

对于这些挑战，不能一味地采取回避的态度，也不能自怨自艾。要改变自己，提高自己适应社会的能力，通过努力把挑战转化为一种内在的动力。这样，我们才能避免不利的影响，在困境中脱颖而出，寻求发展和成功。

需要注意的是，运用SWOT法进行职业生涯机会评估时，要尽可能考虑全面，权衡各种发展机会，然后，选出最优的发展机会。

二、职业生涯规划的步骤

大学生职业生涯规划是一个长期的连续过程，需要设计一整套程序来保证它顺利实施。这个过程主要包括自我评估、环境评估、树立职业理想与目标、职业生涯路线选择、制订实施方案、实施、评估与反馈等七个步骤。

（一）自我评估

自我评估是个人职业生涯规划的基础，也是能否获得可行规划方案的前提。大学生的自我评估主要包括兴趣、性格、能力、价值观等。

需要提醒的是，自我评估不是一两次测评就可以解决的事情，而是要贯穿整个职业生涯过程。自我评估的方法很多，我国古代就有"吾日三省吾身"的做法。目前国内也已经有了许多可供选择的职业测评工具。

（二）环境评估

每个人都处于一定的社会环境之中，或多或少与各种组织有着这样或那样的关联。因此，职业生涯规划也就离不开对这些环境因素的了解和分析。"知彼"更重于"知己"。

对于大学生来说，环境因素对个人职业生涯发展的影响是巨大的。每个行业受到国内外经济形势、宏观政策、市场竞争等方面的影响非常大，大学生只有顺应外部环境的需要，趋利避害，最大可能地发挥个人优势，才能更好地实现个人目标。

规划决策的外部环境分析包括对社会政治环境、经济环境和组织（企业）环境的分析，即评估和分析环境条件的特点、发展与需求变化趋势，自己与环境的关系以及环境对自己的影响等。

评估内容：社会环境分析、行业环境分析、职业环境分析、企业环境分析。

评估方法：查阅、参观、访谈、实习。

（三）树立职业理想与目标

大学生理应树立热爱自己的事业的远大理想。明确的职业目标就像职业生涯规划这个茫茫大海上的灯塔，指引着职业生涯的发展方向。

大学生通过对自我的认知和对环境的了解，确定大学阶段的奋斗目标，有利于提高学习效率和找到实现自我价值的有效途径。

1. 就业

就业的主要去向是专业相关领域的企业，大学生平时要关注国内外各相关行业的企业单位发展状况，对企业有清晰的认识。

2. 读研深造

当发现自身更适合研究性工作的时候，你可以选择继续攻读研究生，主要有两种方式可以实现读研需求。

一是推荐免试研究生，可通过学生手册了解本学校推荐免试研究生的规定。

二是通过研究生入学考试。要想顺利通过这个考试，就要做好以下几方面的准备。

首先，打好基础。

考硕士研究生一般需要考外语、思想政治理论、综合科目（根据报考专业不同而不同）和专业课。

根据报考学校的研究生招生简章，可知哪些课程是硕士研究生入学考试的科目。对于全国统考的英语、数学和政治，在日常的学习中应有重点地理解和记忆。

对于专业课程，应该涉猎群书，扩大自己的知识面，了解学科前沿理论。

其次，合理利用网络资源。

在准备硕士研究生入学考试的过程中可以充分利用线上学习资源，通过网课、往届试题等方式进行备考学习，并可以积极与目标院校的学生取得联系，交流备考经验，找寻复习的同伴，获取最新的考研信息等。

最后，了解报考专业和学校的相关情况。

要明确报考的学校、专业建设、师资力量等因素，不同院校专业课的重点和研究方向往往会有所不同，要未雨绸缪、提前了解。

3. 出国留学

在一些专业领域，国外院校和研究机构具有较快的研究进展，对部分科研学生吸引力较大。留学的流程与所在国家地区以及学校的政策有关，区别较大，形式较为灵活，有出国意向的大学生需要提前通过雅思等语言类水平考试，可向已经出国的学生或专业机构咨询。

（四）职业生涯路线选择

确定职业发展目标之后，就要对自己的职业生涯路线进行规划。所谓职业生涯规划路线，是指选择了职业之后，通过什么样的方式来实现自己的职业规划目标。大学毕业生接受了良好的专业教育，同时肩负着中华民族伟大复兴的历史使命，祖国正需要大批的有志青年投身其中。大学生在确定自己的目标后应关注如何向目标迈进。

（五）制订实施方案

这可以分三步来完成：找准差距，找对方法，确定实施步骤与完成时间。

1. 找准差距

找准差距，要从思想观念、知识储备、心理素质、业务能力等四个方面进行比对。

（1）思想观念的差距。比如，面对竞争，一种观念是希望竞争对手失败，另一种观念是设法比竞争对手做得更好更强。观念不一样，导致的做事方法不一样，做事的结果也会不一样。

（2）知识储备的差距。在进入信息化时代以后，行业知识日新月异，新技术、新观念、新方法不断在行业内的各个领域得到应用，作为以具有国际视野与民族精神、广博知识与发展潜质、创新精神与实践能力、健全人格与健康体魄的高素质创新型人才为培养目标的大学毕业生来说，要不断增强学习能力，提高吸收新知识、运用新方法的能力。

（3）心理素质的差距。它涉及一个人的毅力如何，面对变故和挫折时心理承受能力怎么样。

（4）业务能力的差距。除情绪智力之外，可能还会有一些能力差距。比如具体操作能力的差距、演讲能力的差距、身体适应能力的差距等。

2. 找对方法

在了解自身条件、分析差距的前提下，找到适合自己的缩小差距的方法并制订实施方案。其方法有：

（1）教育培训的方法，"活到老，学到老"。
（2）讨论交流的方法。
（3）实践锻炼的方法，这是缩小差距的根本方法。

3. 确定实施步骤与完工时间

根据自我评估、环境评估、职业目标、职业生涯路线的分析和总结，找准定位，找对方法，规划出每一步要完成的小目标，同时，要给每一个小目标制定完成的时限，注意制定的实施步骤和完工时间要可行、有效。

（六）实施

所有的规划、设计都要依靠设计者具体的实践来完成。具体内容包括实际工作、职能培训、学习深造等。

（七）评估与反馈

影响学生职业生涯的内外因素很多，有些变化是可以预测并加以控制的，但是更多的变化是难以预测的。在这种情况下，要使规划行之有效，需要根据实际情况对职业生涯规划的进展做出评估，并适时进行修正。当然，个体既可以只对某个阶段性目标的实施路径进行修正，也可以对理想发展目标进行修正，但这一切都应符合客观现实的需要。

1. 评估

职业生涯规划是一个人未来的生活轨迹和职业航线，受环境变化、个人成长、心态意识等因素影响，随着时间的推移，很多情况都会发生改变。因此，为确保规划合理有效，必须定期结合自身实际情况和所处环境，对规划的进展情况进行审视，并通过评估，对一些内容进行修正。

2. 反馈

在职业生涯规划修正过程中，要重点考虑以下三点。

第一，检测预定目标的完成情况；第二，在阶段目标达成时，要根据目标达成效果，修订下一个阶段的目标及策略；第三，当客观条件改变，影响职业生涯规划的进展时，应及时进行修正。

第三章　大学生就业形势与政策

第一节　大学生就业形势

一、大学生面临的就业形势

随着我国经济的不断发展，毕业生面临着新的就业形势，出现了许多新情况、新问题。要想在当前人才市场激烈的竞争中寻找到理想的职业，除了要加强自我能力的培养，还应该对当前的就业形势有一定的了解，也要看到相关部门对就业工作很重视。日益蓬勃的经济为同学们提供了自我发展的大好契机，为就业和创业提供了更多的机会。

从所有制结构上看，国家采取鼓励、支持和引导个体及非公有制经济发展的政策，为我国非公有制经济的发展提供了很大的空间，民营经济、个体经济成为增加就业的一个重要途径。特别是对于职业技术类学生来说，很多私有经济体非常需要技术性人才，同学们也可以利用自己的专业知识和技能进行创业。

从产业结构上看，我国产业经济发展逐步向第三产业转移，第三产业有很大的发展潜力。第三产业从业人员逐年增加，成为扩大就业的一个主要出路。除了传统的商贸服务、餐饮业等，保洁、绿化、保安、公共设施护卫等都成为新兴的就业岗位。

从企业结构上看，中小企业和民营经济成为我国新增就业的主体。中小型企业比重大，创造的最终产品和服务的价值多，提供的产品、技术、出口比例也不低，中小型企业为人民的日常生活提供了及时而快捷的服务，满足了人们的日常生活需要。大学生不要好高骛远，应该充分发挥自己的优势，避免自己的不足，向中小型企业进军，抓住更多的历练机会。

二、影响大学生就业的因素

（一）毕业生供给与岗位需求

当前，我国经济发展进入一个新常态，社会对高校毕业生的需求处于相对稳定的阶段，高校毕业生供给增长的速度与经济增长速度不匹配，劳动力市场在短时间内难以吸纳全部高校毕业生就业。

（二）经济发展与结构调整

在供大于求的前提下，就业问题宏观上只有通过大幅度增加岗位来解决，而就业岗位的增长幅度与经济的增长幅度密切相关。当经济快速健康增长时，就业岗位相应增加；反之，岗位就会减少。我国在过去几十年间，国民经济快速发展，为社会提供了大量的就业机会。然而，由于产业结构发展的不平衡和经济结构的变动，劳动力的供给结构与经济结构不相适应，导致了高校毕业生就业难。

（三）就业区域选择偏好

我国地域广阔、人口分布不均，各地区经济发展不平衡，人才需求显现出一定的地区差异。经济欠发达地区特别是中西部，很难对大学生形成规模需求。在国家实施"一带一路"倡议以来，这种情况有所好转。

相反，大中城市作为经济和文化中心，有更多的人才需求和发展机会，对大学生产生了更强的吸引力，同时由于人才济济，就业竞争激烈，就业难度大。

（四）高等教育的人才培养机制

高等教育是按照专业门类来培养学生适应职业需要的基本素质和能力的过程，通过公共基础课、专业基础课、专业课的教学活动和其他教育活动，使学生达到能够解决该专业一定问题的理论、技术和能力水平，从而形成适应某类或某种职业需要的专业特长。也就是说，大学生所受的专业教育直接制约其职业的适应范围，进而很大程度地影响就业。

（五）高校毕业生的就业能力

高校毕业生的就业能力是影响个人就业的根本因素，包括所拥有的专业知识、实践技能和就业态度、择业技巧等。毕业生如果基于职业路径的需要，基于用人单位的需要积累就业能力，则更容易在就业市场找到合适的位置。

（六）高校毕业生的就业观念

高校毕业生的就业观念是指大学生基于对未来职业的认知、评价和工作岗位的初步体验，形成的一种较为固定的看法和态度。

就业观念对大学生就业具有导向和动力作用，它支配着择业主体对择业目标的期望定位和选择，支配着择业行为。正确的就业观念能够指导大学生对自己、对职业进行正确的评价和合理的定位，并做出理性的选择。反之，错误的就业观念将使毕业生对就业产生过高或过低的期望，影响准确定位和选择。

三、大学生就业面临的机遇与挑战

（一）大学生就业面临的机遇

1. 政策环境更加宽松、有力

近年来，围绕推动和促进大学毕业生就业，国家出台了一系列方针政策，为毕业生充分就业提供了制度保障、政策保障和工作保障。例如,在自主择业方面,破除了一切部门限制和地区限制,毕业生可以在全国范围内自由流动;在自主创业方面,免除了创办企业的有关行政事业性收费项目,并可提供小额贷款资助;在鼓励下基层方面,除给予一定的生活保障外,还有落户、职称、考研、考公务员等优惠政策。可以说,现有政策涵盖了毕业生就业的各个方面,基本形成了比较完善的政策框架体系。

2. 党和政府非常重视大学生就业

党和政府高度重视就业问题,坚持"以人为本",树立全面、协调、可持续发展的战略,促进经济社会和人的全面发展,为解决好我国的就业问题提供了思想认识基础。

党中央和国务院曾多次做出重要批示,要求各级党委、政府全力做好大学生就业与创业工作,并多次强调做好毕业生就业工作的重要性。党和国家根据不同的就业形势,每年都出台相应的就业政策和措施,各级党委、政府也把大学毕业生就业工作纳入了重要议程,出台了大量的政策,为毕业生顺利就业创造了良好的就业环境。例如,实施西部大开发、振兴东北老工业基地、促进中部地区崛起、鼓励东部地区加快发展的协调发展战略,以及小城镇化建设步伐的加快,为解决就业问题带来了新的机遇。随着各项促进就业政策的深入落实和完善,政策效应将进一步释放,就业和创业环境将进一步改善。我国加入世界贸易组织,对外贸易的不断增长,与世界经济联系得更加紧密,所有这些将为解决我国的就业问题提供良好的外部条件。大学毕业生是我国新增劳动力人口中的高素质人才,其就业问题受到党中央、国务院和各级政府的重视和关注,并加大了宏观调控的力度,制定了一系列促进毕业生就业的政策措施,大学毕业生就业工作在制度、服务体系、基层就业等方面取得了较好的进展,这些都为高校毕业生就业提供了有利条件。

3. 经济发展势不可当

解决大学毕业生就业问题,归根结底还得依靠经济的拉动和促进。我国经济的持续健康快速发展和建设和谐社会、创新型国家,坚持走自主创新道路的政策,将直接拉动和促进大学毕业生就业。经济增长方式的根本转变,经济结构的优化升级和我国工业化、信息化、城镇化、市场化进程的不断加快,将为大学毕业生创造更多施展才华的空间。在我国经济融入全球化经济的过程中,逐步进行一场前所未有的经济结构、产业结构的大调整,这带给了大学毕业生前所未有的机遇:人才竞争的国际化,为我国大学生境外就业提供了机遇;第三产业的迅猛发展,为大学生就业拓宽了行业领域;创业机制与环境的不断完善,为大学生实行自主创业创造了更好的条件。

4. 非公有制经济单位需求量急剧增加

非公有制经济作为社会主义市场经济的重要组成部分正飞速发展,并在国民经济领域中占有越来越大的比例,非公有制单位对人才的需求量也已经超过了国有单位。特别是东南沿海等发达地区因经济迅速增长,对大学毕业生的需求量急剧增加。

5. 高校就业政策和教学改革已见成效

近年来,国家逐步把毕业生就业工作纳入高校考核的重要指标,突出强调毕业生就业在高校改革和发展中的重要作用，积极倡导并严格要求高校的"一把手"对本校毕业生就业工作负总责，一级抓一级，层层抓落实，不论是在硬件投入还是在软件建设方面都取得了突破性进展。

高等学校要主动研究社会需求和就业形势的变化，转变办学指导思想，改变教学模式，加快学科专业结构适应性调整，积极推进教学改革，进一步加大对毕业生就业指导和就业服务的力度，努力帮助学生寻找适合的就业机会，促使毕业生充分就业。

6. 毕业生就业市场逐步规范

全国毕业生就业市场已经形成规模并逐渐走向规范化。伴随着知识经济的到来，就业信息的传播方式将发生根本性的变化，这种变化不仅使毕业生就业逐步实现信息化、网络化的远程服务，而且也促进了毕业生就业市场从传统的劳动密集型管理向以信息技术为基础的现代管理模式转变。随着毕业生就业人才市场的建立和完善，有关的规章制度也相继出台，因此大学生就业有了法律依据和保障。

7. 高新技术人才需求量非常大

知识经济成为现今世界经济发展的主流，高新技术企业在我国飞速发展，对高新技术人才的需求量非常之大，因此对与高新技术有关专业的毕业生的需求非常大，如计算机及其应用、计算机软件、通信工程等专业在需求量排序中名列前茅。各地各行业目前都在积极吸引高新技术人才，争相提供优惠条件，创造良好的工作、生活和学习环境。这种日益浓厚的尊重知识、尊重人才的风气，必然为毕业生就业带来更多的机遇。

（二）大学生就业面临的挑战

1. 社会就业观念滞后于就业形势的变化

我国正处在一个发生深刻变革的时代，这一时代形成了社会经济成分和经济利益多样化，就业岗位和就业方式多样化，社会组织结构与形式多样化。这些多样化的产生要求毕业生改变传统的就业观念，但不少毕业生和毕业生家长仍然是"铁饭碗、旱涝保收、衣食无忧"的就业观念，多数毕业生还是把就业单位的性质看得过重，希望在大城市、发达地区、收入较高、相对稳定的单位就业。相当一部分毕业生的择业期望值与社会现实有一定的差距，就业观念不能适应就业形势的变化，跟不上社会就业方式的变化，既影响了毕业生就业，也造成了人才的浪费。

2. 毕业生就业制度改革艰难

人事制度有待改善，人事部门对毕业生就业的申请报批手续过于繁杂，单位并没有多少真正的用人自主权，仍然需要按照接收毕业生一人一报批的手续，非公有制单位甚至没有审批进入指标的渠道。此外，目前这种审批程序和环节过多的人事管理体制还造成就业工作中存在毕业生就业工作部门职责不清、政策交叉等现象，致使许多就业改革措施难以兑现。

3. 传统毕业生就业的主要渠道吸纳能力下降

随着改革的深入，传统的主要渠道吸纳毕业生的能力下降。

第一，政府机关长期以来是接收大学毕业生的主渠道，但随着政府机构大幅度精简和传统主渠道的吸纳能力逐渐下降，不可能大量吸收大学毕业生特别是专科以下毕业生。

第二，国有企业、事业单位由于负担过重，也在减员增效。

第三，一些直辖市和中心城市仍然对大学毕业生落户有比较严格的要求，对大学毕业生尤其严格，有的直辖市缩减了引进外地生源毕业生的数量，一些中心城市对毕业生落户增加了专业限制，不利于毕业生充分就业。

第四，随着我国经济的快速发展，企业对人才的要求越来越高是大势所趋，但某些用人单位故意抬高门槛，造成了人才高消费现象，使用人单位的需求和毕业生实际情况之间的矛盾日益凸显。

4. 大学毕业生面临供需总量的高压

目前，社会对劳动力的需求在宏观上呈现为劳动力供大于求。昔日被誉为"国之栋梁""天之骄子"的大学生就业面临较大的压力和难度。在此大背景下，大学毕业生数量逐年增长，需要就业的毕业生规模进一步扩大，社会有效需求赶不上毕业生规模增长的问题趋于严重。虽然有观点认为大学生就业难与扩招并无直接关系，但突进式或跳跃式的高等教育规模扩张方式所带来的大学毕业生供给跳跃式增长，必然会与稳定的经济发展水平对人才的需求产生剧烈矛盾，使社会对毕业生需求量增长速度滞后于毕业生人数增长速度，导致有效需求不足。虽然国家在大力发展经济，扩大内需，逐年增加就业岗位，但和新增劳动人口的数量相比，显然还有差距。

5. 部分高校人才培养目标与社会需求脱节

部分高校没有根据社会需求制订培养计划、培养目标，高校人才培养与市场需求脱节，就业指导工作与教学呈现"两张皮"的现象。一是课程设置、专业设置与就业指导脱离。二是学生的社会实践活动与就业指导脱离，对就业指导工作的重要性认识不足，毕业生就业指导的专业化程度不高，一般处于"临阵磨枪"型粗放式指导，缺乏一支专业化的就业指导队伍，导致毕业生中"学术型"人才泛滥，就业艰难，同时"技能型"人才匮乏，社会需求无法得到满足。

6. 社会对于毕业生学历层次的需求越来越高

目前我国中高层次的人才严重短缺，社会对高层次的复合型、外向型和开拓型人才的需求日益迫切，呈现出对人才结构的需求层次重心上移的趋势。在毕业生就业中研究生已越来越"抢手"，本科生还能基本平衡，专科生则较明显地呈现出供过于求的趋势。高校、科研单位、机关、大公司已经基本上以接收研究生为主。这种社会现象致使现在不少用人单位存在"人才高消费"的错误观念，盲目追求高学历人才，因而对毕业生的需求出现扭曲，人为地制造了就业难。

7. 毕业生就业需求的结构性矛盾依然突出

结构性矛盾是国家就业的主要矛盾，它突出地体现为区域的不均衡，即大量毕业生过分集中在东部沿海发达地区和大中城市竞争数量有限的就业岗位。中西部地区、广大基层却面临着人才匮乏又难以吸引毕业生的局面，导致"无业可就"和"有业不就"并存的状况。这种情况不是短期内形成的，成因也错综复杂，解决难度很大。大学毕业生依然面临这种结构性就业难题。多数新增毕业生的就业岗位层次趋于下降，薪酬、福利减少；非正规就业岗位比重增加，适合大学毕业生就业的高端服务业岗位不足。因此，以就业和社会需求为导向的大学高专教育改革仍需进一步深化。

第二节 大学生就业法规

一、就业法规的含义

就业政策法规是指国家和各级地方政府及高等院校，为促进大学毕业生就业工作而制定的基本原则以及具体的实施程序、实施办法、权益和义务等方面的规定，主要包括教育部及其他有关部、委和各级地方政府、培养学校为大学生就业工作颁布的有关文件。大学毕业生应学会用政策法规保护自己的权益，使自己在求职时少走一些不必要的弯路，少遭受一些不必要的损失。令人遗憾的是，毕业生往往对这方面的信息不够重视，只在就业过程中出现争议或者自己受到伤害时，才想起有关的政策、法规条文。

二、就业政策法规的作用

（一）少走弯路，提高就业成功率

在求职之前，应先掌握就业政策法规，它可以指导求职者按正确的方向去求职，减少失误，节约时间、精力和财力，也可以帮助大家了解国家的相关奖励或优惠政策，从而能更理性地选择。毕业生在这样的就业政策法规许可范围内求职择业，能够保证就业的有效性，提高就业的成功率。

（二）维护权利，确保就业公正性

毕业生在求职择业过程中，由于缺乏相关的工作经验，而处于相对的弱势地位。因此，有关部门针对目前就业市场中存在的一些不规范的、不公正的现象制定了一系列就业政策和法规条款，来保护大学毕业生的合法权益。当然，就业的政策法规对供需双方都是公平的，即毕业生自己如果违反了相应的政策法规，也要受到相应的处罚，承担相应的责任。比如找工作，双方签订协议后如果公司违反协议，工资数低于规定，或者私自解雇毕业生，毕业生可以提出劳动仲裁维护自己的权益，得到相应的赔款。但如果毕业生自己违约，那也得支付违约金。

三、《中华人民共和国劳动法》的相关内容

（一）劳动者的权利和义务

劳动者享有八项权利：（1）平等就业和选择职业的权利；（2）取得劳动报酬的权利；（3）休息休假的权利；（4）获得劳动安全卫生保护的权利；（5）接受职业技能培训的权利；（6）享受社会保险和福利的权利；（7）提请劳动争议处理的权利；（8）法律规定的其他劳动权利，如：依法参加组织工会的权利，参与企业民主管理的权利，进行科研及技术开发的权利，对劳动过程中的违章行为进行监督和批评的权利。劳动者应履行的五项义务：完成劳动任务，提高职业技能，执行劳动安全卫生规程，遵守劳动纪律，讲究职业道德。

（二）工作时间和休息休假

国家实行劳动者每日工作时间不超过 8 小时、平均每周工作时间不超过 44 小时的工作制度。用人单位由于生产经营需要，经与工会和劳动者协商后可以延长工作时间，一般每日不得超过 1 小时；因特殊原因需要延长工作时间的，在保障劳动者身体健康的条件下延长工作时间，每日不得超过 3 小时，每月不得超过 36 小时。国家实行带薪休假制度。劳动者连续工作一年以上的，享受带薪休假。

（三）关于工资

工资分配应当遵循按劳分配原则，实行同工同酬。用人单位根据本单位的生产经营特点和经济效益，依法自主确定本单位的工资分配方式和工资水平。用人单位支付劳动者的工资不得低于当地最低工资标准。工资应当以货币形式按月支付给劳动者本人，不得克扣或者无故拖欠劳动者的工资，劳动者在法定休假日和婚丧假期间以及依法参加社会活动期间，用人单位应当依法支付工资。安排劳动者延长工作时间的，支付不低于工资的 150% 的工资报酬；休息日安排劳动者工作又不能安排补休的，支付不低于工资的 200% 的工资报酬；法定休假日安排劳动者工作的，支付不低于工资的 300% 的工资报酬。

四、《中华人民共和国就业促进法》的相关内容

（一）劳动者的平等就业权

平等就业，反对就业歧视一直为社会所关注。《中华人民共和国就业促进法》（以下简称《就业促进法》）对于平等就业问题以多个条款做出了规定，其中第三条规定了基本的原则："劳动者依法享有平等就业和自主择业的权利。劳动者就业，不因民族、种族、性别、宗教信仰等不同而受歧视。"除此之外，该法其他条款的规定如下所述。

第二十六条规定：用人单位招用人员、职业中介机构从事职业中介活动，应当向劳动者提供平等的就业机会和公平的就业条件，不得实施就业歧视。

第二十七条规定：用人单位招用人员，除国家规定的不适合妇女的工种或者岗位外，不得以性别为由拒绝录用妇女或者提高对妇女的录用标准。用人单位录用女职工，不得在劳动合同中规定限制女职工结婚、生育的内容。

第二十八条规定：用人单位招用人员，应当依法对少数民族劳动者给予适当照顾。

第二十九条规定：各级人民政府应当对残疾人就业统筹规划，为残疾人创造就业条件。用人单位招用人员，不得歧视残疾人。

第三十条规定：用人单位招用人员，不得以是传染病病原携带者为由拒绝录用。但是，经医学鉴定传染病病原携带者在治愈前或者排除传染嫌疑前，不得从事法律、行政法规和国务院卫生行政部门规定禁止从事的易使传染病扩散的工作。

（二）公共就业服务机构

为了实现促进就业的目的，《就业促进法》规定了很多大政方针，比如县级以上人民政府建立健全公共就业服务体系，设立公共就业服务机构，而且，明确规定该公共就业服务机构是公益性的，不得从事经营性活动，为劳动者免费提供服务。公共就业服务机构主要为劳动者提供如下免费服务：（1）就业政策法规咨询；（2）职业供求信息、市场工资指导价位信息和职业培训信息发布；（3）职业指导和职业介绍；（4）对就业困难人员实施就业援助；（5）办理就业登记、失业登记等事务；（6）其他公共就业服务。

（三）就业援助制度

就业提供援助服务是《就业促进法》新提出的制度，也是该法又一大值得关注的亮点。该法第五十二条规定，各级人民政府建立健全就业援助制度，采取税费减免、贷款贴息、社会保险补贴、岗位补贴等办法，通过公益性岗位安置等途径，对就业困难人员实行优先扶持和重点帮助。比如，政府投资开发的公益性岗位，应当优先安排符合岗位要求的就业困难人员。对就业困难人员实施重点帮助，提供有针对性的就业服务和公益性岗位援助。

就业困难人员可以向住所地街道、社区公共就业服务机构提出援助申请，经公共就业服务机构审核确认属实的，可获得就业援助。

五、《中华人民共和国合同法》的相关内容

《中华人民共和国合同法》（以下简称《合同法》）是一部调整平等主体的自然人、法人、其他组织之间设立、变更、终止民事权利义务关系协议的法律。毕业生与用人单位签订就业协议也应符合《合同法》的有关规定。因此毕业生在与用人单位签订就业协议之前，应对《合同法》的有关规定进行了解，以使签订的就业协议能体现自己的真实意愿，更好地维护自己的合法权益。

《合同法》规定：合同当事人的法律地位平等，一方不得将自己的意志强加给另一方。当事人依法享有自愿订立合同的权利，任何单位和个人不得非法干预。当事人应当遵循诚实守信原则。当事人订立、履行合同，应当遵守法律、行政法规，尊重社会公德，不得扰乱社会经济秩序，损害社会公共利益。依法成立的合同，对当事人具有法律约束力。当事

人应当按照约定履行自己的义务，不得擅自变更或者解除合同。依法成立的合同，受法律保护。

当事人订立合同，应当具有相应的民事权利能力和民事行为能力。当事人依法可以委托代理人订立合同。当事人订立合同，有书面形式、口头形式和其他形式。当事人订立合同，采取要约、承诺方式。

第三节　就业协议与就业权益

一、签订就业协议

（一）就业协议书的概念

《中华人民共和国劳动合同法》（以下简称《劳动合同法》）第七条规定：用人单位自用工之日起即与劳动者建立劳动关系。用人单位应当建立职工名册备查。第十条规定：建立劳动关系，应当订立书面劳动合同。已建立劳动关系，未同时订立书面劳动合同的，应当自用工之日起一个月内订立书面劳动合同。用人单位与劳动者在用工前订立劳动合同的，劳动关系自用工之日起建立。

若研究生在毕业离校前与用人单位达成了就业意向，需要通过条款固定下来，鉴于毕业生与单位达成意向时尚属学生身份，不能到单位工作，未能构成劳动关系，因此无法直接签订劳动合同。此时需要签订就业协议书这种带有过渡性质的条款。

就业协议是研究生毕业离校前，在学校的见证下，与用人单位达成明确的就业意向之后，签订的具有约束意义的协议，就双方的责权利进行明确规定。协议书的内容一般包括双方基本信息、户档转接信息、工作期限、工作岗位、工作地点、报到期限、试用期、试用期的薪酬以及转正之后的薪酬、协议履行、协议解除和协议例外等。有些高校、用人单位或地区已经实行网签，不论纸质协议还是网签协议，本质上都是一样的。

（二）就业协议书的作用

1. 就业协议书是毕业生就业和用人单位接收毕业生的重要依据

在毕业生就业制度中，为了合理配置劳动力资源，充分发挥人才的作用，国家赋予毕业生自主选择工作的权利，同时为了调动用人单位的积极性，国家把自主录用人才的权利赋予用人单位。同样具有自主权利的双方，在国家就业政策的指导下，通过双向选择，达成一致意见，并以书面的形式确定下来，这就是签订就业协议书。其目的是保护毕业生和用人单位各自的权益，同时，它也成为毕业生就业和用人单位录用毕业生的重要依据。

2. 就业协议书是学校实施毕业生就业管理、编制就业方案的重要依据

国家为宏观控制毕业生流向，保障急需人才的补充，就要使就业有一定的计划性。因此，学校要以就业协议书为依据编制毕业生就业的建议性方案，报上级毕业生就业主管部门审批。同时，学校为了加强对毕业生就业工作的管理，维护毕业生和用人单位的合法权益，保持与用人单位的合作关系，维护高校自身的信誉，要参与就业协议的签订并监督执行。

3. 就业协议书是进行毕业生派遣的根据

国家颁布的《普通高等学校毕业生就业工作暂行规定》明确规定了地方主管毕业生调配部门和高等学校依据三方就业协议书，按照国家下达的就业计划，向毕业生核发报到证，进行派遣。派遣毕业生统一使用《全国普通高等学校本专科毕业生就业报到证》。就业协议书是进行毕业生派遣的依据，学校根据政府审核批准的就业计划，发给毕业生就业报到证，毕业生持报到证在规定的时间内到指定单位报到，并办理户籍关系的迁移。

4. 就业协议书是进行劳动统计的重要依据

就业协议书能够准确反映用人单位的劳动需求，反映劳动力市场对毕业生的需求状况。学校每年依据就业协议书来编制就业计划，落实当年的就业率指标，给国家提供相关就业数据。同时还可以通过对就业信息进行统计、分析和对比，及时调整专业学科设置，促进教学改革，使其更好地适应劳动力市场需求。

5. 就业协议书可维护和保护各自的权利及利益

办理就业协议书有利于明确用人单位和毕业生各自的权利和义务，保护各自的权利，维护各自的利益。

（三）就业协议的内容

目前我国高校毕业生通用的就业协议是由教育部制定，省、自治区、直辖市就业主管部门印制的《高等学校毕业生就业协议书》。其主要内容包括如下三个部分。

1. 规定条款

按照《普通高等学校毕业生就业工作暂行规定》的要求，为维护国家就业计划的严肃性，明确毕业生、用人单位、学校三方在毕业生就业工作中的权利和义务，经协商，毕业生、用人单位、学校三方签订如下协议。所签订的就业协议书将作为制订就业计划和派遣的依据，否则，国家不能派遣毕业生到用人单位报到就业。

《普通高等学校毕业生就业工作暂行规定》中有如下七条内容。

第一，"毕业生应按国家规定就业，向用人单位如实介绍自己的情况，了解单位的使用意图，表明自己的就业意见，在规定的时间内报到，若遇到特殊情况不能按时报到，需征得用人单位同意。"本条款是对毕业生在签订就业协议书前提出的要求，毕业生应如实做好条款中的相关事宜。

第二，"用人单位要如实介绍本单位的情况，明确对毕业生的要求及使用意图，做好各项工作。凡取得毕业资格的毕业生，用人单位不得以学习成绩为由提出违约；未取得毕业资格的结业生，本协议无效。"本条款明确了对用人单位的要求。

第三，"学校要如实向用人单位介绍毕业生的情况，做好推荐工作，用人单位同意录用后，经学校审核列入建议就业计划,报教育部批准,学校负责办理派遣手续。"本条款主要是明确对学校的要求及学校的职能。

第四,"学校应在学生毕业前安排体检,体检不合格者不派遣,本协议自行取消,由学校通知用人单位。如用人单位对毕业生身体条件有特殊要求,原则上应在签订就业协议书前进行单独体检;否则,以学校体检为准。"本条款是对毕业生的身体情况提出的要求。

第五,"毕业生、用人单位、学校三方如有其他约定,应在备注中注明,并视为本协议书的一部分。"本条款是对签约三方如有其他约定的说明。

第六,"本协议经各方签字、盖章后生效,三方都应严格履行本协议,若有一方提出变更协议,需征得另两方同意,由违约方承担违约责任,并在备注栏中注明。"本条款是对就业协议书的生效所作的原则规定。

第七,"本协议一式四份,毕业生、学校各执一份,用人单位两份,其中一份由用人单位反馈学校所在省级调配部门,复印无效。"本条款明确了协议的持有者及其严肃性。

2. 签署意见与签字盖章

签署意见与签字盖章是签约的实质性工作,是各方对就业工作意愿的具体表达。这部分将具有"白纸黑字"的法律效力,通常包括三个方面的内容。

第一,用人单位的情况及意见。这部分内容由用人单位填写。用人单位的情况包括单位名称、单位隶属、联系人、联系电话、所有制性质、单位性质、毕业生档案转寄详细地址以及用人单位的意见和用人单位上级主管部门的意见。

第二,毕业生的情况及意见。这部分内容由毕业生填写。毕业生的情况包括姓名、性别、年龄、民族、政治面貌、培养方式、健康状况、专业、学制、学历和家庭地址以及毕业生的意见,毕业生的意见要求毕业生对是否愿意到用人单位就业表明自己的态度。

第三,学校意见。这部分主要包括两级意见:学院意见(毕业生所在单位的基层意见)和学校意见。学校对就业协议书进行实质性审核,表明了学校对毕业生与用人单位所签的就业协议书的态度。

3. 备注

备注是为毕业生、用人单位、学校三方共同约定的其他条款所设定的。备注中毕业生与用人单位约定的条款如果不涉及学校的有关规定,不违反政策,并只在毕业生与用人单位之间有约束力,学校是不予干涉的。

(四)就业协议书的管理

就业协议书由省级就业服务部门集中印制,部分高校参照省级标准自行印制。由于研究生教育实行弹性学制,学校一般会按照理论上的毕业年份批量印制协议书,原则上每位毕业研究生有一份就业协议书。实行二级管理的院校,由学院负责协议书的管理和下发。就业协议上甲方是用人单位,乙方是毕业生,学校和学院属于见证方。协议书一式四联,分别是学生联、用人单位联、学校联和学院联,完备的协议书需要学生本人签名,用人单位、学校和学院加盖具有法律效力的公章。

（五）就业协议书的签订

1. 纸质就业协议书

第一，领取纸质就业协议书。核对就业协议乙方信息是否正确，仔细阅读所列条款。

第二，与用人单位磋商和谈判。做出签约决策后，研究生应该与用人单位就协议书上列举的条款进行逐一商定，如试用期时间、试用期的薪水、入职日期、工作岗位等。这个过程是保护个人权益的关键环节，却时常被研究生忽略，很多人甚至把这个权利交由用人单位，由单位单方面填写信息，有时候天价违约金现象正是由于自己的疏忽造成的。还有一个商定重点，即单位是否接收户口、档案和党组织关系等，毕业生如果有相应需求，也可以与用人单位进行商定。

第三，本人签订。与用人单位达成意向，征得用人单位同意后，填写相关条款，并在乙方签名处用黑色签字笔填写姓名和日期，然后当面交给用人单位或邮寄到用人单位。

第四，用人单位签订。用人单位填写甲方信息，如果接收户口、档案或党组织关系，或部分接收，要选择填写相应内容。如果签约单位不具备人事自主权，且委托人才机构接收户口或档案，需要加盖人才机构的公章。有落户限制政策的地区，如北京、天津、上海、深圳等地，需要人社部门出具接收函。如果单位不接收，毕业生本人可自行联系人才机构办理托管手续，如果没有机构接收，可选择回原籍派遣方式。

第五，学校和学院签订。用人单位将签订好的就业协议书邮寄给学校或学院，如签订完整，学校和学院分别加盖公章。

第六，协议书分联。将签订完备的一式四联的协议书分别交给用人单位、毕业生、学校和学院。

2. 网上签约

在磋商和谈判的环节，网签与上述流程相似，具体做法如下：用人单位和研究生均需要在同一个网络平台注册，可由用人单位向毕业生发起邀约，也可由毕业生向用人单位发起邀约，被邀约方有一段时间用来考虑是否接受签约邀请。接受邀请后，按照流程填写甲乙双方的基本信息，填写相关条款。

3. 后续就业流程

第一，毕业生完成个人派遣方案录入。

第二，学校依据就业协议书审核派遣方案。

第三，生成档案、户口和党组织关系转递信息。

第四，毕业生核查转递信息。

第五，学校上报派遣方案，打印和发放报到证。

第六，学校完成档案、户口和党组织关系转出。

第七，毕业生持报到证到户档接收单位报到。

（六）就业协议订立的原则

1. 主体合法原则

签订就业协议的当事人必须具备合法的主体资格。对毕业生而言，要取得毕业资格，如果学生在报到时未取得毕业资格，用人单位可以不予接收且无须承担法律责任。对用人单位而言，必须具有从事各项经营或管理活动的能力，单位应有录用指标和录用自主权。否则，毕业生可解除协议且无须承担违约责任。对高校而言，应根据用人单位的要求如实介绍毕业生的在校表现，并将所掌握的用人单位的信息发布给毕业生。高校在签订就业协议过程中应进行监督和指导。

2. 平等协商原则

当事人在签订就业协议时的法律地位平等，一方不得将自己的意志强加给另一方。学校也不得采用行政手段要求毕业生到指定单位就业（不包括有特殊情况的毕业生），用人单位亦不应在签订协议时要求学生缴纳风险金、保证金。

（七）就业协议签订注意事项

（1）要认真地了解和掌握国家和省、市的就业政策和学校的就业规定。政策和规定是指引毕业生择业的方向，可以规定毕业生择业的行为，毕业生从中可了解到可以做什么，不可以做什么，或者怎样去做。

（2）慎重签订就业协议书。毕业生在与用人单位签订就业协议书前，要认真阅读协议书中的全部条款，尤其是用人单位提出的附加条款，需了解清楚条款的内容和含义。明确单位是否解决档案及户口，毕业生如还有考研、出国等计划，需向用人单位提前说明情况。

（3）约定条款的合理性和可接受性。毕业生在与用人单位进行约定的时候要注意：约定的条件是否合理；约定的条款毕业生本人能否承受（例如对于违约问题，部分用人单位为了约束毕业生违约，约定的违约金数额过高，使学生难以承受）；毕业生与用人单位约定的备注条款，必须有毕业生和用人单位双方的签字，否则当发生争议时，备注条款很难发生作用。

（4）毕业生只能与一家用人单位签订就业协议书。学校毕业生就业主管部门在毕业生签订就业协议书过程中实行其监督和管理职责，所以毕业生签订就业协议书必须在有关政策和规定范围内进行。

（5）对于自己的切身利益也应在协议中予以说明。如是否允许考研，工作合同期限，见习期和转正后的报酬，是否按国家规定为自己缴纳有关社会保险等。

（6）在与用人单位签约后，应及时将就业协议书交至学校审核，由学校在相应栏目盖章后方能纳入就业方案。

（7）目前，部分用人单位不直接与毕业生签订就业协议书，而是委托派遣服务中介公司招收员工，毕业生在与派遣服务中介公司签订就业协议书时，首先要弄清楚其资质及法人资格，避免陷入签约陷阱。

（八）就业协议解除与违约责任

解除就业协议书分为单方解除和双方解除。单方解除，包括单方擅自解除和单方依法或依协议解除。单方擅自解除协议，属违约行为，解约方应征得另两方同意，并承担相应的违约责任。单方依法或依协议解除是指一方解除就业协议书有法律上的或协议上的依据，如学生未取得毕业资格，用人单位有权单方解除就业协议；或依协议规定，毕业生未通过用人单位所在地组织的公务员考试，用人单位有权解除协议等。此类单方解除，无须承担法律责任。双方解除，是指毕业生与用人单位，经协商一致同意取消原订立的协议，使协议不发生法律效力。此类解除是双方当事人真实意向的体现，双方均不承担法律责任，但必须征求学校同意。

就业协议书明确规定了用人单位和毕业生双方的责任、权利和义务，具有法律效力。毕业生和用人单位任何一方不履行协议或履行协议不符合约定条件时均可视为违约。任何一方违约，都应承担相应的违约责任。

目前的违约责任主要以违约金的形式体现，违约金是双方可约定的内容。毕业生和用人单位可以约定是否设置违约金以及违约金的数额，目前尚无具体的法律或政策规定违约金的限额。不论如何约定，约定结果都应在就业协议书上注明。

毕业生违约，除造成本人承担违约责任，支付违约金这一影响外，往往还会造成其他不良的后果，主要表现在：

第一，就用人单位而言，用人单位往往为录用毕业生做了大量的工作，有的甚至对毕业生将要从事的具体工作有所安排。一旦毕业生因某种原因违约，势必使用人单位的录用工作徒劳一场，在时间上也不允许重新开展招聘工作，给用人单位的招聘工作造成被动。

第二，就学校而言，用人单位往往将毕业生违约行为归为学校的责任，从而影响学校和用人单位的长远合作。从历年情况来看，一旦毕业生违约，则受损的用人单位在几年之内都不愿到学校来挑选毕业生，在一定程度上影响了学校以后的毕业生就业。

第三，就其他毕业生而言，用人单位到学校挑选毕业生的名额是有限的，一旦与某毕业生签订就业协议，其他学生便丧失了到此单位工作的机会，造成就业资源的浪费，影响其他毕业生就业。因此，毕业生在就业过程中应慎重选择，认真履约，避免因违约给自己、家庭和学校带来负面影响。

二、签订就业合同

（一）劳动合同的定义

劳动合同是劳动者与用人单位确立劳动关系、明确双方权利和义务的协议，是劳动者与用人单位依据《劳动合同法》建立劳动关系的书面法律凭证。

签订劳动合同意义重大，如果没有劳动合同，劳动者在工资收入、工作时间、工作条件等方面与用人单位发生争议时，会由于没有有效证据而遭受损失。可以说，劳动合同是每个劳动者保护自己合法权益的有力武器。首先，签订劳动合同可以强化用人单位和劳动者双方的守法意识；其次，签订劳动合同可以有效地维护用人单位与劳动者双方的合法权益；最后，签订劳动合同有利于及时处理劳动争议,维护劳动者的合法权益。

(二) 劳动合同的内容

劳动合同按照不同的标准可划分为不同的种类。以合同的目的为标准,可划分为聘用合同、录用合同、借调合同、停薪留职合同;以合同的有效期为标准,可划分为有固定期限的合同、无固定期限的合同和以完成一定工作为期限的合同。《中华人民共和国劳动法》(以下简称《劳动法》) 规定,劳动合同应当以书面形式订立,即应采用书面协议。劳动合同的书面形式有主件、附件之分,劳动合同的主件即为劳动合同书,附件一般指劳动合同的补充协议,如岗位协议书、专项劳动协议、用人单位依法制定的内部劳动规则等。

根据《劳动合同法》的规定,劳动合同的内容可以分为必备条款和普通条款两个部分。必备条款也称作法定条款,就是在劳动合同中必须具备的内容,不可缺少。必备条款主要包括七个方面。

1. 劳动合同的期限

劳动合同的期限就是合同开始的时间和结束的时间,应届毕业生所遇到的劳动合同绝大多数是有固定期限的,一定要注意劳动合同中对期限的约定,以及关于期限违约责任的约定。

2. 工作内容

工作内容规定就业者在该单位做什么工作,是劳动合同中确定的劳动者应当履行的劳动义务的主要内容。如销售人员的合同中应该注明工作的内容是"销售",具体承担公司哪些产品的销售,等等。

3. 劳动保护和劳动条件

用人单位对劳动者的工作必须提供合适的生产、工作条件和劳动安全卫生设施、劳动防护用品等。如应该给建筑工人发放安全帽、高空作业采取保护措施等。

4. 劳动报酬

劳动报酬主要表现为用人单位根据劳动岗位、技能及工作数量、质量,以货币形式支付给劳动者的工资。劳动合同中关于劳动报酬的约定应该包括工资的数额、支付日期、支付地点以及其他社会保险(养老、失业、医疗、工伤、生育等) 待遇。

5. 劳动纪律

劳动纪律指劳动者在劳动过程中必须遵守的劳动规则,包括国家法律、行政法规以及用人单位内部的厂规、厂纪、对劳动者的个人纪律要求等。

6. 劳动合同的终止条件

一般是指劳动者和用人单位在国家法律、行政法规规定的劳动合同终止的条件以外,协商确定的劳动合同终止的条件,即劳动合同终止的事实理由。

7. 违反劳动合同的责任

违反劳动合同的责任是在劳动合同履行过程中,当事人一方故意或过失违反劳动合同,致使劳动合同不能正常履行,给对方造成经济损失时应承担的法律后果。

(三) 签订劳动合同的原则

1. 合法原则

劳动合同必须依法以书面形式订立。做到主体合法、内容合法、形式合法、程序合法。只有合法的劳动合同才能产生相应的法律效力。任何一方面不合法的劳动合同都是无效合同,不受法律承认和保护。

2. 协商一致原则

在合法的前提下,劳动合同的订立必须是劳动者与用人单位双方协商一致的结果,是双方"合意"的表现,不能是单方意思表示的结果。

3. 地位平等原则

在劳动合同的订立过程中,当事人双方的法律地位是平等的。劳动者与用人单位不因各自性质的不同而处于不平等地位,任何一方不得对他方进行胁迫或强制命令,严禁用人单位对劳动者横加限制或强迫命令的情况。只有真正做到地位平等,才能使所订立的劳动合同具有公正性。

4. 等价有偿原则

劳动合同明确双方在劳动关系中的地位作用,劳动合同是一种双向有偿合同,劳动者承担和完成用人单位分配的劳动任务,用人单位付给劳动者一定的报酬,并负责劳动者的保险金额。

(四) 签订劳动合同的注意事项

1. 签订劳动合同的主体、内容、形式和程序必须合法

依法签订劳动合同是其产生法律约束力的前提。如果签订的劳动合同不合法,那么求职者的权益就无法保障。为此,求职者一定要先确认自己签订的劳动合同是否具备产生法律约束力的条件,包括:用人单位这一劳动合同主体必须符合法定条件,用人单位应当依法成立,能够依法支付工资、缴纳社会保险费、提供劳动保护条件,并能够承担相应的民事责任。双方签订的劳动合同内容(权利与义务)必须符合法律、法规和劳动政策,不得从事非法工作。此外,签订劳动合同的程序、形式必须合法,如经协商一致、书面形式等。

2. 对于工作性质、劳动条件等内容应具体情况具体分析

《劳动法》虽将工作内容作为法定必备条款,但法律法规及相关文件未对此做出明确的具体规范，需要求职者多花费些时间和精力。因为通常情况下，劳动合同的工作内容多是转换为岗位和工种在劳动合同中约定，且用人单位希望用尽量大的外延或者概念表示劳动合同中的岗位和工种，如管理人员、生产人员或服务人员等。岗位工种外延越大，说明在履行劳动合同期间，当事人从事的岗位工种变化范围越大，这需要当事人做好适当的心理准备和能力储备，否则，需要承担较大的风险。

3. 求职者提出在劳动合同中约定工资的标准，应注意知己知彼

知己是了解自身的条件，包括学历、技能和身体素质等；知彼就是应掌握人力资源市场供求状况、劳动力市场价位等。通常劳动保障行政部门提供的劳动力市场指导价位给出低位数、中位数和高位数三个指标，求职者不可漫天要价，以避免为签约设置障碍。切莫忽视双方协商约定的内容，对于试用期、培训、竞业禁止的补偿、补充保险和福利待遇等，求职者希望在劳动合同中体现的内容，当事人应提出并在劳动合同中写明具体要求。

（五）劳动合同的解除

劳动合同的解除是指劳动合同生效以后，尚未履行或还没全部履行以前，当事人一方或双方依法提前解除劳动关系的法律行为。它是劳动合同关系的非自然终止，一般是由于劳动合同订立时所依据的情况发生了变化。这种变化可能是主观方面的，如劳动者违反劳动纪律；也可能是客观方面的，如劳动者患病以致不能从事原工作以及用人单位另行安排工作。这种变化致使劳动关系无法保持，而提前结束。另外，劳动合同的解除必须符合法定的条件和程序。

劳动合同的解除可以分为双方协商解除和单方解除。双方协商解除是指劳动合同当事人协商一致，解除劳动合同；单方解除劳动合同又分为用人单位单方解除和劳动者单方解除。

1. 用人单位单方面解除劳动合同

用人单位可以解除劳动合同，解除形式分为以下三种。

（1）因为劳动者存在主观过错解除劳动合同。根据法律规定，劳动者有下列情形之一的，用人单位可以随时解除劳动合同：①在试用期间被证明不符合录用条件的；②严重违反劳动纪律或者用人单位规章制度的；③被依法追究刑事责任的；④劳动者被人民法院或有关部门判处拘役、3年以下有期徒刑缓刑及劳动教养的；⑤法律、法规规定的其他情形。

（2）因为劳动者存在客观原因解除劳动合同。有下列情形之一的，用人单位可以解除劳动合同，但是应当提前30日以书面形式通知劳动者本人：①劳动者患病或者非因工负伤，医疗期满后，不能从事原工作也不能从事由用人单位另行安排的工作的；②劳动者不能胜任工作，经过培训或者调整工作岗位仍不能胜任工作的。

劳动者有下列情形之一的，用人单位不得解除劳动合同：①患职业病或者因工负伤并被确认丧失或者部分丧失劳动能力的；②患病或者负伤，在规定的医疗期内的；③女职工在孕期、产期、哺乳期内的；④法律、法规规定的其他情形。

（3）因为用人单位原因解除劳动合同。①劳动合同订立时所依据的客观情况发生重大变化，致使原劳动合同无法履行，经当事人协商不能就变更劳动合同达成协议的，用人单位可以解除劳动合同，但是应当提前30日以书面形式通知劳动者本人，用人单位解除合同未按规定提前通知劳动者的，自通知之日起30日内，用人单位应当对劳动者承担劳动合同约定的义务；

②经济性裁员。用人单位濒临破产进行法定整顿期间或者生产经营状况产生严重困难，确需裁减人员的，可以裁减人员。但是用人单位应当提前 30 日向工会或者全体职工说明情况，听取工会或者职工的意见，用人单位的裁员方案应当在与工会或者职工代表协商采取补救措施的基础上确定，并向劳动保障行政部门报告，经向劳动行政部门审批后，用人单位才可以实施裁员。用人单位经济性裁员后，在 6 个月内录用人员的，应当优先录用被裁减的人员。用人单位在单方面解除职工劳动合同的同时，应当事先将理由通知工会，工会认为用人单位违反法律、法规和有关合同，要求重新研究处理时，用人单位应当研究工会的意见，并将处理结果书面通知工会。

2. 劳动者单方面解除劳动合同

根据法律规定，劳动者也可以单方面解除劳动合同，解除形式分为以下两种。（1）劳动者提前 30 日以书面形式通知用人单位解除劳动合同。劳动者采取此种方式解除劳动合同，不需要考虑单位是否存在过错，也不需要征得用人单位的同意。在提前 30 日以书面形式通知后，劳动者向用人单位提出办理解除劳动合同手续的，用人单位应当予以办理。

（2）劳动者随时通知用人单位解除劳动合同。劳动者采取此种方式解除劳动合同，必须有下列情形之一：①劳动者在试用期内的；②用人单位以暴力、威胁或者非法限制人身自由的手段强迫劳动的；③用人单位未按照劳动合同约定支付劳动报酬或者提供劳动条件的。

三、就业协议与劳动合同的区别

（一）相同之处

就业协议是高校毕业生与用人单位确立劳动关系的法律依据。就确立劳动关系这一点来说，就业协议与劳动合同是相通的，可以这样认为，就业协议就是劳动合同的一种特殊表现形式。用人单位对大学毕业生这类劳动者，与面向社会公开招聘的劳动者，在培养、使用、待遇等方面可能有所不同，但从确立劳动关系这一点来说，就业协议与劳动合同是一致的。

（二）不同之处

劳动合同是劳动者与用人单位确立劳动关系，明确双方权利和义务关系的协议。《劳动法》规定，建立劳动关系应当订立劳动合同。就业协议是高校毕业生与用人单位确立劳动关系，明确双方在毕业生就业工作中权利和义务的协议。教育部颁布的《普通高等学校毕业生就业工作暂行规定》要求："经供需见面和双向选择后，毕业生、用人单位和高等学校应当签订毕业生就业协议书，作为指定就业计划和派遣的依据。"

（1）适用的法律、法规不同。劳动合同适用《劳动法》及劳动人事部门颁布的有关劳动人事方面的规章。而就业协议因目前无就业法，也无国务院颁布的有关毕业生就业方面的法规，因此只能适用教育部颁发的《普通高等学校毕业生就业工作暂行规定》和有关政策。

（2）适用主体不同。劳动合同是劳动者与用人单位之间确立劳动关系的协议，只要双方当事人协商一致，符合国家的法律、行政法规，无欺诈、胁迫等行为，经双方签字盖章，合同即生效。目前的就业协议除毕业生与用人单位双方签字、盖章外,尚需学校和签证机关(人事部门)介入。

简单地说,两者的程度不同,劳动合同的法律力度较大,不管是权利还是义务,一旦签订,就必须遵守;一旦有违约现象,就必须付出应负的责任。而就业协议带有三方协商的成分,一旦有一方违约,后果比合同要轻一些。

四、就业权益

(一)就业权益的内涵

在我国经济飞速发展的今天,大学生就业难这个问题,已成为一个不争的事实。在大学生就业的过程中,一些单位肆无忌惮地随意侵犯大学生应有的权益,再加上初入社会的大学生毕业缺乏相应的法律意识,导致他们的合法权益被用人单位侵犯的事件屡屡发生。因此,大学生在就业的过程中都有哪些权益、如何行使自身的权益以及如何维护自身权益等这些问题就显得尤为重要,让大学生能够在就业的过程中合理运用自身权益,就要先明确就业权益的内涵。

国家对于就业方面的法律、法规以及政策的规定指出,大学生在就业时作为一个普通的劳动者,应当享有劳动者应有的权益。具体权益包含平等就业的权利、选择职业的权利、取得劳动报酬的权利、休息休假的权利、获得劳动安全卫生保护的权利、接受职业技能培训的权利、享受社会保险和福利的权利、提请劳动争议处理的权利以及法律规定的其他劳动权利。

(二)大学生的基本权益内容

大学生作为一个特殊群体,在就业过程中除享有普通劳动者所享有的一般权利外,还享有作为大学生这一特殊群体的权利。

1. 就业信息知情权

就业信息是大学生成功就业的前提和关键的因素,只有在对招聘信息充分掌握的基础上,才能够在结合自身优缺点的情况下有选择地筛选,进而挑选到适合自身今后发展的用人单位。当代大学生信息来源非常丰富,比如校园招聘会、社会招聘会、网络、电视媒体、亲戚、朋友、同学等,针对以上多渠道就业信息,毕业生获取就业信息权,应包括以下三方面含义。

(1)信息公开。任何团体、组织和个人不得隐瞒和截留用人单位的招聘信息。目前各地区的高校就业服务中心已建立了需求信息登记制度,但凡需要招聘高校毕业生的单位,需到各省、市级的就业服务中心办理信息登记,并由市高校毕业生就业指导中心通过高校向毕业生发布各类用人需求信息。

(2)信息及时。要将用人单位的招聘信息及时有效地传递给毕业生,注意招聘信息的时效性,否则毕业生拿到手的招聘信息将是失去价值的。

(3)信息全面。向毕业生发布的信息必须是全面的、完整的,就业信息残缺将会影响毕业生对用人单位的了解和判断,完整的就业信息可使毕业生对用人单位有全面的了解,从而做出符合自身要求的选择。

2. 接受就业指导与服务权

接受就业指导与服务是每个大学生应有的权利。就业指导工作直接影响着学生的职业生涯规划、就业方向及求职技巧等，学校在对学生进行就业指导方面占有重要的地位，根据国家相关规定，学校应成立专门的就业指导机构，并开设专门课程，安排专门人员对毕业生进行就业知识方面的指导与服务。包括宣传国家最新关于毕业生就业的方针和政策；对毕业生进行求职的方式和技巧的指导；引导毕业生根据国家和社会的需要，结合自身专业和社会的实际情况进行就业。应使毕业生能够通过校方老师的专业指导，进行准确的、合理的就业。

同时，毕业生也可以通过合法的途径寻求社会上的专业机构进行就业指导，这种市场指导可以是有偿的。

3. 被推荐权

向用人单位推荐毕业生是高校就业工作的一项重要内容。同时学校的推荐往往对用人单位在选择毕业生上起着很大的作用，毕业生享有被学校公平、公正、如实推荐的权利，包含以下三方面内容。

（1）如实推荐，即高校就业指导中心在对毕业生进行推荐时，应实事求是，根据毕业生本人在校的实际情况，不夸大，不贬低，实事求是地向用人单位进行介绍、推荐。

（2）择优推荐，即高校根据毕业生的在校表现，在公正、公开的基础上择优推荐毕业生，使学生能够学以致用、人尽其才，并能够充分调动学生在学习、工作中的积极性和创造性。

（3）公正推荐，即高校在对毕业生进行推荐时应做到公平、公正，并且应当根据学生的在校表现及能力，合理地推荐每一位毕业生。公正推荐是学校的基本责任，也是毕业生享有的最基本的权益。

4. 就业选择自主权

在国家就业方针和政策的指导下，高校毕业生可实现"双向选择、自主择业"。毕业生可按照自己的意愿自主地选择用人单位，有权决定自己从事何种职业、是否就业、何时何地就业。学校及其他单位和个人均不得进行干涉。任何将个人意志强加给毕业生，强令毕业生到某单位就业的行为是侵犯自主选择就业权的行为。

5. 平等就业权

平等就业权是指任何劳动者在就业机会上平等的权利。它包含三层含义：一是任何人都平等地享有就业的权利和资格，不受到限制；二是在应聘某一职位时，任何人都需平等地参与竞争，任何人不得享有特权，也不得对任何人予以歧视；三是平等不等于同等，平等是指对于符合要求、符合特殊职位条件的人，应给予他们平等的机会，而不是不论条件如何都同等对待。

用人单位录用毕业生的过程中，也应公平、公正、一视同仁。但在当前，毕业生的平等就业权受到很大的冲击，也最为毕业生所担忧。由于我国关于就业方面的法律和措施还不够完善，完全开放、公平的就业市场尚未真正形成，用人单位录用毕业生时还存在不同程度的不公平、不公正的现象，如女性就业难仍然是困扰女性毕业生就业的一大问题。平等就业权是毕业生最为迫切需要得到维护的权益。

6. 违约及求偿权

用人单位、毕业生和学校三方，一经签订就业协议，任何一方不得擅自毁约和违约，如果用人单位无故解除协议，或不按照协议内容履行，毕业生有权要求用人单位承担违约责任。在现实就业过程中，毕业生出于谋求更好的就业机会等考虑，主动向用人单位提出解除协议的情况不在少数，毕业生大多也都承担了自己的违约责任。同时也有主动向毕业生提出解除协议的情况，甚至个别单位在招聘时提供虚假信息，当毕业生到单位就职时其却不能履行承诺，对于这些情况毕业生有权向用人单位提出赔偿要求。

7. 择业知情权

毕业生在与用人单位签订就业协议以及劳动合同前，有权了解用人单位的主体资格、劳动岗位、劳动条件、劳动报酬以及规章制度等情况，用人单位应当如实说明和介绍，不能回避或故意隐瞒某些职业危害，也不能夸大单位规模和提供给毕业生的待遇。

8. 户口档案保存权

毕业生自毕业之日起两年择业期内如果没有联系到合适的工作单位，没有和用人单位签订就业协议，也没有因回生源地自主择业、出国等情况而办理人事代理手续，有权将档案和户口保存在学校，学校应当对毕业生的学籍档案和户口关系进行妥善保管，不能向毕业生收取费用。择业期满后，学校就不再承担此义务。

（三）进入职场试用期的基本权益

试用期，顾名思义就是在建立劳动关系的试用阶段，试用期是用人单位与劳动者为了相互考察而约定建立的期限。在试用期内用人单位可以考察员工的工作能力和办事效率，同时员工也可以考察用人单位的各项情况，属于双方相互试用的一个过程。虽然在试用期内，但劳动者的权益依然受法律保护，不能因为在试用期而忽略了自己应有的合法权益，试用期的权益具体如下。

1. 履行就业协议权

就业协议书是用人单位、毕业生、学校三方协定签署的，具有法律效力，在用人单位无故拒不履行就业协议时，毕业生有权向用人单位提出赔偿。就业协议一经签订就应严格履行，不得无故更改。用人单位必须依照协议书接收毕业生，并按照约定为其妥善安排岗位。

2. 签订劳动合同权

根据《劳动法》，劳动合同是用人单位与劳动者建立劳动关系的法律依据，用以明确双方的权利和义务。双方一旦建立了劳动关系，就要签订书面劳动合同，试用期也不例外。签订劳动合同是劳动者实现劳动权益的重要保障；同时它也是减少和防止发生劳动争议的重要措施。对于不签合同的单位或个人，劳动部门有权责令其补签或施以处罚。劳动者应充分重视合同的作用，在自己的正当权益受到损害时，更要勇于向法律寻求帮助和保护。

3. 劳动报酬权

毕业生有按照劳动的数量和质量取得劳动报酬的权利，法律同时也规定了"最低工资"和"同工同酬"制度为这项权益做保障。在试用期间，由于对工作的熟练程度、技能水平都与其他工作人员存在差距，因此在试用期的工资与其他人也有差距，但是只要劳动者在法定时间提供了劳动力，用人单位就应该支付其工资。

目前，很多用人单位为了节省工资成本，在试用期将满的时候寻找各种理由解聘大学生，拒绝续约，还有的在招聘时就宣称试用期不发工资，只有在试用期满后双方签订正式劳工合同才发放工资。遇到这种情况，劳动者可以向劳动监察部门反映。试用期的工资较正式入职期工资低，但是低也有标准，一般不低于当地最低工资标准。

4. 休息休假权

根据我国有关法律的规定，劳动者在参加一定时间的劳动、工作之后有权享有休息休假权。从目前来看，很多用人单位利用大学生初入社会很有激情和干劲的特点，故意延长这些大学生的工作时间，或者令其长时间加班并且不支付费用，实际上这种行为侵犯了其休息休假权。保障劳动者休息休假权，我们不缺法律法规，不缺政策规定，也不缺民意诉求。虽然劳动者的休息休假权的落实总体较好，但也还有很多方面不尽如人意。比如，带薪休假权几乎沦为"纸上权利"；加班加点成为一种常态，且鲜见法律规定的加班费等，故多年来，屡遭公众诟病。

5. 享有社保权

劳动者只要与用人单位建立劳动关系，用人单位就应根据社会保险的规定，按比例缴纳法定的各种社会保险——五险一金，即医疗保险、养老保险、生育保险、失业保险、工伤保险、住房公积金。实际上，很多用人单位并不给毕业生办理社会保险，侵犯了毕业生应有的权益，对毕业生而言，这些不给毕业生办理保险的就业单位，在其单位就业的风险就会很大。

6. 解除劳动合同权

在试用期间，劳动者可以向用工单位提出解除劳动合同，并不需要附加任何条件。用人单位不得要求其支付技能培训的费用，并且还应该按照其实际的工作天数支付相应的工资。

据《劳动法》规定，用人单位在试用期辞退毕业生时，必须有证据证明毕业生不符合用工条件，而劳动者只需要通知单位即可以解除劳动合同，不需要提供理由。合同一经签订，用人单位不能随意解除合同。

7. 拒绝收费权

用人单位在招聘录用时，不得扣押劳动者的身份证、驾照等证件，不得以提供担保或其他名义向劳动者收取费用。现实中有很多单位在招聘时，要求毕业生交报名费、面试费、培训费等，还有的在签订协议后要求毕业生提供保证金或抵押金，或者将毕业生在试用期的工资作为押金拒绝支付，毕业生对这些费用都可以依法拒绝。

第四章　大学生就业途径

第一节　就业信息的收集和筛选

一、就业信息的类型

（一）口头信息

口头信息是指通过与人交谈获取的信息，如通过与老师、同学、亲朋好友交谈，得到的就业信息都属于口头信息。

（二）书面信息

书面信息是指通过书面材料获取的信息，如通过各种有关就业的指导性文件，学校和用人单位的书面通知、函件等获取的信息就属于书面信息，书面信息比较正规，权威性强，是毕业生必须重视和把握的信息。

（三）媒体信息

媒体信息是指通过各种正式公开发布的媒介载体获取的信息，如在有关报刊、电视广播、网络发布的就业信息等。在现代社会，它们是承载信息的主要载体，特别是网络，因其信息更新速度快、信息量大而受到广大毕业生的青睐。但是，媒体信息，尤其是网络上的就业信息，往往混杂着众多虚假、失效和失真成分，对此类信息一定要慎重，并及时向就业指导老师和有关部门咨询，以免上当受骗。

二、就业信息的收集

（一）就业信息收集的内容

1. 要掌握国家就业政策

就业政策是国家和地方政府关于就业方面的制度和规定，可分为国家就业政策和地方就业政策。

（1）国家就业政策，指的是国家根据一定时期社会生产力的发展和社会对人才需求情况而制定的就业行为准则，包括就业体制、程序、时间等。如国家对不同培养方式的大学生的就业政策，不同来源地区大学生的就业政策，特殊情况的大学生的就业政策，有关大学生就业的鼓励政策及大学生就业制约政策，等等。

（2）地方就业政策是各地根据本地区经济发展需要，在国家宏观政策范围内制定的适合本地区的就业行为准则。如吸引本地区急需人才的优惠政策，对外地大学生流入本地区的政策及相关的人事代理、户籍制度，等等。

2. 要全面了解就业形势

大学生要了解社会对人才的需求形势。一定阶段的社会发展，决定了对专业技术人员数量、规格和质量的要求。目前，我国正处在经济快速增长和经济体制转型时期，各行各业需要大量的人才，大学生就业具有广阔的前景，这是社会的总体需求形势。当然，人才需求也具有不平衡性，边远地区、艰苦行业、基层乡镇和非国有企业等需要大量大学生，而大城市、大中型企业、机关事业单位则人才济济，即使有需求，要求也很高。大学生择业时要准确把握就业市场形势，要看到这种需求的差别，通过收集信息，把握正确的择业方向，不能只把眼光盯在条件优越而人才竞争激烈的地区和单位，而应把目光投向目前条件较差，工作较艰苦，人才缺乏，求贤若渴，亟待发展的地区和单位。

3. 要掌握人才需求信息

人才需求信息包括用人单位的需求信息，不同类型的企业对大学生的要求等。各地区、各部门、各行业也有不同的人才需求。掌握这类信息，一方面可以坚定择业信心，另一方面可以帮助选定地区、部门和行业甚至择业职位。

（二）就业信息收集的方法

1. "行业优先"获取法

以行业为标准选择职业。要以自己所倾向选择的某个行业为主，围绕选定的行业获取相关的企业概况、行业现状及发展前景等信息。

2. "地域优先"获取法

以地域为标准选择职业。可以以大区域或中心城市为范围进行信息收集。

3. "志趣优先"获取法

以志趣为标准选择职业。可以依据自己的特长和爱好等主观意志来收集自己感兴趣的信息。

4. "一网打尽"获取法

以自身条件为标准选择职业。依据自身的条件，将与自身条件符合的职位"一网打尽"，然后进行筛选。

(三) 就业信息收集的途径

面对庞大的就业市场，在纷繁芜杂的市场就业信息中，获取真实可靠、准确无误的就业信息对于毕业生来说至关重要。因此，学生要注重选择市场可信度高、信誉好、权威性的渠道来获取就业信息，以免白白努力甚至上当受骗。

1. 从学校毕业生就业指导机构获取信息

学校年年向社会输送"产品"，与许多毕业生就业主管部门用人单位等保持着广泛而密切的联系，并与一部分用人"大户"建立了比较稳定的工作关系，同时也是用人单位求才首先联系的部门。因而了解和紧握大量的人才需求动态和信息，是毕业生的一条重要求职信息源。从学校就业指导机构获得信息的特点是针对性强、专业对口率高、可信度高且具有一定的权威性。

2. 从各级毕业生就业主管部门、人才服务机构及其组织的有关活动中获取信息

各级教育和人事行政部门是毕业生就业的主管部门，其所属的毕业生就业指导、人才服务中心、人才市场等机构，是沟通用人单位和毕业生的桥梁和纽带，是毕业生求职择业的主要场所，也是为毕业生提供就业服务的重要部门。毕业生可以通过这些组织定期、不定期的人才招聘会、大中专毕业生就业市场等活动获取需求信息。由此而获得的信息特点是专业宽泛，区域、行业较广泛，信息流量大，且可信度较高。

3. 从各种传播媒介获取信息

为了扩大宣传，一些用人单位常通过报纸、电视、广播、互联网等大众传播媒介登载人才需求信息。浏览这些传媒时细心收集，可获取不少有益的人才需求信息。教育部学生司和全国高校毕业生就业指导中心主办的《中国大学生就业》杂志，是专门为毕业生服务的专业性最强的刊物之一，定期为毕业生和全国各人事部门提供各种就业信息，受到大家的普遍关注，是毕业生求职的好帮手，如有条件可以订阅。另外，目前不少报刊也开设这样的栏目，还有不少地方性的报纸也都经常刊登有关的信息。上海、浙江等地每年专门收集各种需求信息，编印成册，通过各种渠道广泛传播，也是毕业生可以利用的重要信息源。这种方式获得的信息特点是传播面广、时效性强、竞争比较激烈。

4. 从"社会关系网"获取信息

利用家族、亲戚、朋友等各种社会关系，了解一些单位的人才需求信息。其特点是针对性强、了解程度深、关系直接、易于沟通且成功率较高。不足之处是择业面太窄，信息的可选择性弱。

5. 从用人单位直接获取信息

通过登门造访、信函询问、电话咨询、传真、电子邮件等方式，与你认为有用人需求的单位或者其单位负责人直接联系，可以获取所需要的信息。这种办法的特点是目标性差，易出现"白忙活"现象，且信息量狭窄，但成功率比较高。

6. 从实习单位获取信息

实习单位一般都是对口单位。通过实习,你对单位的了解或单位对你的了解都会比别的需求信息更有质的含量。如果说实习单位有意进人,很可能你就是其要考虑的第一对象。通过实习单位落实就业单位的每年也有很多。

7. 打电话、写求职信或登门拜访

这要求毕业生有一种"毛遂自荐"的意识,并且对自己单方面拟定的意向单位要有大概的了解和预测,这种形式主动性强,但盲目性较大,在缺乏就业信息的情况下,也不失为一种获取就业信息的方法。

三、就业信息的筛选

就业信息的筛选是成功择业的第一步。总体来说,就业信息的筛选应立足于两点:一是务必切合自己的实际(如紧扣自身的职业生涯规划与自身的综合素质和能力),切忌漫无边际。二是应当适度拓宽求职视野。一般地说,信息收集越广泛,求职视野越宽广;信息判断与定位越准确,信息筛选的质量就会越高,就业自荐的成功率也就越高。因此,应鼓励毕业生主动出击,并充分利用一切可能的渠道与手段,力求广泛、全面、有效地收集各类就业信息,积极寻找就业机会。一个人掌握有用的就业信息越多,就越有可能选择到切合自身的工作职位。

但与此同时,不得不面对就业信息数量大、范围广和时效快的现实。具体针对某种特定的职业而言,它就包含大量的相关信息,如单位性质、工作内容、每月收入、福利措施、工作地点、人际气氛、上班时间、考核方式、培训机会、升迁发展和领导方式等内容。

广泛收集就业信息仅仅是择业的第一步,收集的信息越多,机会就越多。但是对这些大量的相关信息进行一番去伪存真、去粗取精的鉴别筛选更是一项必不可少的工作。只有做好鉴别筛选工作后,有用的信息才会对一个人的求职活动真正发挥积极的推动作用,起到事半功倍的效果。

对信息进行筛选的原则要坚持以下三点。

(一) 求真

求真就是要了解信息的真实程度。外界的信息可谓真假难辨,有的求职信息纯粹是子虚乌有、空穴来风;有的信息则仅仅是单位出于一种宣传的目的,而非真心实意地想录用新人,这样的招聘广告含有大量的水分;有的则是一些单位尤其是一些非法机构发布的具有欺骗性、欺诈性的聘用信息,它们常通过收取报名费、中介费和面试费等方式来达到骗取求职者钱财的目的。信息的虚假常会导致求职者决策失误,给就业工作带来多方面的麻烦和损失。因此,求职者一定要对那些值得怀疑、可信度低的用人信息多加了解、考察、分析和核实,及早将虚假性或欺骗性的信息排除在外。

(二) 求新

求新就是要求自己掌握的就业信息具有时效性。一般而言,就业信息具有一定的有效期,

越是新近发布的信息,越具有较高的使用价值,这对于单位招聘计划、相关就业政策等尤其如此。过时的信息、政策常会干扰或误导求职者的求职活动。因此,对求职者来说,及时拥有新的职位信息,就多了一份成功的把握。

(三) 求专

求专就是要有的放矢、缩小范围,从所有接触的信息中找到适合自己具体情况的有效信息。对一个人的求职进程而言,就业信息并非数量越多越有益处,因为人们接触的信息往往同时包括高相关的、低相关的、无关的及错误的几类。如果无关或错误的信息过多,它们反而会成为就业决策中的负担和额外的干扰源,对做出合理的决策造成消极影响。毕业生应当格外关注那些与自己的专业、性格、兴趣、能力和特长相符的职位信息,因为它们更适合自己的发展,成为自己未来职业的可能性更大。

1. 筛选就业信息的原则

筛选适合自己的、高质量的就业信息要遵循以下四点原则。

(1) 准确性、真实性。近年来,社会上出现了各种各样以营利为目的的中介机构,他们利用一些过时或虚假的就业信息吸引毕业生,毕业生为此徒劳奔波。因此,在求职过程中应当加以警惕,尤其应当防止"陷阱"性信息导致毕业生误入传销圈套之类的恶性事件发生。总之,一定要了解清楚信息来源的准确性、真实性。

(2) 实用性、针对性。毕业生首先要充分认识自己,其次根据自己的专业、特长、能力、性格等方面的综合因素收集信息,避免出现收集范围过大或收集信息无用的盲目局面。

(3) 系统性、连续性。将各种相关的信息积累起来,然后分析、加工、整理与分类,形成一种能客观地、系统地反映当前就业市场、就业政策、就业动向的有效就业信息,为自己的择业提供可靠的依据。

(4) 计划性、条理性。首先要明确收集信息的目的,其次应明确自己所需就业信息的范围,做到有的放矢。

2. 就业信息的具体要素

真实性、有效性和适合性只是评判一条就业信息使用价值的一般原则,除此之外,其还应当包括以下三个具体要素。

(1) 单位情况的简单介绍,包括单位名称、性质及上级主管部门,单位的发展历史、现状及远景规划,在本行业中的实力或排名等。单位的整体发展状况为应聘者提供了一个实现自我价值的大环境。

(2) 对应聘人员的具体要求,包括对当事人思想政治素质、人品修养和职业道德水平等的要求,对年龄、身高、体重、相貌和体力等生理内容的要求,对学历、专业方向、学习成绩和职业技能的要求。有的单位还可能对应聘人员的职业兴趣、职业能力、性格和气质等心理特点提出要求。

(3) 招聘职位情况的介绍,包括所设立职位的收入福利、工作地点、工作时间、工作环境和发展前途等方面的具体内容。这方面的信息与毕业生切身利益的关系最为密切,也最能吸引他们关注的目光。

通过过滤，广而杂的就业信息就只剩下最重要、最有价值的部分，要发挥它们的价值，求职者就需要立即行动，及时向用人单位进行反馈，以免错失良机。

第二节 人才聘用制度

人才聘用制度是关于我国基本单位（国家党政机关、社会团体、企事业单位）的人员选拔、任用、聘任、聘用的一系列规章制度的总称。其核心内容是建立以公开、平等竞争、择优为先导，利于优秀人才脱颖而出、充分施展才能的选人用人机制。

一、事业单位人才聘用制度

事业单位是介于政府与社会之间的社会服务性组织。我国的事业单位共有130多万个，职工近3 000万人，包括教育科研、文化卫生、新闻传媒等行业，是我国各类人才的主要集中地。事业单位聘用制是根据工作需要，按照科学合理的原则，确定专业技术人员、管理人员和工勤人员岗位，按岗聘用，竞争上岗。

（一）事业单位受聘人员应当具备的条件

事业单位受聘人员应当具备的条件：(1)遵守法律、法规、规章和政策；(2)具有良好的职业道德；(3)具有聘用岗位要求的文化程度、专业知识及工作能力；(4)身体健康，能胜任聘用岗位的正常工作；(5)符合聘用岗位职责要求的其他条件。

（二）事业单位聘用人员的基本程序和方法

(1) 成立聘用工作组织，制订聘用工作方案。聘用工作组织由聘用单位分管负责人及其人事部门、纪检监察部门负责人和工会会员代表组成。聘用专业技术人员的，还应当聘请有关专家参加。人员的聘用、考核、续聘、解聘等事项由聘用工作组织提出意见，报本单位负责人会议集体决定。聘用工作方案应经职工代表大会通过。未建立职工代表大会的，应经职工大会或工会通过。

(2) 事业单位制订的聘用工作方案应当报行政主管部门和同级政府人事行政部门备案。同级政府人事行政部门应当加强监督。

(3) 公布聘用岗位、岗位职责、聘用条件、聘用待遇、聘期及聘用方法等事项。

(4) 通过本人申请、民主推荐、负责人提名、公开招聘等形式产生应聘人选。

(5) 聘用工作组织对应聘人员进行考试或者考核，择优确定拟聘人选，公示拟聘结果。

(6) 聘用单位负责人集体讨论决定受聘人员，公布聘用结果。

(7) 订立聘用合同。

二、国有企业人才聘用制度

人社部出台了《关于国有企业招聘应届高校毕业生信息公开的意见》（以下简称《意

见》）。《意见》要求国有企业建立健全公开招聘应届高校毕业生制度。根据《意见》，国有企业招聘应届高校毕业生信息，要按照企业所属层级在相应的政府网站公开发布。《意见》规定国有企业招聘应届高校毕业生，除涉密等不适宜公开招聘的特殊岗位外，应当实行公开招聘。国有企业在招聘应届高校毕业生的过程中，要坚持公开、平等、竞争、择优的原则，扩大选人用人范围，积极促进公平就业。招聘计划不得缺少招聘岗位及条件、招聘人员数量、招聘时间安排、采用的招聘方式等内容，不得设置歧视性条件，不得设置与岗位要求无关的条件，不得将院校作为限制性条件。

国有企业公开招聘应届高校毕业生可以采取考试的方式，也可以采取考核的方式，择优聘用。在同一批次招聘中，不得降低或提高已公开发布的招聘条件。当次公开招聘发布的岗位未招满或需增加招聘数量的，要在招聘工作结束后另行组织公开招聘。

国有企业要在本单位网站或其他公共媒体对招聘结果进行公示。公示信息不得缺少拟聘人员姓名、性别、毕业院校等内容，并同时公布本单位纪检部门监督电话与通信地址，公示期不得少于7天。公示期间，应聘者或其他人员认为公示人员存在问题的，可以向国有企业纪检部门反映，由国有企业纪检部门做出处理。被录用的毕业生与企业签订劳动（聘用）合同。

三、人事代理制度

人事代理是指由政府人事部门所属的人才服务中心，按照国家有关人事政策法规的要求，接受单位或个人委托，在其服务项目范围内，为多种所有制经济尤其是非公有制经济单位及各类人才提供人事档案管理、职称评定、社会养老保险金收缴、出国政审等全方位服务，是实现人员使用与人事关系管理分离的一项人事改革新举措。人事代理的方式有委托人事代理，可由单位委托，也可由个人委托；可多项委托，将人事关系、工资关系、人事档案、养老保险社会统筹等委托人才服务中心管理，也可单项委托，将人事档案委托人才服务中心管理。人事代理的当事人为代理方和委托方，代理方一般是县级以上政府人事行政部门所属的人才流动服务机构；委托方为需要人事代理服务的各类企业、事业单位和个人。委托代理的方式由委托方与代理方商定，并以合同的形式予以明确。

（一）人事代理制度的意义

传统的人事管理模式越来越不适应社会主义市场经济的要求，随着人事制度改革的进一步深入，市场经济要求单位成为独立的用人主体，逐步把原来承担的社会职责从单位中分离出来，走向社会管理。实行人事代理制度对于减轻用人单位的负担，提高人事管理效率；对于管理中长期存在的人员能进不能出、职务能上不能下、待遇能高不能低与干好干坏一个样等弊端；对于建立具有生机和活力的用人机制，优化人才结构，稳定人才队伍，解除人才流动的后顾之忧；对于将目前实际存在的人才单位所有转变为社会所有，实现单位自主选人、人才自主择业，促进人才合理流动和人才市场主体到位，发挥人才市场在人才资源配置中的基础作用；对于推行政府职能转变，建立社会化服务体系，使人事工作更好地为经济建设服务，都具有重要意义。

（二）人事代理的具体内容

人事代理的具体内容由代理方和委托方协商确定，代理方可以提供以下九种服务。

（1）为委托方提供人事政策咨询，并协助委托方研究制定人才发展规划和人事管理方案等。

（2）为委托方管理人事关系、人事档案。办理专业技术人员专业技术职务任职资格的申报工作；办理大中专毕业生见习期满后的转正定级手续，调整档案工资；出具因公或因私出国、自费留学、报考研究生、婚姻登记和独生子女手续等与人事档案有关的证明材料。

（3）为国家承认学历的大中专毕业生提供人事代理服务，从签订人事代理合同之日起按有关规定承认身份，申报职称，计算工龄，确定档案工资，办理流动手续。

（4）为委托方接转党团组织关系，建立流动人员党团组织，开展组织活动。

（5）为委托方代办失业、养老等社会保险业务。

（6）为委托方代办人才招聘业务，提供人才供需信息，推荐所需专业技术人员和管理人员，负责聘用人员合同签证。

（7）根据委托方要求，开展岗位培训，并协助委托方制订培训计划。

（8）根据委托方要求，开展人才测评业务。

（9）代理与人事管理相关业务。

（三）人事代理的有关规定

（1）凡注册"三资企业"、民营企业、股份制企业、民办科研机构等无主管单位及不具备人事管理权限的单位，聘用专业技术人员和管理人员，均由单位办理委托人事代理。其他以聘用方式使用专业技术人员和管理人员的单位，可根据需要办理委托人事代理。

（2）各级人事行政部门所属人才流动机构在核准委托人事代理的有关材料后，应当和委托单位或个人签订人事代理委托合同书，确立委托关系。

（3）单位委托人事代理人员及个人委托人事代理人员在委托人事代理期间，工龄连续计算。

（4）尚未就业的个人委托人事代理人员重新就业后，其辞职和解聘前的工龄与重新就业后的工龄合并计算。

（5）在委托人事代理项目内有档案工资关系的，其代理期间涉及国家统一调资的，档案工资的调整根据国家及各省有关政策，按照自收自支事业单位的工资标准核定。

（6）单位委托人事代理的大中专毕业生，其见习期考核、转正定级，由用人单位定期向人才流动机构提供有关毕业生见习期间工作表现等书面材料，其手续由委托代理的各级人才流动机构负责。

（7）单位委托人事代理的大中专毕业生在见习期间，解除聘（任）用合同的，毕业生可应聘到其他单位工作，代理其人事关系的人才流动机构继续负责毕业生的见习期管理。待聘期超过一个月的，见习期顺延。

（8）委托期间，所委托代理的人员被全民、集体单位正式接收，由其委托代理的人才流动机构凭接收单位人事主管部门的接收函办理其人事关系及档案的转递手续；被其他单位重新聘用的委托人事代理人员，应及时变更人事代理手续。

(四) 人事代理的程序

(1) 委托方向代理方提出申请，并提供有关材料。个人办理委托人事代理，根据各自情况的不同，需向当地人才流动机构分别提交下列有关证件：①应聘到外地工作的，需提交委托人事代理申请、聘用合同复印件、身份证复印件、聘用单位证明信（证明其单位性质、主管部门、业务范围）等；②自费出国留学的人员，需提交委托人事代理申请、原单位同意由人才流动机构保存人事关系的函件、出国的有关材料等；③辞职、解聘人员尚未落实单位的，需提交委托人事代理申请及辞职、解聘证明，身份证复印件等证件。

(2) 代理方对委托方申报的材料进行审核。

(3) 委托方与代理方签订人事代理合同。

(4) 代理方向有关方面索取人事档案及行政、工资、组织关系等材料，并办理有关手续。

(5) 人事代理当事人的权利和义务，由双方以协议的形式予以明确，共同遵守。

四、就业准入制度

所谓就业准入是根据有关法律规定，从事技术复杂、通用性广、涉及国家财产及人民生命安全和消费者利益的职业（工种）的人员，必须经过专门培训，并取得职业资格证书后，方可就业上岗。实行职业资格证书制度和就业准入制度，要求包括职业院校毕业生在内的劳动者在就业前获取相应的职业资格证书是国家的要求，是国民经济发展的需要，同时也是现代企业、用人单位对复合型高素质人才的需要。职业资格包括从业资格和执业资格，前者是指从事某一职业的学识、技术和能力的起点标准，后者是指政府对某些责任较大、社会通用性强、关系公共利益的行业实行准入制度，是依法独立开业或从事某一特定行业的学识、技术和能力的必备标准。

要获得相应的职业资格证书，必须参加由国家劳动和社会保障部门批准设立的职业技能鉴定机构组织的职业技能鉴定。职业技能鉴定是一项基于职业技能水平的考核活动，属于标准参照型考试。它是由考试考核机构对劳动者从事某种职业所应掌握的技术理论知识和实际操作能力作出客观的测量和评价。职业技能鉴定主要包括职业知识、操作技能和职业道德等三个方面的内容。这些内容是依据国家职业技能标准、职业技能鉴定规范（即考试大纲）和相应教材来确定的，并通过编制试卷来进行鉴定考核。职业技能鉴定分为知识要求考试和操作技能考试两部分。知识要求考试一般采用笔试，操作技能考试一般采用现场操作加工典型工件、生产作业项目、模拟操作等方式进行。

申报职业技能鉴定的程序主要有以下步骤：首先，报名参加职业技能培训班。目前高职专科学校和其他承担职业教育任务的学校绝大多数都已设有经申报批准了的职业技能鉴定所（站），没有设职业技能鉴定所（站）的院校，均会有当地劳动和社会保障部门指定的场所负责院校学生的职业技能鉴定。各院校每年根据学校开办专业的实际情况，分期、分批、分班地举办与开设专业相关不同工种的职业技能培训班，对学生进行培训。其次，本人申报职业技能鉴定。培训班结束后，根据自己掌握技术的程度，申报自己所受培训工种的职业技能鉴定，并确定申报鉴定的等级。我国职业资格证书分五个等级：初级、中级、高级、技师、高级技师。职业技能鉴定也相应地分为：初级鉴定、中级鉴定、高级鉴定、技师鉴定和高级技师鉴定。最后，考试和发证。按鉴定所（站）规定的时间准时参加考试，参加考试时必须携带准考证和身份证，同时必须注意要着工作装。对于考试合格者，由职业技能鉴定中心按照国家规定的证书编码方案和填写格式要求统一办理证书。

第三节　国家公务员制度

国家公务员制度，是指党和国家对国家公务员进行管理的有关法律、法规、政策等的统称或总称。其中包括《中华人民共和国公务员法》（以下简称《公务员法》）和录用、考核、职务任免与升降、奖励、惩戒、培训、交流与回避、工资福利保险、辞职辞退、退休等单项制度及实施办法、实施细则等。

一、国家公务员制度的基本内容

我国国家公务员制度的基本内容体现在《公务员法》中。该法共规定了十五种制度：职务与级别制度、录用制度、考核制度、职务任免制度、职务升降制度、奖惩制度、惩戒制度、培训制度、交流与回避制度、工资福利保险制度、辞职辞退制度、退休制度、申诉控告制度、职位聘任制度和法律责任制度。总体来说，政府应该推动研究改革，以人为本，关心公务员成长，制定措施吸引优秀人才，精简机构和人员，分散下放权力，强调制度的灵活性，加强能力培训，提高人员素质，完善竞争机制，改革分类制度，改革业绩评估制度和考核制度，建立灵活的工资制度，提升道德标准。国家公务员制度是根据我国的国情建立的，同时又去除了传统的人事制度的弊端，因此它既不同于西方资本主义的制度，也不同于我国传统的人事管理制度。我国公务员正规统一称为国家公务员，不管是中央还是地方都是国家公务员，具体分为中央、国家机关公务员和地方国家公务员。

二、报考国家公务员应当具备的条件

(1) 具有中华人民共和国国籍。
(2) 年龄为 18 周岁以上、35 周岁以下。
(3) 拥护《中华人民共和国宪法》。
(4) 具有良好的品行。
(5) 具有正常履行职责的身体条件。
(6) 具有符合职位要求的工作能力。
(7) 具有大专及以上文化程度。
(8) 省级以上公务员主管部门规定的拟任职位所要求的资格条件。
(9) 法律、法规规定的其他条件。

其中第（2）、(7) 项所列条件，经省级以上公务员主管部门批准，可以适当调整。公务员主管部门和招录机关非必要不得设置与职位要求无关的报考资格条件。

三、公务员考试

公务员考试分为中央和地方两个级别：中央公务员考试是指中央、国家机关以及中央国家行政机关派驻机构、垂直管理系统所属机构录用机关工作人员和国家公务员的考试；地方公务员考试是指地方各级党政机关、社团等为招录机关工作人员和国家公务员而组织进行的各级地方性考试。

《公务员法》规定，录用担任主任科员以下及其他相当职务层次的非领导职务公务员，采取公开考试、严格考察、平等竞争、择优录取的办法。民族自治地方依照国家公务员应当具备的条件录用公务员时，可以依照法律和有关规定对少数民族报考者予以适当照顾。中央机关及其直属机构公务员的录用，由中央公务员主管部门负责组织。地方各级机关公务员的录用，由省级公务员主管部门负责组织，必要时省级公务员主管部门可以授权设区的市级公务员主管部门组织。

中央和地方单独进行考试，不存在从属关系，考生根据自己要报考的政府机关部门选择要参加的考试，也可同时报考，相互之间不受影响。

中央公务员考试和地方公务员考试，都属于招录考试，考生填报相应的职位进行考试，一旦被录取便成为该职位的工作人员。公务员招录的具体政策可参看国家公务员考试网或各地方公务员考试章程。

四、国家公务员录用考试内容

国家公务员考试公共科目笔试的内容包括行政职业能力测验和申论两科。报考综合管理类和行政执法类职位的考生均参加行政职业能力测验和申论两科考试，其中行政职业能力测验试卷分为（一）、（二）两卷，分别用于综合管理类和行政执法类的报考者，并在题型、题量、难度等方面有所不同。

（一）行政职业能力测验

行政职业能力测验试卷全部为客观性试题，主要题型为单选题。主要测查与公务员职业密切相关的、适合通过客观化纸笔测验方式进行考查的基本素质和能力要素，包括言语理解与表达、常识判断（侧重法律知识运用）、数量关系、判断推理和资料分析。

(1) 言语理解与表达主要测查报考者运用语言文字进行思考和交流、迅速准确地理解和把握文字材料内涵的能力，包括根据材料查找主要信息及重要细节；正确理解阅读材料中指定词语、语句的含义；概括归纳阅读材料的中心；判断新组成的语句与阅读材料原意是否一致；根据上下文内容合理推断阅读材料中的隐含信息；判断作者的态度、意图、倾向、目的；准确、得体地遣词用字等。常见的题型有片段阅读、篇章阅读、逻辑填空及语句表达等。

(2) 常识判断主要测查报考者应掌握的基本知识及运用这些知识分析判断的基本能力，重点测查对国情社情的了解程度、综合管理基本素质等，涉及政治、经济、法律、历史、文化、地理、环境、自然、科技等方面。

(3) 数量关系主要测查报考者理解、把握事物间量化关系和解决数量关系问题的能力，主要涉及数据关系的分析、推理、判断、运算等。常见的题型有数字推理、数学运算等。

（4）判断推理主要测查报考者对各种事物关系的分析推理能力，涉及对图形、语词概念、事物关系和文字材料的理解、比较、组合、演绎和归纳等。常见的题型有图形推理、定义判断、类比推理、逻辑判断等。

（5）资料分析主要测查报考者对各种形式的文字、图表等资料的综合理解与分析加工能力，这部分内容通常由统计性的图表、数字及文字材料构成。

（二）申论

申论主要通过报考者对给定材料的分析、概括、提炼、加工，测查报考者的阅读理解能力、综合分析能力，以及提出问题、解决问题的能力和文字表达能力。

申论要求应试者从一些反映日常问题的现实材料中去发现问题并解决问题，全面考查应试者收集和处理各类日常信息的素质与潜能，充分体现了信息时代的特征，也适应国家公务员实际工作的需要。申论要求考查的七个核心能力包括阅读理解能力、分析判断能力、提出和解决问题能力、语言表达能力、文体写作能力、时事政治运用能力、行政管理能力。

第四节　大学生参军入伍

大学生入伍是指部队每年从在校大学生和大学毕业生中招收义务兵。

一、征集对象和身体条件

（一）应征对象

（1）高校在校生：全日制公办或民办高校正在就读的学生。
（2）高校应届毕业生：全日制公办或民办高校应届毕业生。
（3）高校毕业班学生：还在高校就读的翌年毕业生。以高校毕业班学生身份应征的，普通本科及以上应当完成专业理论课程的学习与相关实习，毕业设计和论文答辩合格能够提前毕业。高职（专科）应当完成专业理论课程的学习并取得毕业规定所需学分，仅需再完成毕业实习即能够毕业。

（二）基本身体条件

身高162厘米以上，右眼裸视不低于4.6，左眼裸视不低于4.5。

（三）年龄要求

高职（专科）应届毕业生年龄放宽到23岁，本科及以上应届毕业生年龄放宽到24岁；普通高校在校生年龄放宽至22岁。

二、征集程序和办法

(1) 参加网上预征报名：有应征意向的毕业生登录"大学生网上预征报名系统"报名预征，填写、打印《应征入伍登记表》（以下简称《登记表》）和《应征入伍申请表》（以下简称《申请表》），交所在学校预征工作管理部门。

(2) 参加初审、初检，通过确认：按照兵役机关的统一安排，预征报名毕业生参加身体初检、政治初审，通过的毕业生被确定为预征对象。高校协助兵役机关，将《登记表》和《申请表》审核盖章发给预征对象并完成网上信息确认。

(3) 政审：主要由就读学校所在地县（市、区）公安部门负责，学校保卫部门具体承办。入学前和就读返乡期间的政治审查工作，由原籍所在地县（市、区）公安部门负责。

(4) 到户籍所在地报名应征：全国征兵工作开始后，预征对象携带《登记表》和《申请表》，到入学前户籍所在地县（市、区）征兵办公室报名应征。通过体检政审的高校毕业生由县级兵役机关批准入伍。

三、服役期间享受的优惠政策

(1) 享受优先政策。大学生入伍享受优先报名应征、优先体检政审、优先审批定兵、优先安排使用政策以及体检绿色通道，大学文化程度青年未批准入伍前不得批准高中以下文化程度青年入伍。

(2) 享受优待政策。优待金由批准入伍地发放，其家庭享受军属待遇，由户籍所在地负责，落实相关优待。

(3) 大学毕业生可选拔为军官。普通高等学校全日制毕业生应征入伍的士兵可被选拔为军官，所称选拔军官包括：大学毕业生士兵提干、报考军队院校和保送入学。

①大学毕业生士兵提干：符合本科以上学历，入伍1年半以上（服役期间取得学历和学位的应当入伍2年以上），且在推荐的旅（团）级单位工作半年以上等基本条件的，可以列为提干对象；根据规定符合一定条件的，优先列为提干对象。

②报考军队院校：参加全国普通高等学校招生统一考试，经省招生办公室专科统一录取且取得全日制专科学历的毕业生士兵，可以参加全军统一组织的本科层次招生考试，录取的人到有关军队院校学习，学制2年，毕业合格的列入年度生长干部学员毕业分配计划。报考条件、考试组织、录取办法等另行规定。

③保送入学：大学毕业生士兵参加优秀士兵保送入学对象选拔，年龄放宽1岁，同等条件下优先列为优秀士兵保送入学推荐对象，选拔办法按照优秀士兵保送入学有关规定执行。大学毕业生士兵保送入学对象具有本科以上学历的，安排6个月任职培训；具有专科学历的，安排2年本科层次学历培训。

(4) 优先选取为士官。对于符合士官选取条件的士兵，同等条件下具有全日制大专以上学历的要优先选取；师（旅）级单位范围内相同专业岗位的士兵，在任职能力相当的情况下，应优先选取高学历士兵。

四、退役后享受的优惠政策

（1）设立"退役大学生士兵"专项硕士研究生招生计划。根据实际需求，每年安排一定数量专项计划，专门面向退役大学生士兵招生。专项计划规模控制在5 000人以内，在全国研究生招生总规模内单列下达，不得挪用。

（2）将高校在校生（含高校新生）服兵役情况纳入推免生遴选指标体系。鼓励开展推荐优秀应届本科毕业生免试攻读研究生工作的高校在制定本校推免生遴选办法时，结合本校具体情况，将在校期间服兵役情况纳入推免生遴选指标体系。在部队荣立二等功及以上的退役人员，符合研究生报名条件的可免试（指初试）攻读硕士研究生。

（3）将考研加分范围扩大至高校在校生（含高校新生）。退役人员在继续实行普通高校应届毕业生退役后按规定享受加分政策的基础上，允许普通高校在校生（含高校新生）应征入伍服义务兵役退役，在完成本科学业后3年内参加全国硕士研究生招生考试，初试总分加10分，同等条件下优先录取。

（4）退役大学生士兵专升本实行招生计划单列。高职（专科）学生应征入伍服义务兵役退役，在完成高职学业后参加普通本科专升本考试，实行计划单列，录取比例在现行30%的基础上适度扩大，具体比例由各省份根据本地实际和报名情况确定。

（5）高校新生录取通知书中附寄应征入伍优惠政策。高校向新生寄送《录取通知书》时，附寄应征入伍宣传单，宣传单主要内容包括优惠政策概要、报名流程指南、学籍注册要求等。

（6）放宽退役大学生士兵复学转专业限制。大学生士兵退役后复学，经学校同意并履行相关程序后，可转入本校其他专业学习。

（7）复学（入学）政策。应征入伍服义务兵役前正在高校就读的学生（含高校新生），服役期间按国家有关规定保留学籍或入学资格，退役后2年内允许复学或入学。

（8）国家资助学费。国家对应征入伍服义务兵役的高校学生，在入伍时对其在校期间缴纳的学费实行一次性补偿或对获得的国家助学贷款实行代偿；应征入伍服义务兵役前正在高校就读的学生（含高校新生），服役期间按国家有关规定保留学籍或入学资格，退役后自愿复学或入学的，国家实行学费减免；学费补偿、国家助学贷款代偿和学费减免标准，本专科学生每人每年最高不超过8 000元，研究生每人每年最高不超过12 000元。

（9）考试升学加分。普通高校应届毕业生应征入伍服义务兵役退役后3年内参加全国硕士研究生招生考试，初试总分加10分，同等条件下优先录取；在部队荣立二等功及以上的，符合研究生报名条件的可免试（指初试）攻读硕士研究生。

（10）高职（专科）升学。高职（专科）在校生（含高校新生）入伍经历可作为毕业实习经历；具有高职（专科）学历的毕业生，退役后免试入读成人本科；荣立三等功以上奖励的高职（专科）在校生（含高校新生），在完成高职（专科）学业后，免试入读普通本科。

（11）政法干警招录。各地拿出政法干警招录培养体制改革试点招录培养计划的20%左右，用于招录大学生退役士兵，不再实行加分政策。鼓励高学历退役士兵报考试点班，并适当增加招录大学生退役士兵的比例。

（12）免修军事技能。高校在校生（含高校新生）参军入伍退役后复学或入学，免修军事技能训练，直接获得学分。

（13）退役就业服务。高校毕业生士兵退役后 1 年内，可视同当年的应届毕业生，凭用人单位录（聘）用手续，向原就读高校再次申请办理就业报到手续，户档随迁（直辖市按照有关规定执行）；退役高校毕业生士兵可参加户籍所在地省级毕业生就业指导机构、原毕业高校就业招聘会，享受就业信息、重点推荐、就业指导等就业服务。

五、福利待遇

各个地方的标准可能会不一样，大概的情况如下：

（1）义务兵津贴第一年为 500 元/月，第二年为 600 元/月，奖励津贴 500 元/年，两年津贴共计：13 700 元。

（2）义务兵退役金为 9 000 元（4 500 元/年）。

（3）义务兵家庭优抚金 14 830 元。

（4）士兵服役期间享受社保待遇，养老保险金两年为 10 456 元。

（5）进疆、进西藏服役的义务兵由政府发放双倍优抚金。

（6）全日制大学生由政府补贴学费和代偿国家助学贷款，本专科学生每人每年最高不超过 8 000 元，研究生每人每年最高不超过 12 000 元。

（7）义务兵服役满两年后，可转士官，其工资第一年，下士为 3 000 元/月左右，中士为 4 000 元/月左右，上士为 5 000 元/月，四级军士长为 6 000 元/月。其退役金根据年度相应增加。

（8）根据服役地区的不同，还可享受特区补助、地区津贴和伙食补助等。

第五章　就业心理准备与心理调适

就业是关系毕业生个人前途和命运的大事，求职择业是大学生人生道路上的一次重大选择，成功与否都有可能影响人的一生。求职择业不仅需要大学生具备良好的思想品德素质、科学文化素质和身体素质，还需要大学生具备良好的心理素质。大学生在择业过程中往往会遇到比以往任何时候都严峻的问题、复杂的矛盾和深深的困惑。每个人都要接受各种考验，如自荐、笔试、面试、竞争等，这是对大学生心理素质的一次重大检验。做好就业的心理准备，保持健康的心态，是毕业生成功就业的第一关。

第一节　就业心理障碍以及对策

一、高校毕业生常见的就业心理障碍

（一）迷惘心理

大学生在求职择业的过程中，面临种种剧烈的心理冲突，因而产生种种矛盾的心态：他们中有一些人希望自主择业，但又不愿承担风险；渴望竞争，又缺乏竞争的勇气；胸怀远大理想，却不愿正视眼前现实；注重专业能力的发展，但又互相攀比、爱慕虚荣；重事业、重才智的发挥，但在实际价值取向上重物质、重利益；对自我抱有充足的信心，但在遇到挫折之后，又容易自卑；既崇尚个人奋斗、自我实现，又有较强的依赖感。职业目标上理想和现实的反差，自我认知上自傲与自卑并存，职业选择上独立性和依赖感错位，使得部分大学生在就业中感到十分迷惘和困惑。

（二）焦虑心理

大学生就业是大学生走出校门走向社会的第一步，是他们人生中的一次重大转折。面对纷繁复杂的社会，面对日趋严峻的就业形势，面对日益激烈的就业竞争，面对国家需要、个人意向、有限的供职岗位、多样的工作环境等多元因素组合的职业选择，如何做出正确的抉择，是让每一个涉世不深、社会经验缺乏的大学生最为困惑的难题。为数不少的大学生在各种选择和诱惑面前无所适从；或职业期望过高，不切合实际；或希望尽快落实就业单位，急于求成；或幻想无须付出多大的努力就能得到称心如意的工作，而实际生活中往往事与愿违。因此，大学生在求职择业过程中普遍出现焦虑和烦躁不安甚至恐惧的心理。

（三）依赖心理

在就业过程中，一些大学生缺乏主动参与意识和竞争意识，信心和勇气不足，在社会为其提供的就业机会面前顾虑重重，不能主动地参与就业市场的竞争，向用人单位展示自我、推销自我，依靠自身的努力去赢得竞争、赢得用人单位青睐，而是寄希望于学校，寄希望于地方毕业生就业主管部门，寄希望于家庭，或静候学校和地方的安排，或依靠家长去四处奔波，缺乏择业的主动性，"等靠"思想和依赖心理严重，使自己在就业中处于劣势。

（四）自傲心理

自傲心理在大学生身上反映得最为突出。一些大学生受陈旧观念影响，以"天之骄子"自居，自认为高人一等，或自我评估过高，过高估计自己的知识和能力水平。在择业过程中有的大学生好高骛远、自命不凡、眼高手低，给用人单位留下浮躁、不踏实的印象。不受用人单位的欢迎；有的则就业期望值过高，择业脱离实际，怕吃苦、讲实惠，不愿到基层和艰苦地区等需要人才的地方工作，择业目标与现实之间存在巨大的反差。有的人认为自己具备很多优势：学习成绩优秀、政治条件好、学校牌子亮、专业需求旺、求职门路广等，因而盲目乐观，把择业目标定得很高，满脑瓜子挤满了"淘金"梦，应聘时一心一意向高薪挑战，结果屡屡受挫。此种失败源于不能摆正自己的位置，对自己的劣势和困难估计不足。

（五）自卑心理

自卑心理也是大学生就业过程中一种常见的心理现象。表现在就业过程中，就是有的大学生对自己缺乏自信，过于拘谨，缩手缩脚，优柔寡断，不能向用人单位充分展示自我，从而错失良机；有的大学生因为学历、成绩、能力、性格方面的某些缺陷和不足而丧失了勇气，悲观失望、抑郁孤僻、不思进取，觉得自己事事不如他人，不敢参与就业市场竞争。有的大学生，尽管具备一定的实力和优势，但对自己的评价总是过于保守，面对激烈的竞争，总觉得自己哪儿都不如别人，因而丧失竞争的勇气，习惯于临阵退缩，放弃了许多很好的机会。还有人一到笔试或口试的现场，就心里发怵，表现出神情紧张、心神不安、面红耳赤、举止拘谨、谈吐失常，而一旦失败就更强化了自己的错误认识。这种心理障碍是成功的最大敌人。

（六）挫折心理

生活中有成功就会有失败。而当代大学生由于一直待在校园，生活经历比较简单，未曾经历过波折，没有经受过挫折的考验，所以心理承受能力和自我调节能力较差，情绪波动性大，情感较为脆弱，缺乏对待挫折的准备。在就业工作中，他们往往希望一蹴而就，能够顺利就业，害怕失败。一旦受到挫折，会感到失落、悲观失望、自惭形秽，对自己、对未来失去信心，或不思进取、消极等待，或怨天尤人、顾影自怜。

（七）攀比心理

在就业工作中，由于每个人生活的环境、家庭背景以及能力和性格、所碰到的机遇不尽相同，因而在择业目标、职业选择上不具有可比性。而青年大学生血气方刚，喜欢争强好胜、虚荣心较强，容易引发攀比心理。表现在求职择业过程中，就是忽视自身特点，对自我缺乏客观正确的分析，不从自身实际出发，不考虑所选单位是否适合自己，而是盲目攀比，不屑到基层工作，总想找到一份十全十美的工作，这种攀比心理使得不少毕业生迟迟不愿签约。

（八）从众心理

大学生正处于人格逐渐完善和成熟的阶段，容易受社会思潮和社会观念的影响，人云亦云，缺乏个人主见，从众心理较为严重。表现在就业过程中，就是忽视所学专业的特点，过分追求实惠，盲目滑向经济发达地区和中心城市就业，追求功利，一味追求所谓的热门单位、热门职业，没有从职业发展与个人前途、国家需要去考虑，求安稳，缺乏积极进取精神，功利主义、实用主义思想严重。

（九）急功近利心理

择业时过分看重经济、地位等，追逐功利，一心只想进大城市、大机关，去沿海发达地区，到挣钱多、待遇好的单位，甚至为了暂时的功利抛弃所学的专业。这种心理虽然能够使个体得到一些眼前利益和满足，但从长远发展来看，是不明智的。因为人们在物质需要得到满足之后，会渴望和追求心理需要的满足，当意识到事业才是人生永恒的支柱时，烦恼便会产生。

（十）患得患失心理

职业的选择往往也是对机遇的一种把握，当断不断、患得患失，只会错过机遇，自然与成功也将失之交臂。很多青年人在选择职业时，没有专一的定向，不现实地期盼"鱼和熊掌兼得"，或是这山望着那山高，因而在择业过程中，常常会出现心理矛盾和冲突，而由于性格的软弱和犹疑，不能果断地选择，结果错失良机，令自己处于被动地位。

（十一）固执狭隘心理

在职业选择时缺乏变通，不顾社会的需要，不顾社会分工和专业化的内在联系，只看到专业的独特性，人为地"画地为牢"，限制了自己的选择范围。

（十二）怀才不遇心理

由于自视过高，而在现实的择业过程中却处处碰壁，于是产生怀才不遇之感，抱怨自己生不逢时，抱怨没有施展才能的机会，抱怨世上无伯乐。整天怨天尤人，只会使身心愈加疲惫。如果永远怀才不遇，只能空怀"壮志"，后悔不已。走出此误区的方法是学会正视自己。

二、针对就业心理障碍的对策

（一）自我反省

在面对矛盾和冲突时不要冲动，要冷静地、理智地进行反省思考。一方面客观地分析就业环境，把面临的情况搞清楚；另一方面思考自我，找到自我的准确位置。在这种情况下，任何冲动都是无济于事的，冲动只能使我们在忙乱中做出错误的判断。

（二）松弛练习

这是一种通过练习学会在心理上和躯体上放松的方法。放松训练可以帮助人们减轻或消除各种不良的身心反应，如焦虑、恐惧、心理冲突、入眠困难、血压升高、头痛等症状，而且见效快。如果毕业生遇到心理压力，可以借助有关人员的指导做一些放松练习，安排好一日的生活。前面已经提到，沮丧和焦虑是一种亚健康状态，而不是一种性格上的缺陷。这种状态还可能因为身体的原因而引起或加剧，如感冒、疼痛、缺氧，或者是因为服用某类药物而导致副作用等。

（三）自我转化

有些时候不良情绪是不易控制的，这时可以采取迂回的办法，把自己的情感和精力转移到其他活动中。如学习一种新的知识技能、参加有兴趣的活动、郊游等，使自己没有时间和可能沉浸在不良情绪中，以求得心理平衡，保护自己。

（四）聊天和写作

心理学研究表明，都市人群最大的困惑就是无法实现人与人的沟通，这是患疾症的关键。因此，在因为毕业、就业而苦恼时，最好的办法便是找人聊天，及时疏导、排遣郁闷。作为应届毕业生，有一个其他求职者无法比拟的优势，就是在你身边有一群和你同样经历、同样目的的同学，有你的知心好友等，他们和你一道结成一个求职小组；一个好的听众，在你压抑或沮丧，需要找人倾吐时出现；一个紧随身后的智者，在你将要退却时出现，鼓励你"实现它"—一个拉拉队长，在你小获胜利时带来一片喝彩！面对困境，不妨这样看待：生命就像一幅织锦，每一个疏漏都是有目的的，每一根线都是重要的，生命的每一件事情都是有意义的！

当一个念头在脑海里影响睡眠的时候，不妨试试把纠缠你的思绪写下来，写出你现在所理解的那些事情的含义。不要因为这些事发生在你身上就感到自卑，一次招聘的失败，只能说明这个单位不适合你的发展，丝毫也不表明你自身的能力有过大的缺陷。如果感觉不到希望的存在，这并不意味着什么，感觉总是有可能不符合现实的。你可能正置身于雾中，被挡住了视线，而雾总会有散的一天。

（五）心理测验

通过心理测验，了解自己的心理特点和问题，从而有针对性地调节自己，避开心理弱点，发挥优势。例如,毕业生可以进行智力测验、人格测验、职业心理测验、能力测验,根据测验的结果,来决定自己的职业选择或调整自己的情绪,使之达到良好的状态。

(六)专家咨询

在进行择业时可以寻求心理专家辅导,提高就业能力。人的心理出现矛盾,特别是出现较大的心理负担之后,内心冲突激烈,自我调节难以奏效时,外来力量的帮助就显得非常重要,毕业生应当主动及时地寻求外来帮助。如从职业的分工、选择、适应、发展等方面提出问题,使专家了解情况,一一进行分析,提出建议以供参考。在出现心理问题时,可以通过心理咨询专家帮助消除择业挫折带来的焦虑、烦恼、抑郁等不良情绪。目前许多学校建立了心理咨询机构,社会上的心理辅导服务业也发展起来。通过他们的帮助可以使毕业生更加客观正确地认识自我,进行心理训练,提高择业求职的技能技巧,消除不良心理。心理咨询作为一种教育服务形式,在高校发展迅速,深受大学生的欢迎和喜爱,它担负着培养大学生良好的心理素质,解决心理矛盾,预防心理疾病,提高心理健康水平,促进大学生人格完善的根本任务。同时对毕业生择业心态的调适,更是起到主导和指引的作用。

心理问题植根于人的本性之中,我们不妨把它比喻为塞满脏东西的排水管。如果情感不能释放,它们蓄积起来,就滞留在人体系统内,就像一根堵住的管道一样,沮丧和焦虑就是心理堵塞的结果。当这种堵塞变成体内熊熊的火焰时,这把火焚烧的就是它的主人,而不是它的敌人。因此,通过合理地安排日常的生活可以帮助缓解心理压力;试着保持有规律的作息时间,每晚按时睡觉;尽可能出去晒太阳,或者坐在明亮的光线下;坚持有规律的锻炼;每天适量饮水;饮食要均衡,多吃富含纤维的食品;尽可能把糖从饮食中排出去,少吃含糖食物;等等。

总而言之,只有通过社会、高校、学生的共同努力,才能有效地帮助大学毕业生消除心理障碍,走出就业误区,顺利就业。

第二节 大学生就业心理准备

一、了解用人心理

(一)专业对口

专业对口是用人单位录用人才的首要标准,尤其是一些工科、经济、法律等专业性很强的单位。所以,毕业生求职首先应找专业对口的单位,这样可大大提高命中率。

在专业对口的前提下,用人单位会对求职者提出专业技能的要求,这就要求大学生一方面要靠平时的努力学习和积累,另一方面要学会包装自己、展示自己,毕业生求职时要突出你对这门专业掌握的精深,以体现出你的专深,对这样的人才,用人单位在心理上是会考虑接受的。

（二）求全心理

要求毕业生一专多能、多专多能是用人单位的重要标准。目前社会上风行的考证热，实际上就是这种要求的反映。虽说证多不压人，大学生一方面应多考些证书，另一方面应考些与自己专业有关的资格证，如中文专业的可考个文秘资格证，法律专业的可考个律师资格证等。而在求职时，毕业生应突出这些证书的地位和作用，以体现自己知识面广、自学能力强、有经验积累等全才优势，以满足用人单位求全的心理。

（三）求通心理

求通心理是近几年众多用人单位对人才的强烈要求。若对某一专业相当精通，又能在相关领域大显身手，当然受欢迎。不但各相关专业皆通，并且在某一领域内，对其国外情况也很精通的人才，更受欢迎。如专业知识不错，外语又是六级以上水平；熟知本国法律，对发达国家的相关法律又能精通等复合型通才，可以说，是目前职介市场上最抢眼也最抢手的人才。

对此，大学生一方面应多方努力将自己打造成复合型人才，另一方面求职时，应着力突出通的优势，有证书、有能力的学生千万不要"犹抱琵琶半遮面"，应"一个都不能少"地展示出来。

（四）求变求异心理

求变是指用人单位面对瞬息万变的社会对人才所作出的要求。要求求职者心理素质好，应变能力强。对于不断变化的情况，能及时调整心态积极应变。如全球著名公司普华永道，每次招聘面试时，都有一个保留项目，让求职者根据所抽到的题目，如美国总统选举、网络等，发挥自己的想象力和变通能力，画一幅画。用以测试求职者的应变能力。求异是一些单位尤其是公司，喜欢选择一些突发奇想、富有创造力的求职者，以能在险象环生的商场中出奇制胜。对于用人单位的求变求异心理，广大毕业生应认真对待，首先应分析用人单位的类型和风格、用人原则等，以找到用人单位的突破口，有的放矢地展现自己的变异能力，以便找到理想的工作。千万不要毫无准备地求变求异，从而弄巧成拙。

（五）求优求诚心理

求职者又红又专，既是专业能手，又是学干、党员，为人诚恳，对人对事能坦诚相待，这是众多用人单位，尤其是国家机关、事业单位所看中的。为此，大学生一方面应展现自己的优势及良好的政治素质和能力，另一方面，面对面试中不了解或不太了解的问题，应诚实告之，千万不要不懂装懂，或乱说一气，这很可能造成用人单位对你不信任，给你扣上一顶不诚实的帽子，那样就绝对没戏了。

二、心理充电

时下，新一届大学毕业生就业工作已进入冲刺阶段，许多尚未敲定工作单位的大学生正抓紧时间做最后一搏：精心制作个人简历、频频参加招聘活动，多方寻找就业门路……但不少人忽略了一项重要的准备——心理充电。专家指出,只有具备良好的就业心理,才能够以积极的精神状态参与激烈的竞争最终脱颖而出。

"心理充电"有哪些途径呢?据介绍,职业心理辅导中一项重要内容是职业心理定位。目前,不少高校的心理咨询中心设计了兴趣、人格、职业能力倾向等测试表,为学生提供职业心理定位的服务。通过这类测试,学生可以了解适合自己的职业,在学习中拾遗补阙,今后找工作时能沉稳应对。

不少专家指出,"心理充电"还应包括对求职心态的调整和对择业技巧的教授等。这就要求高校的心理咨询部门与学校就业指导中心联手,开设就业辅导课程,请企业相关人士开设讲座,为学生释疑解惑等。同时,"心理充电"要因人而异,对不同类型的学生进行分类辅导。如文科生和理科生、热门和冷门专业学生、本科生和研究生,他们的就业期望值、就业方向、就业可能遇到的问题,都有较大差别,应该有的放矢。

三、动态心理定位

小王是一名大学应届毕业生,在校4年,自觉学有所成,然而却在就业上处处碰壁。他看中的单位,人家却看不中他;单位看中他的,他却看不中单位。直到目前他还未与一家单位签约。时下,他正处在一种焦虑、犹疑、自卑、不满、无法决断的状态,内心十分矛盾痛苦。

小王的这种情况在很多大学毕业生当中很普遍,就业是每个人所面临的重大抉择,尤其对于大学生来说,是人生的重大转折。大学生作为一群有高智商、高文化、高自我价值的文化群体,其理想与追求自然有明确的目的性,面临着更多、更大的挑战与机遇,因而其往往也面临着更大的心理压力与冲突。属于心理品质"高危人群"的大学生在就业过程中,产生心理问题是普遍性的,也是可以理解的。

从小王同学反映的心理问题来看,其根源在于理想与现实、愿望与失望、目标与挫折发生冲突而导致巨大的心理落差。这种落差使你处于一种心理失衡状态,常常伴有焦虑不安、自卑、自我否定等特征。如不及时调适引导,极有可能诱发诸如强迫症等心理疾病。从找工作受挫来看,也许有两种因素所致。第一,也许就业准备不充分、就业应试技巧不当,导致未被较好的单位挑中,这方面在实践中多训练、多收集就业信息是可以克服的。第二个原因,可能是对工作的心理定位过高引起的,这也是很多大学生在找工作的过程中常遇到的问题。很多同学由于自觉学有所成,踌躇满志,想找一个好工作大干一番,可找到的工作与自身期望相去甚远,从而导致就业受挫,产生心理问题。从第二个诱因来分析,我们认为大学生在就业过程中,要有个动态的心理定位,不断进行自我调适,避免产生心理问题。

(1) 首先要正确全面地自我评价。对自己的所学专业、工作能力、爱好特长、优势劣势有一个完整的把握。这样才能在就业中克服劣势、发扬优势,找到自己较满意的职业。

(2) 要积极调适自己的职业意向与职业抱负。有些大学生,自认为是天之骄子,总有一种自负感。这种心理状态表现在就业上,则是职业取向过高,有些不切实际。在找工作过程中,他们往往眼光过高,常常产生要么他看不中人家,要么人家看不中他的现象,从而造成就业受挫,产生心理失衡。因此,大学生在就业过程中,应不断调适自己原有的不切实际的就业取向,使自己的心理定位与择业目标要求相适应。

(3) 增强自身的心理品质。由于找工作不如意、受挫折,许多大学生产生心理问题。这时，大学生应不断增强自身的心理品质，如加强自控力、保持心理情绪平静等，使自身在内心与外在因素冲突下，达到一种心理平衡，及时消除一些因就业受挫而引发的心理失衡等问题。

（4）选择职业应有前瞻思想。有些职业目前看较好，如文秘等，但从长远看，其实际上是夕阳职业。而有些职业却相当有发展潜力。所以，大学生找工作应有前瞻心理，对职业及单位的发展前景应有个准确认识，而不能只盯着目前单位的规模、效益。这样，大学生在就业上，才能拓宽视野，开拓就业心理，避免产生心理问题。

（5）要有一种脚踏实地、从小事做起的心理准备。纵观历史上有成就的人，都是从小事做起，一步一步走向成功的顶峰的。大学生在找工作时有这种心理准备是极为重要的，这样可克服好高骛远的通病，使自己的求职愿望与社会需求及时对接，从根本上消除心理问题产生的诱因。

针对大学生在就业过程中产生的各种心理问题及其普遍性，学校、社会应给予高度关注，并采取相应措施。如举办就业技巧训练、就业心理准备、就业心理问题消除等方面的培训，使大学生少走弯路，遇到各种就业问题，能及时自我调适克服。

四、改善就业心理

（一）完善自我，塑造自身生存本能

要改变错误、狭窄、扭曲的自我认知与社会认知，就要求大学生加强自我理解与分析，以平常心面对，以保持冷静的思维来进行生活中所谓重大的抉择；要孕育真、善、美的感受，持有良好心境，构筑完善情绪情感；排除诸如不满、愤怒、嫉妒、焦虑、恐惧等负面情感对正常思维、决策的干扰；要打破传统意义上的"就业——终生职业"和"一锤定终生"的择业观、就业观；建立新型就业观，强化择业的自主意识，树立正确的择业观、就业观，跳出从众、攀比等社会心理陷阱。

（二）发挥社会、学校等外在辅助作用

（1）建立学生学校支持系统。积极开展大学生择业的心理指导和咨询活动，帮助大学生客观认识自己，做到正视现实；敢于竞争；不怕挫折；放眼未来。进行就业教育和择业指导，开展创业教育，增强其创业、竞争、挑战意识。坚持开展自主创业教育，树立正确的职业思想和择业观念，开发创造性思维，提高综合素质和实践能力，积极参与社会竞争，走"艰苦创业、科技创业、自主创业"之路。

（2）建立学生—社会支持系统。加强就业市场和就业法规的建设，完善市场机制，为大学生就业提供公开、公正、公平的就业环境等。

第三节　就业心理调适

随着高等教育的普及化，大学生数量的逐年激增，大学生就业问题成了每个即将毕业的大学生头疼的问题，要在当今激烈的就业潮流中立于不败之地，大学生们就要让自己在走向职场

之前做好充分的心理准备，掌握一定的就业心理调适技能。

一、提高就业适应能力

（一）要善于调整自己的期望值，使之符合客观实际

人们对新环境的适应性差，大都与其事先对新环境、新岗位的期望值定得过高有关。当他们按照这个过高的目标接触现实环境时，就会产生一种失落感，感到处处不如意、不顺心，必然影响情绪，与环境格格不入。特别是刚出校门的青年学生，在学校学习的东西有很多是理想化了的，与现实生活有一段距离，他们对社会现实缺乏了解，往往雄心勃勃，一厢情愿，把社会想象得十全十美，似乎他们所到之处都会鲜花铺地、大道平坦、事事如愿、一帆风顺。可是，当他们带着这种期望值走进生活之后，才发到与自己的想象差得很远。于是就灰心失望，转而怨天尤人，甚至一蹶不振。可见，期望值过高是造成不适应的原因之一。

因此，我们应正确把握自己的期望值，把期望值定得接近现实一些，甚至把它定得低一点，反而有利。当发现自己期望值过高时，则应及时加以调整，把它降低一些，使自己的眼光符合现实生活，这样一来自己就容易被现实接纳，自己的思想和行为也较容易与现实接轨，成功的希望也就大得多了。

（二）要有目的地约束自己，主动适应客观现实

当自己对新环境不习惯的时候，最好不要首先埋怨客观，而应从主观方面想一想、看一看自己的认识、态度和方式是否有需要改进的地方，进而自觉地从自身做起，改变自己的旧习惯、旧做法，努力去适应环境的要求。

面对新环境，我们不能完全站在个人角度，以自己好恶为标准评价客观环境好不好，而应从大局出发评价环境，从发展的角度来评价环境。只有对客观环境有了正确的认识，才可能自觉地改造自己、适应环境。进而言之，面对新环境还有一个重新学习的问题。要有勇气把自己那些与新环境不合拍的旧习惯去掉，同时学习自己原来不懂的东西，学习新环境所需要的新知识，使自己与环境之间的矛盾、距离逐步缩小、消除，最终和谐地融于新环境之中。这样看来，青年人在学校学习的那些学问是不够的。社会是一门大学问，是一本书。这本书只有到社会环境中用心去读才能读懂。而当我们真正读懂了这本书的时候，也就很自然地适应了社会的要求，成为适应了新环境的人。

（三）要发挥主观能动性，创造性地适应环境

适应环境绝不是消极地适应，它应是一种积极的姿态，也就是要善于发挥自己的主观能动性，有意识地利用环境中有利的因素，强化自己的个性，为自己的发展开拓更大的生存发展空间，进而在新环境中有所作为，做出更大贡献。这是一种更高层次上的适应能力。

在任何环境中都有可以利用的积极条件，就看你是否看得到、抓得住，如果你抓住了，就可以为己所用，不但能很快适应环境，而且还可以有所创造，最终成为这个环境中的佼佼者。

此外，能动地适应环境还要善于从现实出发，将自己的知识、经验进行嫁接和变通，力求

在新环境中派上用场，发挥作用。比如，有些在部队搞政工的干部，转业后改行成为很有作为的企业家；有的理工科的大学毕业生成了出色的销售员；文科毕业生成了经商的奇才；等等。这样的事例几乎屡见不鲜。这些人的成功告诉我们，每个人都有自己的强项，只要善于把它与新环境相连接、沟通、转化，就可以形成新的优势，因为很多知识本身是相通的。同时，人们的才能又是多方面的，人的潜能也是巨大的，只要自己善于学习，不因循守旧，就可以在新环境中找到自己的位置，使自己的潜能在新条件下释放出来。

总而言之，青年人对于环境不要苛求，而应发挥自己的主观能动性，不断提高自己的适应能力，努力与现实接轨，实现与客观现实的认同、交融、协调、合拍，达到主客观一致、统一。就好像把一根枝条嫁接在原有的枝干上一样，把自己的血脉与之连接在一起，变成有机的整体，扎根在特定的土壤里，从中吸收营养，在这块土壤上生根、发芽、开花、结果。

二、提高就业信心

自信是高校学生成功择业的前提。高校学生必须对自己有一个充分、客观、全面的评价，根据实际情况来确定就业目标，不好高骛远。那么如何增强自信呢？可以采取以下几个技巧。

（1）关注自己的优点。在纸上列出十个优点，不论是哪方面（细心、眼睛好看等，多多益善），在从事各种活动时，想想这些优点，并告诉自己有什么优点。这样有助于提升从事这些活动的自信，这叫作"自信的蔓延效应"。这一效应对提升自信效果很好。

（2）与自信的人多接触。"近朱者赤，近墨者黑"，这一点对增强自信同样有效。

（3）自我心理暗示，不断对自己进行正面心理强化，避免对自己进行负面化。一旦自己有所进步（不论多小）就对自己说："我能行！""我很棒！""我能做得更好！"这将不断提升自己的信心。

（4）树立自信的外部形象。首先，保持整洁、得体的仪表，有利于增强一个人的自信；其次，举止自信，如行路目视前方等，刚开始可能不习惯，但过一段时间就会有发自内心的自信；最后，注意锻炼、保持健美的体形对增强自信也很有帮助。

（5）不可谦虚过度。谦虚是必要的，但不可过度，过分贬低自己对自信心的培养是极为不利的。

（6）学会微笑。微笑会增加幸福感，进而增强自信。

（7）扬长避短。在学习、生活、工作中，抓住机会展现自己的优势、特长，同时注意弥补自己的不足，不断进步，肯定能增强自信。

（8）阅读名人传记。因为很多知名人士成名前的自身资质、外部环境并不好，如果多看一些这方面的材料会有助于提升自信心。

（9）做好充分准备。从事某项活动前如果能做好充分准备，那么，在从事这项活动时，必然较为自信，而且这有利于顺利完成活动并增强整体自信心。

（10）给自己制定恰当的目标，并且在目标达成后，定更高的目标。目标不能太高，否则不易达到，如果达不到，对自信心会有所破坏。

（11）冒一次险。当你做了以前不敢做的事以后，你会发现：原来做这事并没有什么了不起！这对提升自信心很有帮助。

（12）排除压力。过重的压力会使自己意志消沉，对自身产生怀疑，从而破坏自信心，学会排除压力对保持原有自信帮助很大。

(13) 做自己喜欢做的事。对自己喜欢做的事，因为比较投入，容易取得成功，继而产生成就感，这非常有利于自信心的提高。

(14) 保持健康。注意全面的营养、保证身体锻炼、保持快乐的心境，良好的生理心理状况会使自己产生幸福感，进而产生自信心。

(15) 尽量依靠自己。有事尽量依靠自己解决，能不断激发自身的潜力，并且通过多次的成功，不断提升自信水平。

自信，就是对自己能够达到某种目标的乐观、充分的估计。美国作家爱默生说："自信是成功的第一秘诀。"可以说，拥有自信就拥有无限机会。有志于成才、成功的同学请从现在开始培养你的自信！

三、提高就业耐挫力

很多大学生在就业过程中屡屡失败，甚至不堪就业压力而走极端，很大一方面的原因就是其内心脆弱，缺乏就业的耐挫能力。所谓耐挫力是指当个体遇到挫折时，能积极自主地摆脱困境并使其心理和行为免于失常的能力。耐挫力强，则可以化解挫折带来的影响，尽力克服困难，积极解决问题，创造性地完成任务，从而增进知识和才干，培养坚强的意志与克服困难的能力，形成积极向上、坚韧不拔的个性特征；耐挫力弱，则会消极悲观，丧失信心，失去前进的动力和目标，对个体发展产生消极的影响，形成不良的个性。

(一) 培养耐挫力的前提

(1) 培养坚强的意志品质。耐挫力是以意志为基础的，一般来说，意志强，耐挫力也强；反之，意志弱，耐挫力也弱。因此，要培养耐挫力，首先就要培养坚强的意志。所谓培养意志，就是要不断提高意志的自觉性、坚持性、果断性和自制性的水平。

(2) 确立适当的抱负水平。抱负水平指个人将要达到什么程度的心理需要或目的追求。抱负水平过高，老是达不到，容易产生挫折感，对培养耐挫力不利；反之，抱负水平过低，很容易达到，无挫折可言，自然就谈不到培养什么耐挫力。很明显，只有适当的抱负水平，才有利于培养耐挫力。

(3) 养成容忍和进取精神。前面说过，耐挫力由容忍力与超越力构成。而前者以容忍精神为基础，后者以进取精神为基础，因此，要培养耐挫力，就必须以养成容忍精神与进取精神为前提条件。应当指出，这两种精神是相辅相成的。

(二) 培养耐挫力的方法

(1) 强化挫折的心理准备。每个人都应当懂得，在人的一生中，挫折前来拜访是不可避免的，必须做好相应的心理准备。事实表明：当挫折降临时，有心理准备，就可能减少挫折对个体身心的影响；反之，没有什么心理准备，就可能使挫折的影响加大。因为强化了心理准备，任何出乎意料的挫折都会成为意料之中的事，从而减少挫折感。

(2) 正确地认识各种挫折。根据挫折产生的原因，可以把挫折划分为五种，即自然挫折、社会挫折、人际挫折、自我挫折和舆论挫折。种种挫折各有不同的成因、特点和规律，必须予以充分了解与把握。这样当挫折降临后，就可以在短时间内，有的放矢地选择最佳应对方案，从而增强耐挫力、降低挫折感。

（3）自觉地进行耐挫锻炼。所谓耐挫锻炼，不是人为地去制造什么挫折，而是利用真实的挫折情境进行自觉锻炼。如人际关系紧张时，就应当采取宽容的态度，主动接近对方，以缩小彼此间的心理距离，增加人际间和谐协调的气氛。如此自觉锻炼，久而久之，就一定能积累经验和体验，并在此基础上使耐挫力得到很好的培养。

（4）积极地开展心理训练。为了保持与增进心理健康，也应当进行心育和心操。通过心理训练（包括心育和心操），可以提高心理素质；提高了心理素质，必然能增强耐挫力，因为耐挫力是以心理素质为基础的。

第六章 求职技能与面试礼仪

求职技能和面试礼仪对于大学生来说很重要,本章主要讲述这方面的内容,包括四个方面,即求职材料、互联网求职方法、笔试与面试,以及职场礼仪。

第一节 求职材料

用人单位招聘时,多数要从学生的求职材料看起,而不是从面试做起。求职材料包括简历、求职信、求职档案等,准备充分的求职材料是获得面试机会的关键因素。

一、纸质简历

(一)简历的基本内容

简历就是求职者给招聘单位发的一份简要介绍。简历是自我推销的工具,用来展示个人的工作能力及个人对未来雇主的价值。简历的主要作用是帮助求职者获得面试机会,一份好的简历虽不能决定你是否被录用,但简历准备不足却足以让你失去求职机会。完整的简历主要包括以下六个方面。

1. 个人基本信息

一般要写明姓名、性别、联系地址、联系方式、出生年月等基本信息。

2. 求职意向

这是简历必须要写清楚的。很多求职者在制作简历的时候,不写自己的求职意向。实际上企业一般会同时发布多个岗位求职信息,等收到简历以后就会按照求职意向进行分类,所以如果你没有明确的求职意向,你的简历很可能就会在分类的时候被搁置。因此,求职意向一定要明确。

3. 教育背景

在教育背景部分,要首先列出你的最高学位,然后再回溯,但不可写得过于详细,一般写高中毕业后的学习经历即可。因此,如果你未能顺利获得毕业证书,你可能会认为这没什么,并不能完全代表你的能力,但是,这也可能被认为是"未完成的项目",对你不利。

一般来说,如果你的工作经验有限,那么教育背景的内容应该出现在简历最开始的部分。如果你的经验和成就能够占据优势,那么教育背景部分应当置于简历之末,因为在未来雇主眼中,你刚获得的经验、技能以及成就的分量超过了你的教育背景。如果你的教育背景远远胜过竞争者，那么你也可以把这一部分尽量放在简历靠前的位置。

撰写教育背景时还要注意以下四个方面："学校名称"单独成行，不要与院系、专业同行；可以适当写明主修专业课，但是要与你的专业和所应聘的职位相关；也要写明传统学历教育、社会教育、专业培训；学历教育仅需要写明大学期间的经历。

4. 工作经历

对于应届毕业生来说，工作经历包括两部分内容：一部分是在学校的实践经历，一部分是在社会上的工作经历。

（1）学校实践经历。在学校学生会、团委担任过职务的一定要写上，因为大部分应届毕业生没有什么社会工作经历，所以学校的经历很重要。在写自己学校实践经历的时候，一定要写清楚自己的具体职位，写明自己曾做过的事情，在这些事情中担任的角色以及最后达到的效果。

（2）公司实习经历。如果有在公司实习的经历，要写具体些，如自己做过什么工作，但是要写与自己应聘职位相关的工作，不相关的不要写。特别需要注意的是，要把自己的工作成就具体化、数字化。例如，说"工作基本完成"不如说"工作完成了90％"。另外，不要按照时间的顺序，可以先写最有成就的，这样可以给招聘人员留下深刻的印象。

（3）培训经历。如果你在求职之前参加过与求职岗位相关的培训，那么你一定要写上。如果你接受的是公司的培训，那么就把培训经历写在实习公司下面。很多公司都很注重学生不断学习的能力，如果有培训经历，一定要写上，这会成为应聘的一大优势。

5. 个人能力

这一部分主要写自己的英语能力、计算机能力、爱好与特长等。一般最能反映自己英语和计算机能力的是大学所考的等级证书，如果有额外的成绩证明也要写上，如"校英语演讲第一名"。对于工作经验比较少的学生来说，所掌握的一些技能和技术是自己能力的最有力证明，所以一定要把所学到的一些关键技术写在简历上。

爱好与特长一般说服力比较弱，完全没有必要写。如果自己的爱好与特长与应聘的岗位相关，可以写上，但是一定要写自己的强项，不要写太多，一般最多写3行就可以了。不是具体的爱好就不要写，比如音乐、体育这些太宽泛的爱好，就不要写在简历里。

6. 个人评价

这一项也是可写可不写的，如果写的话，适当对自己的性格和自己的专业知识进行评价，但是要真实客观，不要写太多对自己褒奖的词，容易让人感觉华而不实。对个人的能力不要过分夸大。

（二）简历撰写原则

人力资源经理普遍认为，80％的简历查阅时间为5~10秒，有些简历甚至根本没有被阅读就被淘汰了，大多数求职者把能想到的情况都写进简历中，但事实上没有人愿意阅读长达几页的类似流水账的个人简历。下面列举三条重要的写简历的原则。

1. 重点突出，真实可信

一个招聘者希望看到你对自己的事业采取的是认真负责的态度。不要忘记招聘者寻找的是适合某一特定职位的人，这个人将是成百上千名应聘者中最合适的，如果简历的陈述没有重点，或是简历描写类似于所有求职者，那么你很可能将无法在求职竞争中胜出。简历是给企业展示的一张名片，应该真实地反映自己的情况，不可以弄虚作假，但是可以对信息进行优化、提炼。

2. 重点突出，真实可信

最成功的广告通常简短且富有感召力。简历应该限制在一页纸内，个人情况介绍不要以段落的形式出现，尽量运用动作性短语，使语言更加鲜活有力。在简历页面上端写一段总结性的话语，有条理地陈述你在求职上的最大优势，然后在个人介绍中将这些优势以经历和成绩的形式加以叙述。

3. 目标明确，信息相关

撰写简历时应该事先结合自己的职业规划确定求职目标，针对不同的企业和岗位撰写不同的简历，强调信息的有效性和关联性，突出要点与重点，这样做往往更容易得到招聘单位的认可。

（三）简历制作的九大误区

1. 过长或过短

应聘者生怕简历薄，不够分量，不容易引起招聘者的重视。殊不知，看简历的企业招聘人员，他们公务繁忙，根本没有时间或者不愿意花太多的时间阅读那些冗长、空洞的简历。因此，撰写简历还是简洁精练、突出重点为好，篇幅最好限制在一页纸内。如果实在不能在一页内写完，那么第二页的空白处不宜过多，要写到第二页一半以上，一定不能少于第二页的1/3。

2. 设计太多个人信息

无须在简历中说明太多个人信息，比如婚姻状况、家庭状况等内容。但是，你若确知用人单位对某些情况有所偏爱，当然也可以投其所好。若你的家庭情况或相关内容对应聘单位来说有一定价值，则也可以标注。

3. 复制企业的职位要求

很多求职者为了说明自身能力与招聘企业要求相关，就把招聘单位公开的工作职位说明复制到简历中，看似你的条件完全符合用人单位的要求，实则招聘人员会认为你并没有实际能力。事实上，你需要列出特殊的工作技能、获奖材料等来证明你的能力。

4. 把所有的工作经验都写上

有的求职者为了体现工作能力，弥补工作经验不足的缺陷，恨不得把自己所有的工作经历都写在简历上面，小到某个周日的兼职。其实，招聘人员关心的只是与职位相对应的经历，对其他不相关的内容并不会关心，所以只要写出与职位相关的工作就可以了。

5. 提出过高的薪资要求

找工作时不要被固有的薪金水平所束缚，你得到这份工作就会得到这个职位对应的报酬，在面试之前就提出工资要求很不明智。如果招聘人员从简历中看到你的工资要求过高，在某种程度上是给了招聘人员一个拒绝你的理由。

6. 简历信息没有针对性

将相同的简历多处投送，说明求职人粗心或对待求职不够用心，没有目标和规划。正确做法是有针对性地修改简历，有针对性地投递。根据求职方向、求职领域，多设计几个简历模板。

7. 过分夸大工作成就

有的求职者认为工作能力越强越好，所以就夸大自己的工作成就。其实，有经验的招聘人员能够从你的简历中看出你工作成就的真实性。即使当时没有能一下子看出在简历中伪造的工作经历或者工作成就，进入职场后终究会现出原形，届时用人单位也会因为诚信问题辞退你，到时候反而会影响以后的求职。

8. 附件材料过多

有的求职者认为，自己的附件资料越多越能吸引招聘单位。发送简历时，没有必要加很多无关的资料。必要的成绩单、推荐信或获奖证书等资料可以附加，但要与工作要求相符合。如果你被通知面试，你应该带上这些材料原件以备核验。

9. 简历制作过于精美

有些求职者认为，简历制作得越精美越好。有的不惜重金设计封面，采用很多花哨的格式、底纹、图案等；有的采用了很多艺术字、斜体字等；有的简历多种格式混用，有表格，有排版，有彩纸打印，样式多样。实际上，简历只要能够突出自己想要表达的重点即可，没有必要制作得过分精美。如果用了太多的格式，反而给人华而不实的感觉，影响简历的信息传递。

二、求职信

（一）求职信的基本内容

求职信不同于简历，简历要写得具体、全面，而求职信则要强调最重要的信息。求职信一般包括以下内容：你是谁？你怎么知道目标企业的？你要申请什么职位？你了解目标企业吗？

你为什么适合这个职位？表明希望得到面试机会，注明你的联系方式。

具体内容如下。

收信人的姓名、头衔。

第一段：说明你为什么要写这封信，你所申请的职位或工作的具体名称，以及你是如何得到这一职位空缺相关信息的。

第二段：解释你为什么对这个组织和这个职位感兴趣，说明你可以并如何为该组织做出贡献。解释一下你的教育背景和相关经历如何使你有资格来申请这一个职位。突出强调你所取得的成就或比较特别的过人之处，但不要重复你简历中的内容，而是作为对简历的一个引介和提升（可挑选简历中的一两点突出之处，或是受简历格式所限而未能在简历中体现之处做更详细的说明）。强调你的技能与你所申请的职位之间的契合，这一段为求职信的核心内容。如果内容较丰富，也可分为两段，要简洁而具体。

第三段：激发收信者阅读你的简历的兴趣；表达你希望有机会面试的愿望；重申便于找到你的联系方式以及联系时间；表示愿意提供更多的信息供对方参考。

另起一段，以一句期待对方做出回应的话结束你的求职信。

最后列出附件内容，如简历、学历复印件、资格证书、奖状复印件等。

（二）撰写求职信的注意事项

（1）风格一致。使用与简历相同的纸张、字体和页边距。

（2）内容简短。求职信的长度不能超过一页。

（3）格式标准。按照标准格式书写。如果是英文信件，则要严格注意信件的格式，通常在信头处要按英文信件的格式加上自己和收信人的地址，在信头以及结尾处各留出四行空白，姓名放在左下角。

（4）明确称呼。要尽可能地找出一个具体的收信人（会读到你这封求职信的人），而不是一个部门。用姓名、头衔来称呼收信人，而不要代以泛泛的称呼。

（5）引起兴趣。要在信中表现出你对这份工作的热情和兴趣，从而引起阅读者对你的兴趣，并且在"读者"结束阅读之前，不能让"读者"失去了解你的兴趣。

（6）重视对方。要表现出你对该组织有一定的了解，了解其公司宗旨、工作重心、发展方向等。明确地表达你寻求面试机会的愿望。

（7）展现不同。至少要指出一点你的特色，无论是特别擅长与他人交往，还是有什么特殊的技能。总之，要突出介绍某种品质，既能将你与众人区别开来，又与这份工作相关。

（8）控制长度。每段最多四句或五句，一个句子最多两行。一段中的第一句话，要先介绍这段的主题。

（9）内容具体。你申请的是什么职位，你有什么样的经历或技能与之相关，都要清楚地说明。

（10）注重原创。发送原创的信件，而不是从网上下载大众化的格式信件。

（11）保留底稿。在合适的时间跟进，因为你的信是寄给人家了，但人家不一定会联络你。

（12）温暖谦逊。表示出温暖和友好。时刻记住，这是写给未来同事或者领导的一封信。

三、求职档案

（一）求职档案的定义

求职档案是个人技能及成就的证明，它的目的是帮助毕业生向雇主推销自己。大部分雇主都有兴趣看到你的工作成绩的实例和样本，求职档案应当包括你最近工作业绩的一些实物样本，并应当与你所申请的职位有一定的关联。

（二）准备求职档案的好处

（1）收集整理求职档案的过程，有助于你对雇主所看重的技能和成就进行思考，也使你对自己所具有的技能和取得的成就有充分的考虑和认识，能帮助你厘清思路，为面试做好准备。

（2）求职档案反映出你对面试的慎重态度和所做的细致认真的准备工作，能够表现出你对该职位的热忱和兴趣，也能体现出你的创造性。

（3）求职档案还能使你在面试中获得一定程度的控制权，把握机会，充分展示自己。

（4）求职档案给你的简历和面试增加了重要的实物资料，用更生动具体的形式对你的才能予以证明，能加深面试主考官对你的印象。

（三）求职档案的内容

你可以准备一个文件夹存放所有你认为值得保留的材料，并随时增添新的内容。在申请工作时，则可以根据所申请的具体职位挑选与之最相关的材料，另用一个文件夹陈列并向雇主展示。求职档案可包含以下内容：（1）简历。（2）成绩单。（3）荣誉证书或获奖证书。（4）资格考试证书。（5）写作样文：学期论文、发表的文章、帮老师翻译的文章等。（6）发表的作品，包括论文等文章。（7）所参与的研究课题描述、研究论文、实验室报告等。（8）实习报告。（9）你参加过的专业会议或短期培训的简介。（10）你所设计、组织或参与的有关课堂或课外活动的照片、视频等。（11）制作的小报、展板、手工作品。（12）有关报纸对你所参与组织活动的报道。（13）所设计的程序或网站的光盘。（14）推荐信及推荐人联系方式。（15）你的技能和目标陈述。

（四）求职档案格式

通常，我们用一个比较正式的带透明活页的塑料文件夹来陈列这些材料。材料的选择和排放顺序，应根据所要面试的具体职位的要求而调整。重要的是，所选材料要能证明你的技能、成就和经历，并要有清楚的解释说明。例如，如果你因为参与某一志愿活动而获得了一份荣誉证书，那么可以附上一个简单的说明，描述该活动、你的参与情况及收获。

第二节　互联网求职方法

互联网已经成为当今人们生活和工作中不可或缺的一种工具，"网络改变了世界"。随着互联网的日益普及和广泛运用，越来越多的用人单位开始通过网络招聘的形式来招聘各类人才，网络已经成为一种全新的招聘应聘平台。互联网具有简便、快捷、低廉等独有的优越性，招聘单位可以通过海选的方式，找到称心如意的应聘者，同时还可以减少招聘单位的招聘成本。网上求职应聘可以减少高校毕业生的求职成本，众多的招聘单位也给毕业生提供更大的招聘空间和选择余地。网上招聘深受招聘单位的欢迎，也得到了毕业生的青睐，网上招聘求职方式将成为一种发展趋势。

教育部十分重视互联网的作用，不断加快高校毕业生就业网络建设。教育部已经建立了"全国高校毕业生就业网络联盟"和"全国大学生就业公共服务立体化平台"，为高校毕业生提供丰富、便捷、高效的就业指导和信息服务。每年，教育部都会定期组织网络招聘会，吸引全国各地的几千家企事业单位招募人才，取得了很好的效果。目前，各省（自治区、直辖市）教育部门，各高校、各地人才市场也都开通了毕业生就业信息网，一些专职招聘网站也纷纷成立。有很多用人单位通过各类就业信息网站发布需求信息，也有很多毕业生双选会通过网络方式得以完成。同时，可以通过电子邮件、QQ等方法及时与用人单位取得联系，实现网上就业。通过各类招聘网、就业信息网，毕业生可将自己的资料以产品广告形式向社会发布，强化宣传效果。毕业生还可通过网络了解掌握许多就业信息，这是一种收集就业信息的有效方式，它使毕业生从被动收集就业信息变为主动收集，从某种意义上来说具有开创性意义。

一、网上求职的优势

（一）招聘信息丰富全面、操作方便快捷

由于网络传播求职信息具有速度快、涉及面广、内容及时、经济价廉等优点，不少用人单位乐于通过这一途径发布招聘信息。同时，毕业生查阅招聘信息操作简单，并且收集的就业信息量大、范围广泛。因此，毕业生要充分利用这一优势，经常登录互联网，特别是自己所在学校的就业信息网，及时查阅最新的就业招聘信息，收集、挑选自己如意的就业信息，为自己的择业寻找依据。

（二）求职方便、费用低廉

相对于人头攒动、水泄不通、令人窒息的传统大型招聘会来说，网上求职以免费浏览和申请、大量的职位信息、随时随地可进行、联系快捷等优点吸引了大量的求职者，为毕业生充分展示自己提供了一个平等的舞台。网上求职应聘免除了毕业生旅途劳顿之苦，毕业生足不出户，便可以获得最新最全的就业信息，最大限度地降低了毕业生的求职成本，节约了许多费用和时间，减轻了经济负担，提高了效率。

（三）信息空间大、更新迅速

和传统招聘方式不同，网络招聘无区域限制，天南海北、五湖四海的用人单位发布着无数的就业信息，提供了数以万计的就业工作岗位，这给毕业生提供了足够的信息空间，创造了更多的就业机会。另外，相对于传统招聘方式，网络就业信息更新速度快，更新的职位岗位多，

可使毕业生在第一时间了解和掌握用人单位的需求信息，可供选择的余地大、机会多。

（四）查询方便、再用机会多

互联网上网操作简单，查询方便，将简历免费挂在学校等一些就业招聘信息网上，毕业生可随时查询自己的简历被相关企业浏览的次数，这样可以从另一个角度察觉到企业对自己及专业的关注度，有利于促进自己的改进。另外，毕业生还可以在网上留存自己的简历，如果一次求职不成功，还有再次利用的机会，方便用人单位、猎头公司随时找到毕业生。

（五）可以及时掌握用人单位的基本情况

现在用人单位为了宣传自己，大多都建立了自己的门户网站，提供了大量的信息。毕业生可以随时随地通过互联网查阅自己中意的用人单位的基本情况，可以了解到自己急需的如单位性质、隶属、地域、产品、效益、机构设置、人才结构、招聘岗位、联系方式等综合信息，为自己的选择提供决策依据。

二、网上求职的技巧及注意事项

（一）有针对性地挑选网站

现在各级政府的教育、人事劳动等部门都建立了自己的网站，为毕业生提供了大量的就业信息，同时各高校也都有自己的就业网站，这些网站都属于公益性的，发布的就业信息比较可靠，针对性强，应该是毕业生网上求职的首选网站。

（二）及时下载重要信息

每当在求职招聘的高峰期，招聘网站上的内容特别多，岗位、条件罗列一大堆。为防遗漏，节省时间，最好把网页上的内容先分门别类地下载到自己建立的专用文件夹的各目录中，然后再整理。

（三）第一时间投递简历

网络招聘会的举办周期为一周或一个月，但对于求职者来说，还是要争取在第一时间寻找中意的单位，并投递出简历，以便抢占先机。有用人需求的单位多数会在单位网站的人力资源部中开辟招聘专区，直接向其投档，比在求职网站中投档的命中率高。

（四）及时整理信息

由于网上招聘的用人单位多、信息量大，因此毕业生必须对这些信息及时进行整理，如果信息积累过多，整理较困难，贻误时机，信息也就失去了价值。同时，毕业生应建立自己的电子邮箱，对用人单位发来的电子邮件及时阅读并予以反馈。

（五）注意网上招聘陷阱

网络的虚拟性及无法直接面见的缺陷，时常会出现虚假就业信息和招聘骗局，这必须引起毕业生的高度警觉。网上招聘骗局通常有两类：一类是骗子公司以种种名义要求求职者交纳报名费、考试费、手续费、工装费、押金等费用，最后席卷而走；另一类是声称只要求职者花几十元、几百元就可以在家创业，这只不过是搬到网上的传销。毕业生参加网上招聘活动，应仔细阅读注册协议，谨慎填写个人资料，除必要的联系方式外，尽可能少地透露信息，并做好保密设置。

（六）注意保密

由于网络的安全性还无法保证，毕业生个人重要信息如个人基本信息、身份证号码、手机号码等，不要随意在网上公开，否则，个人重要信息有可能被不法分子窃取和利用，给自己造成不必要的损失。

三、网上电子简历

互联网求职，最大的优势在于即使毕业生身在异地也能获得大量招聘信息及就业机会，它跨越时空界限，突破了人才信息与招聘信息难以沟通的种种限制，打破了单向选择的人才交流传统格局。随着我国就业工作信息化进程的加快，网上搜寻就业信息已成为如今大学毕业生最常用的求职手段之一。所以在笔试和面试之前，求职人员在互联网上求职技能的高低，主要体现在互联网求职所用到的电子简历上面。

（一）网上电子简历的主要内容

网上简历中有几栏是用来给招聘者留下深刻印象的，也是招聘者决定是否给你面试机会的关键内容，如何写好这几部分的内容很重要，请从以下六个方面着手。

1. 成绩

以你的骄人业绩去打动招聘者。要注重对行动和结果的描述，尽量让人感到，你的工作能力和个人魅力将会给用人单位带来莫大的收益。突出你的技能和成绩，集中对能力进行细节描写，运用数字、百分比或时间等量化手段加以强化，避免使用人称代词如"我""我们"等。

2. 能力

对自己各方面能力加以归纳和汇总，扬长避短，以你无可争议的工作能力和个人魅力征服招聘者。用词应简单明确，观点鲜明，引人入胜。

3. 工作经历

应当包括你所有的工作经历，无论是有偿的还是无偿的，全职的还是兼职的。在保证真实性的前提下，尽量扩充与丰富你的工作经历，但用词必须简练。从最近的工作经历开始，逐渐往前写，并保持每份经历的独立性。不要只针对工作本身，业绩和成果更为重要。撰写时要注意细节，用数字、百分比和时间等对描述加以量化，避免使用人称代词。

4. 技能

列出所有与求职有关的技能，向招聘者展现你的学历和工作经历以外的天赋与才华。回顾以往取得的成绩，对自己从中获得的体会与经验加以总结、归纳。你的选择标准只有一个，即这一项能否给你的求职带来帮助。你也可以附加一些成绩与经历的叙述，但必须牢记，经历本身不具说服力，关键是经历中体现出的能力。

5. 嘉奖

嘉奖是对你在学习和工作中表现出色的肯定。简历中的大部分内容是经历和成绩的主观记录，而荣誉和嘉奖将赋予它们实实在在的客观性。这是一个令招聘者注意到你已获肯定的成绩的机会。可用一些细节说明加以强调，避免使用意义不明的缩写。强调此奖项是你资历的重要证明，突出此嘉奖与你所求职务的相关性。

6. 职业生涯

着重强调你在相关行业中所获得的特殊专业技能和取得的成就。在提及你的技能与成就时，应越具体越好。此栏专门针对一些具体职业，需说明你所在的具体行业。按对所求职位的重要性，依次列出标题。对支持标题的能力和成就加以突出。用词应精练，宜少不宜多。

（二）网上电子简历的撰写原则

网络招聘现已成为大部分企业的首要招聘方式。而网上求职也已经成为大部分求职者，特别是白领阶层最重要的求职手段。与此同时，招聘者为堆积如山的简历发愁——虽然收到的简历很多，但真正适合的人才却很少。求职者为网络求职的反馈发愁——能给自己面试机会的企业怎么就没有？那么，对于如何才能在网络中让自己的求职更高效、更快速、更成功呢？

别让简历成为"格式化"的牺牲品。模块化简历虽然是最简单易行的，但并不能满足不同公司不同的需求，尤其是现在我国对网上简历并没有一个统一的标准，加上求职信病毒盛行，因此网上简历必须注意到一些特殊的需要。

1. 针对性

不管是递交书面简历还是电子简历，针对性都应该是投递简历的第一要素。具体而言，针对性体现在三个方面：(1) 针对自己的职业定位与生涯规划选择真正适合你的岗位；(2) 针对特定的岗位设计有针对性版本的简历；(3) 根据岗位性质使用有针对性的语言。最重要的是，自己的职业定位，很多人无法充分表达"针对性"，其根本原因就是自己的职业定位不清，或是没有职业规划，工作只是争取稳定的生活来源而已。

2. 关键词

随着智能化技术在职业招聘中的应用，关键词的设置显得越来越重要。越来越多的企业，特别是一些大公司，通常都会用智能化的搜索器来进行简历筛选。很显然，从企业的角度来看这会大大降低招聘成本，而对于求职者而言，这无疑降低了求职的成功率。

3. 诚信

诚信问题给社会造成了很多损失，也给企业招聘造成了大量成本的浪费。确切地说，企业招聘者很反感应聘过程中的造假行为，求职者造假会降低自己的诚信度，不但进不了该企业，还浪费了大量的时间。而且这类企业之间会互通信息，以后想在这个行业找到好工作都很难了。

4. 更新

经常更新简历至少有两个好处：(1) 表明你现在正在求职，而不会让人感觉你找了很长时间工作却找不到。(2) 当招聘者进行人才搜索时，符合条件的简历通常都是按更新的时间顺序排列的，而他们一般只会看前面一两页。

5. 易读

招聘者不会有太多的时间停留在你的简历上，更重要的是，不能让招聘者看了你的简历后感到烦闷，所以使简历易读就显得很重要。

6. 有的放矢

人力资源部门总是收到许多不合格的简历，也就是说不适合该公司职位的简历。因此，在发简历的时候，你应该注明申请的是何职位，并应该了解你能否胜任这个工作。

7. 不用附件

虽然以附件形式发送的简历看起来效果更好，但是由于病毒的威胁，越来越多的公司都要求求职者不要用附件发送简历。甚至有些公司把带附件的邮件全部删除。在这种情况下，你的简历可能根本没有人看。在电子简历中一般不要附有发表的作品或论文，因为借由电子邮件附件传播病毒的可能性是一直存在的。另外，招聘者一般不会仔细阅读附带的作品。

8. 美化"纯文本"

不少招聘者抱怨收到的许多简历在格式上都很糟糕。用 E-mail 发出的简历在格式上应该简洁明了，重点突出，因为公司通常只看他们最感兴趣的部分。另外，还有一个好办法，就是把你制作精美的简历放到网上，再把网址告诉给公司。精心设计一下纯文本格式的简历，以下有一些小技巧可供参考：(1) 注意设定页边距，使文本在多数情况下看起来都不会换行；(2) 尽量用较大字号的字体；(3) 如果你一定要使自己的简历看起来与众不同，你可以用一些特殊符号来分隔简历内容。

9. 最大限度地吸引眼球

网上求职时主要精力应该放在拥有人才数据库的招聘网站上，要把你的简历放到它们的数据库中。因为招聘单位会来这些网站浏览或挑选人才。总的来说，应该让招聘单位带着明确的目的来找你，这要胜过自己向大量公司无目的地发送个人简历。

（三）网上投递简历的技巧

不少求职者会遇到这种情况：发了数十份甚至上百份简历却没有回音。为提高求职的命中率，求职者在网上投递简历也应掌握一些小小的技巧。

1. 选好渠道

有人会问，到底是在网站上直接点击"申请该职位"还是将自己的简历发送至招聘广告上公布的邮箱呢？建议你如果在该网站已建立了最新的与该职位相匹配的简历模板，那么不妨点击"申请该职位"通过该网站发送简历。这样做的好处是招聘者能及时收到你的简历，而不会被当作垃圾邮件删除，而且对你应聘的职位一目了然。

2. 要用私人邮箱

首先，在给招聘单位发送简历的时候，要用自己固定的邮箱。其次，选择稳定性、可靠性高的邮箱，尤其是免费邮箱的选择更要注意；如果邮箱不稳定，发送的简历对方没有收到，或者在对方回信的过程中信件丢失，就失去了机会。

3. 标题上注明应聘职位

关于邮件的标题，如果企业在招聘时（在职位广告中）已经声明了用哪种格式作为主题，要尽量照着做，因为这是初步筛选的标准。一个招聘者一天收到的简历可能有几百份甚至几千份，所以至少要写上应聘的职位才便于招聘者分门别类地去筛选。而且最好在标题中就写上自己的名字，这样便于招聘者再次审核你的简历。

4. 申请的职位要准确

应聘职位的名称按公司在招聘中所给出的填写，不要自己随意发挥。就算其工作内容相似，但在职位名称方面一定要按照职位广告上所要求的来填写。例如，招聘"渠道部总经理助理"，不要写成"总经理助理"或"渠道助理"；招聘"副总裁秘书"不要写成"总裁秘书""文秘"。

5. 用不同的地址发送简历

在申请同一公司的不同职位时，最好能发两封不同的电子简历。因为有些求职网站的数据库软件能自动过滤掉第二封信件，以免造成冗余。

6. 错过高峰期

在你发送电子简历时要错过高峰期。上网高峰一般在中午至午夜，这段时间传递速度非常慢，而且还会出现错误信息，因此，要择机而动。

第三节　笔试与面试

简历通过之后，就是笔试和面试。笔试和面试在大学生的求职过程中也很重要。

一、笔试

笔试是一种常用的考核方法，是用人单位采用书面形式对求职者所掌握的基本知识、专业技能和心理健康状态等综合素质进行的考察和评估。笔试对应聘者来说是相对公平的一种测试方式。

（一）笔试的特点

1. 规范性

由于应聘者具有不同性质、不同类型和不同层次的特点，因此招聘单位为了在职位上求得一致性，笔试必须要有统一的测试内容、测试方式、测试过程和评价标准，要有严格的规范性。栏目的设置、名称的使用、题量的大小、范围的选择和内容的深浅等都按固定的规范标准来处理。

2. 客观性

试题依据一定的内容和客观标准拟制，评卷依据标准尺度，人为干扰因素很少，具有较强的区别功能。另外，笔试内容必须以用人单位对职位的客观要求为出发点，而不能考虑求职者各自不同的主观意愿。

3. 公平性

笔试按照统一规范的内容要求进行，对于每一个应聘者来说都是统一的标准。招聘单位将在公平合理的原则下，优先录用符合用人要求的人员。任何人都不得因非个人德才素质问题受到歧视。

4. 专业性

笔试的目的是进一步了解应聘者所掌握专业知识和专业技能的深度和广度，考察其是否符合所录用职位的要求。专业性知识是指专业领域的一些专门知识，尤其是从事专业性、技术性较强的职位时，这方面的知识更为重要。

5. 广泛性

一方面指试题可以多种多样，内容包罗万象，出题范围的广泛性；另一方面指参加应聘人员可多可少，可用在高级职位，也可用在一般职位的应聘上。

6. 应用性

试题既可以考核其知识结构，也可以考核其知识的应用程度和实际操作能力，或者把知识和能力结合起来进行考核。特别是高职高专毕业生，更应注重专业技能的发挥和应用。

（二）笔试的种类

目前常见的笔试一般有四种：专业考试、心理和智商测试、综合能力测试、国家公务员录用考试。

1. 专业考试

专业考试主要是检验应聘者担任某一职务时是否能达到所要求的专业知识水平和相关的实际能力，专业知识考试的题目专业性很强。有一些特殊的用人单位认为应聘者的自荐材料并不能完全反映其自身的某些能力或者是单位工作性质的要求，需要通过笔试的方式对其进行文化专业知识的再考核，进行重新认定。例如，外贸外资企业招聘雇员要考外语，IT行业招聘雇员要考计算机专业相关知识，公检法机关录用干部要考法律知识等。这种考试方式已被越来越多的招聘单位所采用。

2. 心理和智商测试

心理测试是用事先编制好的标准化量表或问卷测试应聘者，根据完成的数量和质量来判定其心理水平或个性差异的方法。一些特殊的用人单位常常以此来测试应聘者的态度、兴趣、动机、智力、个性等心理素质。

智商测试主要测试受聘者的记忆力、分析观察能力、综合归纳能力和思维反应能力。该测试经常被一些著名跨国公司所采用，他们对应聘者的综合素质要求较高。在他们看来，专业能力可以通过公司的培训获得，因此有没有专业的训练背景无关紧要，但应聘者是否具有不断接收新知识的能力是至关重要的。

3. 综合能力测试

综合能力测试兼有智商测试的要求，但程度更高，这种考试目的在于考察应聘者的文字、口头表达能力以及分析、解决问题和逻辑思维的能力。例如，应聘者要在规定的时间内对一组数据、一组资料进行分析，找出其合理的地方和存在的问题，并设计出解决问题的方案。这是对应聘者的阅读理解能力，发现、分析和解决问题的能力，知识面方面素质的全方位测试。我们平常接触到的限时写一份会议通知、请示报告、工作总结以及提出一个论点予以论证或批驳等，也属于这种测试的范畴。

4. 国家公务员录用考试

国家机关录用公务员，一律实行考试录用。公共科目笔试分为行政职业能力测验和申论两个部分。考试的内容综合性较强，有数学、语文、心理测试等，题目数量大，考察应聘者的应变能力。应聘者达到了规定的笔试分数线，将参加下一轮的面试。

（三）笔试的复习技巧

要在笔试中取得好成绩，关键在于牢固地掌握所学知识。在系统复习前，制订一份合理的、具体的、切实可行的复习计划，掌握一个实用的、有效的、科学的记忆方法，无疑会为应聘时的笔试打下坚实的基础。

1. 计划周全

（1）对考前复习的情况进行具体分析，包括需要复习的内容，自己掌握知识和能力的情况，哪些内容是自己掌握得不好或没有掌握的，有多少复习时间，如何分配等。

（2）妥善安排复习时间和内容，计划出每一科复习大致需要多少时间，每一阶段要达到什么目标，复习什么内容。不仅要有总的复习目标，还应有阶段性的目标。复习计划中的复习活动要多样化，各科复习交替进行。

（3）复习计划制订后要严格执行，以顽强的意志控制自己的复习。要增强战胜困难的信心，采用限时量化复习方法，加快复习速度，提高复习效率。

（4）要张弛有度、劳逸结合，防止过度疲劳，确保以充沛的精力执行复习计划。

2. 方法得当

（1）归纳提炼法。将大量的知识归纳提炼为几条基本理论，用简明的表格、提纲或者精练的语言准确地记录下来。把个别的概念、定义、定律、定理放到知识体系中贯通思考，并弄清相互之间的联系和衔接之处，列出相似点和不同点，抓住概念、定义、公式、定律等的本质内涵。对于容易混淆的概念或法则用对比的方法进行辨析，弄清相互之间的联系和区别，这是加深理解、强化记忆的有效方法。

（2）系统排列法。对归纳提炼出来的知识点求同存异，使之成为系统的排列过程。在系统排列时，以某些相同的或相似的特征为基础，不断把较小的组或类联合为较大的组或类。也可采用相反的方式，以对象的某些特点或特征差异为基础，把它划分为较小的组或类。通过这种系统排列，组成一定的顺序，从而找出各部分之间的关系，更好地认知其特性。

（3）"厚书变薄"法。把章节或单元的学习用系统科学的方法自编提纲，进行高度概括，把"厚书变薄"。变"薄"的原则是具有科学性，把大量看起来是单一的或逐个理解的知识内容有意识地归并到某个知识体系中，在横向、纵向上形成有机联系，组成一条知识链。在概括学习内容时，抓住关键的知识点，前后联系，纵向结合，起到提纲挈领的作用。

（4）串联建构法。在系统复习的基础上，对章节与章节、单元与单元进行串联，作更高层次的理解。对已掌握的知识进行整理、归纳、分类、列表，以形成自己的知识体系，建立起良好的知识结构。在复习每个具体内容时，先冷静地想一想，厘清脉络，再看书。逐个章节复习时，找出难点、重点。在全面复习完成后，把整书的知识点再在脑中过一遍。这种方法可以改变一味地死记硬背，从整体上把握知识。

在运用上述四种方法复习时，必须保持充沛的精力，手脑并用、学思结合。同时把反复感知与尝试回忆相结合，可达到良好的复习效果。

（四）笔试的答题技巧

笔试成绩的高低，不仅与自己的实际水平和考前复习有关，还与自己的答题技巧有关。要提高答题技巧，就要有良好的考试心理状态，要了解考试的特点，要了解各类考试题目的特征和解答各类题目的方法。只有掌握了良好的答题技巧，才能充分反映自己已掌握的知识，充分发挥自己的真实水平。

考试时，要做到适度紧张和适度放松相结合。太过于放松，抱着无所谓的态度，考不出好成绩，而过于紧张，情绪慌乱，就更考不好。只有适度紧张，保持重视，认真审题，合理运用所学知识，先易后难，不疾不徐，才有可能考出最佳成绩。

有了良好的考试心理状态，还要掌握合适的答题方法和技巧。

1. 先易后难，先简后繁

笔试题型多、内容多，又要限时答完，因而必须合理安排答题时间。拿到考卷，先要看清注意事项、答题要求，然后从头到尾大略看一下试题，了解题目类型、分量轻重、难易程度，之后采取先易后难、先简后繁的原则开始答题。

2. 精心审题，字迹清楚

在具体答题时，必须认真审题，切实弄清题目要求，逐字逐句分析题意，按要求进行回答。书写时，力求做到字迹清楚、卷面整洁，格式、标点正确，不写错别字。

3. 积极思考，回忆联想

有些试题的设计，从理论和实践两方面检查考生的基础知识和技能，并以综合运用为主，检验考生的实际水平和学习灵活性，有一定的难度。考试时要积极思考，努力回忆学过的知识，进行联想、比较、分析，积极思考后给出正确答案。

4. 掌握题型，答题精细

要了解各科考试的特点，熟悉每种题型的答题方法，避免出现不必要的差错。常用的题型有填充题、问答题、选择题、判断题、再生题、应用题、作文题等。

（1）填充题。这是一般试卷中不可缺少的基本题型，用以检查考生对这些知识所掌握的情况。答题时必须看清题目要求，是填词还是填句，填词语还是填符号，是填写一个还是填写几个。

（2）问答题。此类题型要求考生对试题提出的问题做出回答，较多的是要求用简单的语句回答简单的问题。答题时要抓住重点，开门见山，简明扼要。落笔前先厘清思路，按要求作顺序回答。

（3）选择题。选择题是从试题已给的几个被选答案中，选择一个唯一正确、恰当的答案。要答好这种题型，可用经验法，凭所掌握的知识作经验性选择；可用假设法，假设某选择答案正确，代入验证，以获取正确答案；可用排斥法，将题目中的选择项，采取逐一排除的方法，最后确定正确的答案；也可用计算法，通过计算来确定正确答案。

（4）判断题。判断题即要求对所给的命题做出明确的是或非的回答。一般判断题只有一个误点，最多两个，较多出现在易混淆、易误解的常识性知识部分，解题时可将注意力集中在这些内容上。

（5）再生题。再生题主要是指听写、默写、记录等一类题型，用以检验考生对某些知识的掌握和应用能力。这类题目的内容一般是所学课程的重点和精华部分，解答的基础在于平时对字、词、句、段、篇的理解和记忆。下笔前，应迅速在脑中默记一遍，避免出现漏字、错字。

（6）应用题。此类题要求考生运用所学的知识解决实际问题，即根据题目的要求，选择适当的方法,予以解答。解题时先找出关键词,理解题意,解答后应主动验证,确保正确无误。

(7) 作文题。作文题即在规定的时间和空间内写好贴合题目内容及格式要求的文章,一般会有字数要求。做此类题时要审题果断准确,迅速地扣住作文题目的关键词,确定写作提纲。写作提纲应简略,不要太费时间,只要能反映文章的基本思路、段落层次即可。行文时要合理分配时间,对需要修改加工的词句,可先跳过去,留待最后解决。写好后注意检查,理顺句序,检查标点符号及是否有错别字等。

二、面试

通过自荐或笔试获得面试的机会,就成功地迈出应聘的第一步,这是求职者真正考验的开始。面试是一种经过精心设计,在特殊场景下以面对面的交谈与观察为主要手段,由表及里测评应聘者相关素质的一种方式。面试具有很大的灵活性和综合性,对于招聘单位而言可以考察应聘者的综合能力,对于应聘者而言可以全面展示自身素质,因此面试越来越受到招聘单位和求职者的重视。

(一) 面试的特点

1. 面试以谈话和观察为主要手段

谈话是面试过程中的一项主要手段。在面试过程中,作为主试人,主要向应聘者不断地提出各种问题;作为应聘者,主要是针对主试人提出的问题进行回答。观察是面试过程中的另一项主要手段,要求主试人在面试中善于运用自己的感官,特别是视觉和听觉去发现或感知应聘者的相关情况,最终结合谈话内容作出对应聘者的综合评价。

2. 面试是一个双向沟通、互动的过程

主试人可以通过观察和谈话来评价应聘者,应聘者也可以通过主试人的行为来判断其价值评定标准、态度偏好、对自己面试表现的满意度等,从而调节自己在面试中的行为表现。应聘者也可借此机会了解所应聘的单位、职位等情况,以此决定自己是否可以接受这一工作。同时,面试的直接互动性又提高了主试人与应聘者间相互沟通的效果与考察的真实性。

3. 面试内容具有很强的灵活性

面试内容对于不同的应聘者来说是相对变化的、灵活的,内容因应聘者的个人经历、背景、工作岗位、面试表现等情况的不同而无法固定。从主试人角度看,最好是在半控制、半开放的情况下灵活把握面试内容。

4. 面试对象具有单一性

面试的形式有单独面试和集体面试两种。在集体面试中,多位应聘者可以同时位于考场之中,但主试人不是同时面向所有的应聘者,而是逐个提问、逐个测评,即使在面试中引入辩论、讨论,评委们也是逐个观察应聘者表现的。这是因为面试的问题一般要因人而异,测评的内容主要应侧重个别特征,同时进行会相互干扰。

5. 面试时间具有持续性

面试是因人而异，差异性较大，无法在同一时间进行，而是逐个地持续进行。对每一位应聘者的面试时间，也不能做硬性规定，应视其面试表现而定。

（二）面试的种类

1. 单独面试与集体面试

所谓单独面试，指主试人个别地与应聘者面谈，这是最普遍、最基本的一种面试方式。单独面试的优点是能提供一个面对面的机会，让面试双方较深入地交流。单独面试又有两种类型：一是只有一个主试人负责整个面试过程，这种面试大多在较小规模的单位录用较低职位人员时采用；二是由多位主试人参加整个面试过程，但每次只有一位与应聘者交谈，公务员面试大多属于这种形式。

集体面试又叫小组面试，指多位应聘者同时面对主试人的情况。在集体面试中，通常要求应聘者做小组讨论，相互协作解决某一问题，或者轮流担任领导主持会议、发表演说等。这种面试方法主要用于考察应聘者的人际沟通能力、洞察与把握环境的能力、领导能力等。

无领导小组讨论是最常见的一种集体面试法。在不指定召集人、主试人，也不直接参与的情况下，应聘者自由讨论主试人给定的题目，这一题目一般取自招聘工作岗位的专业需要，或是现实生活中的热点，具有很强的岗位特殊性、情景逼真性和典型性。讨论中，主试人坐于离应聘者一定距离的地方，不参加提问或讨论，通过观察、倾听为应聘者进行评分。

2. 一次性面试与分阶段面试

所谓一次性面试，指用人单位对应聘者的面试集中于一次进行。在一次性面试中，主试人的阵容一般都比较"庞大"，通常由用人单位人事部门负责人、业务部门负责人及人事测评专家组成。在一次面试情况下，应聘者是否能面试过关，甚至是否被最终录用，就取决于这一次面试表现。面对这类面试，应聘者必须集中所长，认真准备，全力以赴。

分阶段面试又可分为两种类型，一种叫"依序面试"，一种叫"逐步面试"。

依序面试一般分初试、复试与综合评定三步进行。初试的目的在于从众多应聘者中筛选出较好的人选，一般由用人单位的人事部门主持，主要考察应聘者的仪表风度、工作态度、上进心、进取精神等，将明显不合格者予以淘汰。初试合格者进入复试，一般由用人部门主管主持，以考察应聘者的专业知识和业务技能为主，衡量应聘者对拟任工作岗位是否合适。复试结束后再由人事部门会同用人部门综合评定每位应聘者的成绩，确定最终合格人选。

逐步面试，一般是由用人单位的主管领导、处（科）长以及一般工作人员组成面试小组，按照小组成员的层次，由低到高的顺序，依次对应聘者进行面试。面试的内容依层次各有侧重，低层一般以考察专业及业务知识为主，中层以考察能力为主，高层则实施全面考察与最终把关，实行逐层淘汰筛选，越来越严。应聘者要对各层面试的要求做到心中有数，力争每个层次均留下好印象。

3. 非结构化面试与结构化面试

在非结构化的面试条件下，面试的组织非常"随意"，对于面试过程的把握、面试中要提出的问题、面试的评分角度与面试结果的处理办法等，主试人事前都没有精心准备与系统设计，类似于日常的非正式交谈。采用这样的面试方式，除非主试人的个人素质极高，否则很难保证非结构化面试的效果，因此真正非结构化的面试越来越少。

正规的面试一般都为结构化面试。所谓结构化，包括三个方面的含义。一是面试过程把握（面试程序）的结构化。在面试的起始阶段、核心阶段、收尾阶段，主试人要做些什么、注意些什么、要达到什么目的，事前都会相应策划。二是面试试题的结构化。在面试过程中，主试人要考察应聘者哪方面的素质，围绕这些考察角度主要提出哪些问题，在什么时候提出，用怎样的方式提，在面试前都会做出准备。三是面试结果评判的结构化。从哪些角度来评判应聘者的面试表现，等级如何区分，甚至如何打分等，在面试前都会有相应的规定，并在众多的主试人之间统一尺度。

4. 常规面试与情景面试

所谓常规面试，就是日常见到的、主试人和应聘者面对面以问答形式为主的面试。在这种面试条件下，主试人处于积极主动的位置，应聘者一般是被动应答的姿态。主试人提出问题，应聘者根据主试人的提问做出回答，展示自己的知识、能力和经验。主试人根据应聘者对问题的回答以及应聘者的仪表仪态、身体语言、在面试过程中的情绪反应等对应聘者的综合素质状况做出评价。

情景面试即通过引入无领导小组讨论、公文处理、角色扮演、演讲、答辩、案例分析等情景模拟方法的一种面试形式。情景面试突破了常规主试人和应聘者一问一答的模式，是面试形式发展的新趋势。情景面试的具体方法灵活多样，面试的模拟性、逼真性强，应聘者的才华能得到更充分、更全面的展现，主试人对应聘者的素质也能做出更全面、更深入、更准确的评价。

情景面试同传统的心理测验、人事考核方法相比，具有以下三个明显特点。

（1）强调在模拟特定的工作情景下考察应聘者的实际工作能力，针对性强、效度（指测试结果达到测试期望目标的程度）高。而传统人员测验与工作情景关系不大，测评的是人格、智力、性格等，选拔时很难避免高分低能的情况。

（2）强调在动态中考察。例如，无领导的小组讨论，事先不规定谁是讨论主持人。在讨论过程中，又不断提供新的信息，要求被考察者根据变化了的信息灵活地决策。这样考察比静态考察更真实、更实际。

（3）强调考察方式的多样性和评价的集体性。情景面试对应聘者的评分与评价，不是由个别主管人员决定，而是由测评小组经过集体讨论达成一致意见后决定的，更为全面、准确。

5. 压力性面试与非压力性面试

压力性面试是将应聘者置于一种人为的紧张气氛中，让应聘者接受诸如挑衅性的、非议性的、刁难性的刺激，以考察其应变能力、压力承受能力、情绪稳定性等。在典型的压力性面试中，主试人连续不断地就某事向应聘者发问，且问题刁钻棘手，以此种"压力发问"的方式逼迫应聘者，使其充分表现出对待难题的机智灵活性、应变能力、思考判断能力、气质性格和修养等方面的素质。

非压力性面试是指在没有压力的情景下考察应聘者有关方面的素质。

在实际面试过程中，主试人可能采取一种或同时采取几种面试的类型，目的是能够选拔出符合用人单位需要的优秀人才。

(三) 面试前的准备

1. 基础准备

（1）充分了解应聘单位。对用人单位的性质、地址、业务范围、经营业绩、发展前景和对应聘岗位职务及所需专业知识、技能等要有一个全面的了解。单位的性质不同，对求职者面试的侧重点不同。如果是公务员面试，内容和要求与企业公司相差很大，其侧重于时事、政治、经济、管理、服务意识等方面。同时还应该通过熟人、朋友或有关部门了解当天对你进行面试的考官的有关情况和面试的方式、过程以及面试时间安排，索取任何可能提供给你的说明材料。

（2）使自己的能力与用人单位工作的要求相符合。所谓"知己知彼，百战不殆"，求职者在面试前应该对自己的能力、特长、个性、兴趣、爱好、长短处、人生目标、就业倾向有清醒认识，认真阅读你所收集到的信息并牢记它们。尽量使自己的能力与工作要求相适应，参加面试时，通过显示你对知识的掌握和理解来表达你希望进入这一行业工作的愿望。

（3）模拟可能询问的应聘问题。面试前不经过角色模拟，便无法达到最佳的效果。一些负责招聘的人事主管提出，求职者应当主动提出一些问题，这样招聘者才能知道求职者的水准及想了解的问题。

（4）对可能遇到的问题进行准备。这项准备有助于认清自己真正的想法，有助于在面试的现场清晰地自我表达。

（5）练习处理对你面试不利的事情。即使曾有一些不愉快的受挫经历，或者曾经犯过错，也可以作为一段可供学习的经验加以陈述。用积极的事情抵消消极的事情，最好不要说有损自己形象的话。

2. 心理准备

面试好比一场考试，在测试每个人的能力的同时，也在测试每个人的心理素质和临场发挥能力，因此要成功通过面试，首先要充满信心，要保持良好的心态、快乐的心情。其次要抓住招聘者的心。招聘者可能会先评价求职者的衣着、外表、仪态及行为举止；也可能会对求职者的专业知识、口才、谈话技巧做整体性的考核；还可能会从面谈中了解求职者的性格及人际关系，并从谈话过程中了解求职者的情绪状况、人格成熟度、工作理想、抱负及是否有上进心。

3. 业务知识准备

面试前，要熟知与应聘岗位相关的专业知识、业务技能等，备上一份求职材料，供招聘者查阅参考。准备面试可能用到的个人资料或作品，携带相关的证件，以便在面试的过程中进一步向招聘者提供个人的相关材料。应聘跨国公司或知名企业，还应有外语流利应答的充分准备。

4. 体能仪表准备

面试前要保证充分的睡眠和愉快的心情，以保持良好的精神状态，面试前还应注意自己的仪表，使穿着打扮与年龄、身份、个性相协调，与应聘的职业岗位相匹配。

(四) 面试中的技巧

1. 答问技巧

（1）把握重点，条理清楚。一般情况下回答问题要结论在先，议论在后，先将自己的中心意思表达清楚，然后再做叙述和论证。

（2）讲清原委，避免抽象。招聘者提问是想了解求职者的具体情况，切不可简单地仅以"是"或"不是"作答，有的需要解释原因，有的则需要说明具体情况。

（3）确认提问，切忌答非所问。面试中，招聘者提出的问题过大，以至于不知从何答起，或求职者对问题的意思不明白是常有的事情。"您问的是不是这样一个问题……"将问题复述一遍，确认其内容，才能有的放矢，以免南辕北辙、答非所问。

（4）讲完事实以后适时沉默。从容应对，进退有度，保持最佳的状态，同时好好思考自己的回答。

（5）冷静对待，宠辱不惊。招聘者有时会故意挑刺，令人难堪。这不是"不怀好意"，而是一种策略，故意提出不礼貌或令人难堪的问题，其意义在于"刺激"应聘者，考察你的"适应性"和"应变性"。你若反唇相讥、恶语相向，就大错特错了。

（6）要知之为知之，不知为不知。面试中常会遇到一些不熟悉、曾经熟悉现在忘了或根本不懂的问题。面临这种情况，回避问题是失策，牵强附会更是拙劣，诚恳坦率地承认自己的不足之处，反倒会赢得招聘者的信任与好感。

2. 发问技巧

面试时若招聘者问你有没有问题，你可以适当问一些问题，并且应该把提问的重点放在招聘者的需求以及你如何能满足这些需求上。通过提问的方式进行自我推销是十分有效的，所提问题必须是紧扣工作任务、紧扣职责的。

你可以询问诸如以下的问题：应聘职位所涉及的责任以及所面临的挑战；在这一职位上需要取得怎样的成果；该职位与所属部门的关系；该职位具有代表性的工作任务是什么。当然也要注意不要问一些通过事先了解能够获得的有关公司的信息，这会让人对你面试的目的是否明确表示怀疑。

3. 谈话技巧

（1）谈话应顺其自然。不要误解话题，不要过于固执，不要独占话题，不要插话，不要说奉承话，不要浪费口舌。

（2）留意对方反应。交谈中很重要的一点是把握谈话的气氛和时机，这就需要随时注意观察对方的反应。如果对方的眼神或表情显示对你所涉及的某个话题已失去兴趣，应该尽快找一两句话将话题收住或开始下一话题。

（3）要有良好的语言习惯。交谈时不仅要表达流利，用词得当，同样重要的还有说话方式。

①发音清晰。有些人个别音节发音不准，如果影响讲话整体质量的，应少用或不用含有这些音节的字或词。

②语调得体。得体的语调应该起伏而不夸张，自然而不做作。

③声音自然。音调不高不低，不仅要听起来真切自然，而且要有利于缓解紧张情绪。

④音量适中。音量以保持能听清为宜，切忌声音过大。

⑤语速适宜。要根据内容的重要程度、难易程度及对方注意力情况调节语速和节奏。

此外，还要警惕容易破坏语言意境的现象，如过分使用语气词、口头语，这不仅有碍于听者的连贯理解，还容易引人生厌。

4. 交谈心态

作为应届毕业生初次参加招聘面试，如何摆正自己的心态很大程度上关系到求职的成败。

（1）展示真实的自己。面试时切忌伪装和掩饰，一定要展现自己的真实实力和真正性格。有些毕业生在面试时故意把自己塑造一番，比如明明很内向、不善言谈，面试时却拼命表现得很外向、健谈。这样的结果既不自然，很难逃过有经验者的眼睛，也不利于自身的发展，即使通过了面试，对个人的职业生涯也是有害的。

（2）以平等的心态面对招聘者。面试时如果以平等的心态对待招聘者，就能够避免紧张情绪。特别是在回答案例分析问题时，一定要抱着我是在和招聘者一起讨论这个问题的心态，而不是觉得他在考自己，这样就可以充分发挥自身才能，从而做出精彩的论述。

（3）态度要坦诚。招聘者一般都认为做人优于做事，所以，面试时求职者一定要诚实地回答问题。

5. 交谈原则

应聘者与招聘者交谈时应该把握"四个度"的原则。

（1）体现高度。在交谈中尽力展示自己的水平：一方面是政治思想水平和强烈的敬业精神，另一方面是专业能力。对问题回答不能满足于"知其然"，还要答出"所以然"。

（2）增强信度。在交谈中充分展示自己的真诚：首先，态度要诚恳，交谈时要专注，切忌心不在焉；其次，表达要准确，少用或不用"可能""也许""大概"等模棱两可的词语；最后，内容要真实，尤其是对于自己的优缺点要客观对待，实事求是。

（3）表现风度。在交谈中全面展示自己的风度和气质：一方面要体现自身的外在美，落落大方，进退有度；另一方面要体现内在气质，而言语是一个人内在气质、涵养的外在体现，要注意用自己的语言魅力展示自己。

（4）保持热度。在交谈中尽可能展示自己的热情：主动问候，精神饱满，悉心聆听，认真作答。

6. 面试最后关

（1）适时告辞。面试不是闲聊，也不是谈判，从某种意义上讲，面试是陌生人之间的沟通。谈话时间的长短要视面试内容而定。招聘者认为该结束面试时，往往会说一些暗示的话语：我很感激你对我们公司这项工作的关注；谢谢你对我们招聘工作的关心，我们一做出决定就会立即通知你；你的情况我们已经了解了；你知道，在做出最后决定之前我们还要面试几位申请人。求职者听到诸如此类的暗示语之后，应主动告辞。

（2）礼貌再见。面试结束时的礼节也是公司考察录用的一个方面，成功的方法在于：首先，不要在招聘者结束谈话前表现出浮躁不安、急于离去的样子。其次，告辞时应感谢对方花时间同你面谈。另外，如果有秘书或接待员接待过你或招待过你，走时也应向他们致谢告辞。

（五）面试成功的原则

要成功面试，需要掌握以下原则。

1. 你是公司未来的有利资产

你需要传递给企业这样的信息，你有帮助企业实现预期目标的强大能力，你是公司的宝贵资产而非包袱。

2. 明确的人生目标

具有积极的自我成长信念，努力进取并充满旺盛的事业心与斗志，能迅速进入状态的人，更容易被企业赏识和任用。

3. 强烈的工作愿望

面试时要时刻保持对工作的高度热忱与兴趣。

4. 团队合作的能力

一个善于与人沟通协调的求职者是很多单位乐于录用的，如果你曾有社团活动的工作经验，可尽量举例说明，以进一步争取主考官的青睐。

5. 掌握诚恳的原则

在录用标准上，"才能"是永恒不变的第一原则，"诚恳"则是重要的辅助因素。面试前准备充分，心情安定，大方整洁，临场充分表现自我，是诚恳的最好表现。

（六）面试禁忌

1. 忌好高骛远、不切实际

找一份理想的工作是每个求职者的愿望，但美好的愿望应该植根于自身素质和客观现实之上。审时度势，准确定位是求职成功的关键因素，眼高手低，这山望着那山高是求职之大忌。

2. 忌妄自菲薄、患得患失

招聘单位所聘岗位和专业很可能与自己所学专业或原从事职业不同，这时切忌把自己禁锢于原有小天地中守株待兔。只有增强自信，勇于挑战和超越自我，及时调整心态，适应周围环境，才能到达成功的彼岸。

3. 忌准备不足、盲目应试

面试前应做好充分准备，了解面试单位情况及招聘要求，面试时才能从容应对、有的放矢。

第四节　职场礼仪

工作开始后，就涉及职场礼仪，主要包括以下四个方面。

一、穿戴

（一）着装

初入职场的着装，最关键的就是做到适合，既适合你的身材和工作性质，又和公司的整体着装风格相符。因此，要做一个有心人，经常留意身边大多数同事的着装，相信你就会把握住适合你的着装风格，从而帮助你以最快的速度融入你所在的团队，与同事和谐相处。

（二）饰品

饰品要少而精。适当地搭配一些饰品无疑会给你的形象锦上添花，但搭配饰品也应讲求少而精，一条丝巾、一枚胸花就能恰到好处地体现你的气质和神韵。应避免佩戴过多、过于夸张或有碍工作的饰物，让饰品真正有画龙点睛之妙。

二、姿态

（一）微笑

人与人相识，第一印象往往是在前几秒钟形成的，而要改变它，却需付出很长时间的努力。良好的第一印象来源于人的仪表谈吐，但更重要的是取决于他的表情。微笑则是表情中最能给人以好感、增加友善和沟通、愉悦心情的表现方式，也是人与人之间最好的一种沟通方式。

（二）站姿

正确的站姿是抬头，目视前方，挺胸直腰，肩平，双臂自然下垂，收腹，双腿并拢直立，脚尖分开呈"V"字形，身体重心放到两脚中间；也可两脚分开，比肩略窄，双手交叉，放在体前或体后。站立开会时，男员工应两脚分开，比肩略窄，双手合起放在背后；女员工应双脚并拢，脚尖分开呈"V"字形，双手合起放于腹前。

（三）坐姿

男士：入座时要轻，至少要坐满椅子的 2/3，后背轻靠椅背，双膝略分开。身体可稍向前倾，表示尊重和谦虚。

女士：入座时应用手背扶裙，坐下后将裙角收拢，两腿并拢，双脚同时向左或向右放，两手叠放于腿上。如长时间端坐，可将两腿交叉叠放。

三、做事

（一）接电话

在接听电话时你所代表的是公司而不是个人，所以不仅要言语文明、音量适中，更要让对方能感受到你的微笑。同时，也不要忘记每一个重要的电话都要做详细的电话记录，包括来电话的时间、来电话的公司及联系人、通话内容等，这样才能为将来开展业务奠定良好的基础。

（二）迎送礼仪

当客人来访时，你应该主动从座位上站起来，引领客人进入会客厅或者公共接待区，并为其送上饮料。如果是在自己的座位上交谈，应该注意声音不要过大，以免影响周围同事。切记，始终面带微笑。

（三）名片礼仪

递送名片时应用双手拇指和食指执名片两角，让文字正面朝向对方，接名片时要用双手，并认真看一遍上面的内容。如果接下来要与对方谈话，不要将名片收起来，应该放在桌子上，并保证不被其他东西压起来，这会使对方感觉你很重视他。参加会议时，应该在会前或会后交换名片，不要在会中擅自与别人交换名片。

（四）介绍礼仪

介绍礼仪是行为大方得体。介绍的原则是将级别低的介绍给级别高的（不一定是级别高低，一般也用来表示尊重），将年轻的介绍给年长的，将未婚的介绍给已婚的，将男性介绍给女性，将本国人介绍给外国人。

四、沟通

新人面对全新的职场文化，要学会恰如其分地应对进退，并且懂得如何避免经常说错话。

（一）多看

把相关情形看清楚，再去做综合判断。例如，在会议中，你明知道资深同事的发言中有错误，跟老板交代的不一样，但不要马上当众把错误揪出来。

一方面是因为你对公司文化还不够了解，另一方面是因为资深同事掌握的信息比你多。因此，当你对事情的掌控还没有十足把握时，不用急着表达意见，搞不好会弄巧成拙。

另外，新人可以试着用书面文字表达意见，因为用口语面对面跟资深同事沟通的方式会没有缓冲，而且你沟通的态度或口吻，或许会影响到你与同事以后的关系。

(二) 多问

要适时、适当虚心请教。如果不问，当你说错话时，被责难的概率会比较大。但当你问了，说错话时，至少还有保障空间。

问也要有技巧，有些资深同事比较没有耐心教新人如何应对进退，新人也怕言多必失，所以要先观察资深同事适合怎样的问话方式。例如，有的人喜欢直接问话的方式，有的人比较能接受迂回问话的方式。

第七章 适应职场与职业发展

工作正式开始后，大学生要学会适应职场，同时做好职业发展，本章主要讲述这两个方面的内容。

第一节 适应职场

作为职场新手，大学生面临着从"校园人"向"职业人"的转变，社会对"学生"身份和"劳动者"身份的要求不同，期望也不同，大学生若不能及时转变身份并调整好自己的心态，则会承受巨大的心理反差。因此，毕业生在参加工作后需要尽快提高自己的职场适应能力，调整职业心态、工作方法、处世艺术和情感能力等，及早融入新的集体之中，顺利完成从"校园人"到"职业人"的过渡。

一、适应职场概述

关于适应性的概念，国内学者倾向于这样的定义：个体表现在取得自身与环境相互协调的某种身心活动或学习活动中较为稳定的能力特征。

所谓职场适应性，就是两者在经济和社会的活动过程中达到的相互协调及有机统一；职场适应是指个人与某一特定的职业环境进行互动、调整，以达到和谐的过程；职场适应水平则是个人在某一时间点上职场适应的程度。显然，职场适应是个体社会适应能力非常重要的一个方面，是在基本社会化之上进行的继续社会化的阶段性成果。人的社会化理论认为，职场适应是一种劳动者的社会化活动，是个人继续社会化过程中很重要的一个环节，其适应水平受到包括劳动者预期社会化等内容的社会化因素的影响。表现职业的适应性应从人和职业活动两个方面来看，对人而言，是指人的个性特征对其所从事职业的适宜程度；对职业活动而言，是指某一类型的职业活动的特点对人的个性特征及其发展水平的要求。

总之，职场适应是指个体在职业认知和职业实践的基础上，不断调整和改善自己的观念、态度、习惯、行为和智能结构，以适应职业生活的发展和变化。

二、职场适应的分类

（一）角色适应

角色适应就是对工作岗位的主动适应，即对职业的地位、性质、职责的适应，最大限度创造"人职适配"的经济效益和社会效益。由于大学生毕业后随机走上工作岗位，因此角色也顺应而变，要及时地转换思想观念和行为习惯，要及时地调整自己的奋斗目标和人生期望值，要用职业的行为规范要求自己，要学会运用所掌握的知识和才能来完成岗位效益，只有这样才能很好地履行岗位职责，适应职业的规范要求。

（二）心理适应

心理适应是指毕业生的大脑对职业的各种信息引起的心理过程，感觉、知觉、注意、情绪、情感、意志、性格等都有一个适应过程。其中，情感上的适应较为重要。情感是人对外界事物的心理反应。生活环境和生存环境的变化，也促使毕业生必须调整自己的情感，与之相适应，要对从事的岗位保持一种稳定的工作热情和适度的期望值，部分毕业生在就业初期，不同程度地存在依赖、从众、恋旧、畏惧、攀比、浮躁、空虚、迷惘、苦闷、自卑等不良心理。此时，要及时调整和矫正这些不良心理，避免不良心理影响工作以及个人的成才和发展。

（三）生理适应

生理适应是指毕业生对工作时间和节奏、劳动强度和紧张程度的适应，其中包括身体各种感觉器官与运动器官的适应过程。环境的变化，主要表现为"时空"概念和生活方式、工作方式的变化。不同职业的工作节奏、劳动强度和工作压力是不一样的。在从业初期，毕业生要打破原来的长期的学习生活习惯，养成一种紧张、有序、高效的工作生活习惯，难免出现身体疲倦、头昏脑涨、心力交瘁的感觉，这种不适应是普遍的。但是，随着时间的推移，通过科学运筹时间，注意劳逸结合，适当加强身体锻炼，讲究工作、生活规律，生理上的"不适应"就会很快消失。

（四）群体适应

群体适应是指毕业生在新的协作集体中的适应过程。社会群体是人们通过一定的社会关系结合起来进行共同活动的集体。大学生本身也构成一定形式的"社会群体"，它是以同学关系建立起来的，这个群体呈现出相对的单一性和不稳定性。大学生到工作岗位后，加入新的"社会群体"，人员对象和人际关系发生了新的变化。以往做学生，交往对象主要是同学与老师。工作后，交往对象扩展到有各种经历、各种年龄、各种层次的人，领导和同事间的交往与在大学阶段的交往不同，这就需要大学生注意协调好各种人际关系，以适应新群体的要求。

（五）智能适应

智能适应是指毕业生根据职业岗位所要求的知识和能力结构，来调整改善自身现有的知识和能力结构，使之适应职业要求的过程。大学生在大学期间所构建的知识结构和能力结构，与职业岗位相适应的程度，必须经过实践的检验。同时，毕业生要把自己的知识和能力转化为生产力，还需要经过主观的努力。更重要的是，在知识经济时代，知识更新的速度越来越快，职业实践的发展和变化更加迫切地要求毕业生不断地调整、改善自己的知识结构和能力结构，以不断适应科技发展和职业发展的需要。

三、职场适应的内容

大学毕业生应从以下五个方面来积极调整心态，尽快度过毕业后的心理断乳期，完成职业角色的适应。

（一）注意自身形象

大学生步入工作岗位，塑造良好的第一印象非常重要。因为第一印象具有"先入为主""思维定式"和"光环效应"等，在人们心目中的印象一旦形成，就很难改变。因此，大学生要使自己的行为和修养符合良好的职业形象的共同特征。

1. 充满信心，愿意改变

毕业生从小学、中学到大学都是在拼搏中走过来的，步入社会，更需要有年轻人的朝气与自信。要相信任何困难都不可怕，命运最终掌握在自己手中。

2. 保持良好的心态

由学校转向社会的过程中，难免会出现某些心理上的波动；或因环境陌生而孤独，或因条件艰苦而失落，或因单位人才济济而畏惧等。这些是正常的，不必大惊小怪。重要的是，保持心理的平衡，莫让不良的情绪左右自己。

3. 认清自己的角色，了解具体角色的特点和要求

毕业生去单位报到后，就会被人事部门安排到某部门某岗位去工作，成为特定组织中的一员，肩负起众多角色中某一角色的职责。大学生上岗伊始，一定要充分认清自己的角色位置，明确自己的工作内容、工作特点、工作方法、社会对这一角色的期望等。只有如此，才能明确自己在工作中该怎么去做、做些什么、怎样做好等。还可以通过主动地与主管领导交谈，向老员工请教，阅读有关规定、岗位职责规范等方式，以尽快熟悉自己的角色。

4. 安心本职，甘于吃苦

安心本职是角色转换的基础。许多大学生在工作几个月后还静不下心来，这对角色的转换非常不利。既来之，则安之，毕业生应尽快全身心地投入新的工作，安心工作才能成就一番事业。甘于吃苦是角色转换的重要条件，只有甘于吃苦，才能很快适应工作，及时进入角色。

5. 衣着整洁，仪表端庄

每一名职员都是企业文化的重要组成部分，职员的衣着服饰是一个人文化素养的外在表现，初到工作单位，要给人留下良好的第一印象。需要注意的是，衣着打扮一定要同自己的年龄、性别、气质、经济状况、身份相符，同企业文化要求相一致，不能追求另类、时髦和名牌，应始终保持干净、整洁、得体。男士应定期刮须理发，不宜油头粉面，夏季不能穿短裤、背心和拖鞋等，也不能剃光头；女士应适度化妆，不宜浓妆艳抹，也不能穿得太暴露。去单位报到时，要精神饱满，具有青年人应有的朝气。

6. 举止大方、虚心请教

对于刚刚参加工作的大学生来说，最忌讳的是认为自己学问多、学历高，高傲自大、自以为是。因此，初到工作单位，一定要举止文明、彬彬有礼、落落大方，对自己的介绍要简单明了，实事求是，切忌夸大其词，冒失莽撞。对一些新问题、新情况，要虚心向老同志、老员工请教，学习他们的好方法和好经验。文明礼貌的谈吐、谦虚诚恳的工作态度，有助于在同事中树立良好的第一印象，也有利于在业务和社交方面更快地成长。

7. 守时守信，工作积极

严格遵守工作单位的规章制度和作息时间，与人交往不失约、不失信，讲求信用，这既是工作关系中的纪律要求，又是人际交往中的一种美德，是赢得同事赞誉的前提。初到工作单位，应爱岗敬业、踏实肯干、积极进取，主动做好自己力所能及的工作，表现出一个优秀工作者应该具有的优良品质，重视领导安排给自己的每一项工作，认真谨慎地去完成，这是团结同事、尊敬同事的表现，可以赢得领导和同事的信赖和尊敬，这些有助于树立良好的第一印象。

良好第一印象的树立需要自身内在品质的支撑，这是大学生主观努力的结果。尽管它具有暂时性和浅表性的特征，但是它有利于大学生走上工作岗位后在单位站稳脚跟，使自己尽快融入集体当中，有利于工作良好起步和顺利发展。当然，我们不能仅仅满足于良好的第一印象，更不能以极力伪装的所谓"良好的第一印象"骗取别人的好感。正所谓"路遥知马力，日久见人心"，大学生更应当通过长期不懈的努力，以自己良好的内在品质、正直的为人和出色的工作表现建立更高层次的长期良好印象。

（二）建立和谐的人际关系

大学毕业生走上工作岗位后，与同事、领导的交往是一种全新的人际关系，这种关系既不同于校园的同学关系、师生关系，也不同于社会关系中的亲友关系，一旦处理不好，会直接影响工作效率和职业发展。因此，大学毕业生在新的工作环境中建立和谐的人际关系意义十分重大。建立和谐的人际关系有如下九个途径。

1. 勤学好问

来到一个新单位，你会发现，在大学里学过的许多知识一时用不上，而工作所需要的知识又学得不够深入，甚至完全没有学过。所以，工作中的竞争在很大程度上是继续学习以尽快胜任工作的动力。谁善于学习，谁就将在激烈的竞争中取得主动权。走上工作岗位的学习，一个很突出的特点是一边干、一边学，即在干中学。因此，善于学习首先要做到善于思考，不断提出问题，不断解决问题，不断总结和提高。要想在工作中得到迅速提高，除了加强学习之外，还要虚心好问。你的上司和同事，他们都有着丰富的实践经验和专业知识，遇到困难及时向他们虚心请教，是帮你获得成功的一条捷径。同时，养成虚心好问的品质，也会给人留下良好的第一印象，任何一个领导和同事都会喜欢勤学好问的年轻人。

2. 积极参与工作

克服不良情绪的影响，重要的是使自己尽快进入"角色"。熟悉本职工作的过程，正是激发工作兴趣的过程；只有积极参与工作，才能逐步培养你对所从事工作的热爱。同时，要尽快熟悉你周围的人，人熟为宝，感情在相互交往中产生。如何尽快与同事熟悉起来，使你由一名"局外人"变成新集体里和谐、融洽的一员，这是一门不可忽视的学问。

3. 学会忍耐

社会要比学校复杂许多，走上工作岗位，你可能会遇上固执刻薄的上司，可能碰上不通情达理的同事，也可能在生活条件、工作环境上遇到一些不舒心的事情。遇到这种情况，要学会忍耐，冷静处置，以柔克刚；切不可暴跳如雷、火冒三丈。

4. 提高自身素质，培养多种能力

社会心理学认为，个人能力的大小与他受欢迎的程度有密切关系。一般来说，在其他条件相当时，一个人的能力越强就越受人喜欢。只有尽快设法熟悉工作环境和工作性质，提高生存技能，创造优异的工作业绩，才能赢得领导和同事的赞誉和信任。这是建立和谐人际关系的基础。同时，毕业生初到工作岗位时要注意自己的仪表形象，给人好感。内在美和外在美相结合，提升自身魅力，获得领导和同事更深层次的喜爱和接纳，人际关系会更加和谐。

5. 尊重他人，不自恃清高

每一个人都希望得到他人的尊重，这是人们的一种心理需要。刚步入工作岗位的大学生要懂得尊重他人，单位中的每一个人都是自己的老师。尽管每个人的秉性、爱好、气质、年龄、社会关系和教育成长背景不同，但"三人行，必有我师"，何况他们有的都已具备了丰富的工作经验，拥有熟练的业务技能。大学毕业生要谦虚谨慎，尊重同事的劳动，尊重他们的人格，虚心求教，不要自恃清高、自以为是，更不要妄自尊大，甚至摆架子。一些人在刚刚走上职业岗位后，自以为文化水平高、学历高，便看不起别人，尤其看不起工人师傅，眼高手低，放不下架子虚心学习，结果自己学到的知识用不上，实践能力又欠缺，反而被别人看不起。因此，在人际交往中，既要尊重他人，也要自尊、自重和自爱，这样才能建立起和谐的人际关系。

6. 平等待人，不见利忘义

在工作单位中，应当以平等的态度对待每一个同事。不要以职务的高低、工资的多少来决定对待他人的态度。在工作中，有的人见了领导就点头哈腰、满脸堆笑，见到普通同事就不愿理睬；和自己认为有用的人就相处得火热，亲近异常，和自己认为没有用的人疏远不理。以上这些都是没有做到平等待人的表现，对于发展同事之间的友好合作关系是十分有害的。同时，同事之间应该相互帮助，要锦上添花，更应当雪中送炭。当别人有困难时，应给予帮助，不能落井下石、见利忘义。不要为蝇头小利而做有损人格的事。只有热心帮助他人的人才会得到别人的帮助，也只有热心助人的人才会得到人们的认可和赞扬。

7. 诚实守信，不贪图虚名

诚实，就是真心实意、实事求是，绝不口是心非，当面一套、背后一套。守信，就是恪守信用、言行一致、说到做到。诚实是做人的基本要求，也是建立良好人际关系的重要条件。在人际交往中，只有诚实守信，才能互相了解、互相信任、肝胆相照。即使发生了一些误会和矛

盾，只要互相信任、真心实意，误解也会烟消云散，矛盾也能冰雪消融，达成和解。

8. 心胸宽阔，不孤陋寡闻

做人要与人为善，宽容大度，不斤斤计较，不苛求他人。理解是建立和谐人际关系的桥梁和土壤。不利于团结的话不说，不利于团结的事不做，不搬弄是非，不猜疑嫉妒，要堂堂正正做人，踏踏实实干事。当自己受到委屈或误解时，要胸怀开阔，克制自己的感情，冷静处理，勇于剖析自己，主动担负责任。古语道："独学而无友，则孤陋而寡闻。"毕业生到新的工作单位后，要尽快合群，不要独来独往，对单位的人和事知之甚少，与他人缺乏必要的来往，就会导致人际关系不和谐。只有主动交往，学会喜欢别人，才能学到别人的优点，扩大自己的知识面，不断提高自身素质和能力。

9. 服从安排，尊重上级

在工作岗位上，横向的人际关系主要是与同事之间的关系，纵向的人际关系主要是与领导的上下级关系。要尊重上级，服从安排。纵观古今中外的历史，几乎没有任何人喜欢提拔、重用与自己有显著分歧或完全对立的下级。作为刚毕业的大学生，要尊重领导，服从指挥，尽量适应上级的工作方式、方法和生活习惯，力争圆满完成领导交办的任务。对于确实难以完成的任务，或者领导的不足，不要当众拒绝领导的安排，而要维护领导威信，事后向领导单独解释，这样就会得到领导的肯定，处理好与领导的关系。当领导遇到难题而一筹莫展时，主动诚恳地帮他排忧解难，减轻领导的负担，这会给他留下深刻的印象和好感。

（三）适应企业文化

毕业生入职后要尽快了解企业文化，适应企业文化，加强职业道德修养，立志成才。

什么是企业文化？目前尚没有一个明确的定义。许多管理学者对企业文化都有自己的定义。综合来看，目前学术界关于企业文化的定义可分为两大类：一类是广义的企业文化，认为企业文化包括企业物质文化、行为文化、制度文化、精神文化等；另一类是狭义的企业文化，认为企业文化就是企业精神。

应该说，企业文化是从事经济活动的组织形成的与企业物质系统、行为系统、制度系统密切相关的企业意识形态。企业文化从属性上看属于意识范畴；从形式上看与企业物质系统相对应；从内容上看反映企业行为，是企业现实运行过程的反映；从作用上看与企业制度在不同领域互为补充，共同发挥作用。

毕业生进入企业，将面临如何把自己所学的知识应用到职业岗位上以适应岗位的要求，以及如何适应企业的文化和管理环境两类问题。事实上，很多职工被企业淘汰，不是因为他们缺乏胜任职业岗位的知识和能力，而是由于不能适应企业文化管理，无法在企业的环境里找准自己的位置并很好地发挥才干。

毕业生跨进一个企业，应了解企业文化，尽快适应企业文化，在企业的培训工作中积极配合，充分了解企业历程和现状，以及未来的战略目标，这些是个人职业信心建立的基础。没有这种主动性，没有职业理想，没有对企业的文化和价值观的理解和认可，没有融入集体的意识，等于是将自己打造成职业"机器人"，这种状态对自身职业的未来发展是极为不利的。只有充分融入团队，配合、支持团队，才能让自己在企业文化中发挥积极作用。如果个人的融入意识缺乏，始终独立于公司整体文化氛围和文化倾向之外，遭到淘汰将是早晚的事。

企业文化是指一个企业认可并推行的一系列价值观、行为方式与处理事情的原则。一名员工如果能够很好地遵守这些原则，就能使自己的工作符合企业的长期目标，就能很快地融入企业，从而取得大的发展。任何一家成功的企业都有自己独具特色的文化，都有明确的原则和坚定的信念。这些原则和信念似乎很简单、很平常，但正是这些简单、平常的原则和信念成了它们发展的强大力量。

除工作能力之外，员工更应该有一个适应企业文化的能力。只有适应了企业文化，才能与企业融为一体，才能借助于企业这条船完成你的航行使命。越能适应形势变化的员工，生存能力越强。适应本企业工作，不但是指本职工作上适应，还包括个人修养、言谈举止、工作作风等多方面的适应。

假如你的个人修养达不到企业的要求，甚至与它格格不入，是很难被企业接纳的，即使侥幸进入了企业，也终究会被淘汰。因此，在初到一个企业时，一定要事先了解企业文化，知道哪些事情是绝对禁止的，哪些事情是需要学会慢慢适应的。例如，一些大的企业虽然待遇优厚，但可能制度要求极严：每天必须着正装上班，准时打卡记考勤。如果你希望得到这份工作，就必须遵守这些规定。你选择了这份工作，就要接受它的企业文化。

有的人认为，自己在学历上或者在能力上高出别人一等，就自以为高人一等，以为企业离了自己就不能活。职场上也如此，任何一个企业的文化内涵里都不会包括做人骄躁。你最应避免盛气凌人，没有一个人是不可或缺的，这是常见的企业人事观念，太过突出自我，只怕会自阻前程。

其实，好员工并非一定要高学历、高职称，也并不是只要适合于这个岗位的工作、才能和表现与岗位要求相匹配就可以了，他还需要适应企业文化。在知名企业里，往往既有获得硕士、学士学位的人，也有大专、职高文化程度的人，尽管他们文凭不同，但并不妨碍学历较低的人成为好员工。同时学历高的人被淘汰的也不在少数，就是因为他们不能适应企业的文化。

阿尔伯特·哈伯德先生曾经说过："每个雇主总是在不断地寻找能够助自己一臂之力的人，同时也在抛弃那些不起作用、不能适应企业文化的人——那些到哪个岗位都无法发挥作用的人都要被淘汰。"在每个企业和工厂，都有一个持续的整顿过程。雇主会经常送走那些不能对企业有所贡献的员工，同时也吸引新的力量进来。当企业不景气，就业机会不多时，那些不能胜任职位、不能适应企业文化的人，都被摈弃在就业的大门之外，只有最能干、最积极主动、最能适应环境的人，才会被留下来。

企业在选拔人才时，一般很注重所选人员适应企业环境的能力，避免提拔个性极端或理想太高的人。因为不能适应环境的人很难和同事和谐相处，很难融入企业文化，只会给自己和别人的工作造成阻力，并影响到其他员工的情绪和士气。

家庭百货企业的首席行政执行官米尔纳说起企业在留住IT人才方面取得的巨大成就时说："从前，我们没有作出好的雇佣决定。"过去，家庭百货企业在雇用人才的时候，并不关注他们要长时间地待在同一企业的意愿如何，或者能否适应企业文化，这样做的结果是会产生很多问题。现在家庭百货企业做许多面试和测验来甄选求职者。"我们不希望雇用那些不能适应企业文化的人，即使他是很有才华的人才。"米尔纳说。

适应企业文化是企业选择人才的依据，同时也是员工自觉培养的能力，适应了企业文化，也就适应了工作环境，也就在工作上先赢了一步。

管理理念强调，企业是员工的另一个家庭，与企业的文化相适应，员工能够代表企业，企业反过来印证员工，这样的企业才是最有战斗力的企业，这样的员工才是最有创造力的员工。

（四）像管理者一样为企业着想

职场上，人们都有这样一种错误认识，那就是只有企业家比员工更积极，因为企业家是企业的主人，而员工只不过是打工的。这种错误认识使得很多员工不能像企业家一样积极地为企业着想。

必须承认，企业家与员工的心理状态很难达到完全的一致，角色、地位和对企业的所有权不同，导致了这种心态的不同。在许多员工的头脑中"员工是企业的主人"这句话只不过是一句空话。他们经常会对自己说："我只是在打工，如果我是企业家，会把企业做得更好。"但事实上，不能为企业尽力的人，就会形成一种思维定式，一旦自己开企业，也会理所当然地认为所有的员工也是这样的一种心态，因此他们就会将所有的任务都承担下来，以免员工们的工作对于企业的整体起了破坏作用，而最终将自己送上一无所获的不归路。这是人性的弱点，它使人们背上了沉重的悲剧包袱，但它是可以改变的。

有的人说我就不想当企业家，只想成为一名普通的员工，就这样度过一生。这种人的工作哲学是：我付出多少就应该得到多少回报，自己的工作一定会完成；多余的工作绝不去做。他们每天按时上班下班，做事中规中矩，职责之外的事一概不予理会。"不求有功，但求无过"是他们工作的座右铭。综观所有有这种心态的人，没有一个是事业有成的人，他们经常被拒在"职业门"之外，整日为找到一份他们认为踏实的工作而奔波。

每一个员工都希望在实际的工作中，不断地提高自己的能力，以便适应这个竞争激烈的社会。而"像企业家一样为企业着想"，不仅是一种工作态度，还是一种提高能力的方法。好员工应该关注于可能性而不是局限性，即在工作中把目光盯住可能发生的机会，做好准备，努力让自己抓住机会。"像企业家一样为企业着想"，久而久之，能力也就得到了提升，自然离自己的目标也越来越近。

如果每一个员工都以自己是企业家的眼光及角度为出发点考虑问题，那么企业稳健成长及个人提升也就成为理所当然的事情了。当你以企业家的角度思考问题时，应该对你的工作态度、工作方式以及工作成果提出更高的要求与标准。只要你深入思考，积极行动，那么你所获得的评价也一定会提高，你很快就会脱颖而出。

当然，"像企业家一样为企业着想"，并不是说要所有的人都成为企业家，而是向员工提出了更高的标准。要知道，我们的工作并不是单纯地为了成为企业家或是拥有自己的企业，我们既是在为自己的过去工作，也是在为自己的未来工作。我们的工作不是为了企业，最终的受益者是我们自己。

能够像企业家一样为企业着想的人，工作潜力一定比普通员工发挥得更多、更出色。因为他们肯思考，愿意多走出一步。他们总是将企业家交付的工作，多加些创意，多动点脑筋。无论那是一份什么样的工作。因此，他们更容易获得成就感，同时觉得工作有趣，自然愿意投注更多的心力，因此更能发挥工作效能。

只有在工作中能够像企业家一样为企业着想的人，才是企业最需要的人。他们会在竞争激烈的职业生涯中立于不败之地，并用自己的知识、热情和勤奋为企业创造更多的财富。无论企业处于什么状态，他们都不会产生消极倦怠的工作态度，也不会抱怨不止，而是积极主动地去工作。这种人才是企业的中流砥柱,一个企业的成败与否,与这部分员工有着直接密切的关系。

如果你将自己比作企业家,像企业家一样为企业着想,你就会发现你的能力提升很快,如果所有的员工都能够这样想,整个团队的生产力也会很快地得到提升。

像企业家一样为企业着想,其实在本质上,最终受益者不仅仅是企业,还有你自己,这是一个双赢的局面。通过像企业家一样为企业着想,可以充分发掘自己的潜力,创造出更高的价值。与此同时,你也获得了一种成就感。

(五) 不为薪水所累

有很多人认为,我为企业工作,企业就应付我一份相应的报酬,等价交换,否则我怎么能体现自己的价值呢。因此,他们的眼睛紧紧地盯住薪水,看不到工资以外的东西。

当然,任何人都离不开金钱,任何职场里的人都不能不考虑薪水,如果没有钱,就不可能有发达的文化、社会的文明。没有了薪水,员工也就无法维持生计。

生计当然是工作的一部分,但在工作中充分发挥自己的潜力,使自己的能力得到最大的发掘,这是比生计更可贵的。生命的价值不能仅仅是为了面包,还应该有更高的需求和动力,不要放松自己,要时刻告诫自己,要有比薪水更高远的目标。

一直想薪水的人会执着于金钱,工作起来会斤斤计较,总是采取一种应付的态度,能少做就少做,能躲避就躲避,敷衍了事,这种态度是不可取的。他们只想对得起自己挣的工资,从未想过是否对得起自己的前途,是否对得起家人和朋友的期待。之所以出现这种状况,是因为人们对薪水缺乏更深入的认识和理解。大多数人因为自己目前所得的薪水太微薄,而将比薪水更重要的东西也放弃了,实在太可惜。

一个人的一生都在成长,别以为成长仅仅是儿童和青少年的事,成年人也在成长。只是这种成长所包含的内容更多更复杂,除了知识和技能外,更多的是自己的事业和社会地位的发展和提高。与这二者比较起来,薪酬实际上只是一个方面,一个不是最重要的方面。如果你能静下心来想一想,事实就是如此。

我们仔细分析一下,薪酬是企业对员工所做的贡献,包括实现的绩效、付出的努力、时间、学识、技能、经验与创造所赋予的相应回报与答谢。但是薪水仅仅是员工工作报酬的一部分,而且是很少的一部分。除了工资,工作给予员工的报酬还有珍贵的经验、良好的训练、才能的表现和品格的培养。这些东西与用金钱表现出来的工资相比,其价值要高出许多。

心理学教授发现,金钱在达到某种程度之后就不再诱人了。即使你还没有达到那种境界,但如果你忠于自我,就会发现金钱只不过是许多种报酬中的一种。试着请教那些事业成功的人士,他们在没有优厚的金钱回报下,是否还继续从事自己的工作?大部分人的回答都是:"绝对是!我不会有丝毫改变,因为我热爱自己的工作。"想要攀上成功之阶,最明智的方法就是选择一份即使酬劳不多也愿意做下去的工作。当你热爱自己所从事的工作时,金钱就会尾随而至。你也将成为人们竞相聘请的对象,并且获得更丰厚的酬劳。

不要为薪水而工作,一个人如果只为薪水而工作,没有更高尚的目标,并不是一种好的人生选择,受害最深的不是别人,而是自己。

一个以薪水为个人奋斗目标的人是无法走出平庸的生活模式的,也从来不会有真正的成就感。虽然工资应该成为工作目的之一,但是从工作中能真正获得的更多的东西却不是装在信封中的钞票。

不要刻意考虑工资的多少，而应珍视工作本身给你创造的价值。要知道，只有你自己才能赋予自己终身受益无穷的"黄金"。

企业支付给你的工资也许是微薄的，没有达到你的期望，但你可以在工作中令微薄的工资增值，那就是宝贵的阅历、丰富的工作经验、能力的外现和品行的锻造。这些显然是不能用金钱来衡量的，也不是简单地用金钱就能买到的。

第二节　职业发展

大学生适应了职场之后，不应得过且过，应当做好自身的职业发展。

职业发展又称作职业生涯。职业发展计划是个人理性地对自身从事的职业做出的发展计划。其中，职业是个人从事的某类工作；理性地，指这是经过思考和论证的，而不是一时的心血来潮或突发奇想；对职业做出发展计划，包括确定职业定位、不同时期要达到的职位目标、围绕职位目标安排的一系列行动计划等。

一、职业发展概述

近年来，随着社会的发展和职业指导与培训工作的深入，"职业发展"一词被广泛提及。那么，什么是职业发展呢？

从组织学角度来说，职业发展是组织帮助员工获取目前及将来工作所需的技能、知识的一种方法。实际上，职业发展是组织对企业人力资源进行的有关知识、能力和技术的发展性教育、培训等活动。

从个人角度来说，职业发展是在自己选定的领域里，在自己力所能及的范围内，成为最好的专家。这里的专家指在某一领域具有丰富的经验、对该领域有深刻独到认知的人。

这里我们是从个人的角度去理解职业发展含义的，即使个人在选定的领域内成为专家，在某种岗位上做到最好，以获取成功的职业生涯。简言之，职业发展就是指导职业人如何做好工作，如何在自己的工作岗位上获得进一步的发展。

二、职业发展的不同阶段

关于职业发展阶段，不同的学者或管理者可能有不同的认识。依据多方面的管理实践，一个人的职业发展大致可以划分为探索期、确立期、稳定期和衰退期四个阶段。严格地说，在职业发展的四个阶段中，只有后三个阶段是在企业中度过的。

（一）探索期

探索期是从产生长大后要做什么的想法之后（在中小学阶段甚至是在学龄前）到结束学历教育、找到第一份正式工作之前。

个人对职业的认识和选择的想法，最初可能来自父母、老师、同学、朋友，也可能来自书籍、报刊、电影、电视等的影响。这可能与自己的个性、爱好有关，也可能与家庭条件、周围地域环境等有关。

对大多数人来说，尽管探索期或长或短，其终究会随个人找到第一份正式工作而结束。但对极少数人来说，这或许会是一个例外——他们总在尝试着干这干那，不断地去"试工"，甚至终生都在对自己的职业选择上进行着"孜孜不倦"的探索。

（二）确立期

确立期是从找到第一份正式工作之后，到不再变换职业之前。确立期的主要特征是职业已基本确定，不再变化。

请注意，在这里讨论的变换职业与"跳槽"是两个不同的概念。有的人"跳槽"，的确是为了变换职业；但也有的人"跳槽"，并没有变换职业，即便其去了另外一个组织，却依然从事着自己原来认定的职业。

有趣的是，在我们身边，有不少的人从找到第一份工作以后就没有变换过职业，但也有一些人不停地变换职业，他们甚至无法通过确立期，往往只能被迫重新回到探索期继续其"探索"之旅。

（三）稳定期

稳定期是从不再变换职业之后，到职位保持在某一级别而没有下降之前。稳定期的主要特征是职位已相对稳定。

在职位达到稳定之前，某个人的职位变化可能有两种不同的情况：一是职位级别"蒸蒸日上"，二是职位级别"就此打住"。显然，每个人都期待着第一种情况能时不时地降临到自己的头上。

（四）衰退期

衰退期是从职位不再保持在某一级别而开始下降之后，到正式退职、退休之前。但也有的人进入衰退期后，职位级别并没有明显变化，仍保持在稳定期原有的级别上，只是到正式退职、退休前才以"一步到位"的方式，结束了自己的职业生涯，相当于没有衰退期。

三、影响职业发展的因素

个人或处于职业准备阶段，或处于职业选择阶段，或处于职业工作阶段，或处于职业结束阶段。在不同的阶段，每个人的职业发展受各种因素的影响，会产生各种截然不同的结果。总的来说，影响职业发展的因素有个人因素和环境因素两个方面。

（一）影响职业发展的个人因素

个人因素是影响职业发展的内因，在职业发展中起着基础作用。通常来说，个人因素主要有职业取向、劳动能力、职业定位、人生阶段等四个方面。

1. 职业取向

职业取向包括职业价值观、职业动机、职业需要等方面,是职业发展的重要因素。职业取向如果与所从事的职业相匹配,对个人的职业发展将起到积极的作用;反之,则会给职业发展带来不良的影响。例如,有的人职业取向中有要求高收入的倾向,那么,机械的、收入固定的工作就很难满足他的职业理想,从而影响他工作的积极性;相反,一些收入较为开放的职业会激发他的工作欲望,使其充满成就感。

2. 劳动能力

劳动能力指运用各种资源从事生产、研究、经营活动的能力,包括体能、心理素质、智力等。劳动能力是人的综合能力,是现实职业发展的基础。在正常情况下,劳动能力与个体发展水平成正比。劳动能力一方面体现为正规教育与专业训练,另一方面体现为个人发展潜力与个人特质。

3. 职业定位

职业定位有一个形象的概念——职业锚。职业锚的概念是由美国麻省理工学院的埃德加·沙因教授首先提出的。他认为,在职业发展过程中,每个人都根据自己的天赋、能力、动机、需要和价值观等慢慢形成一种较为清晰的与职业有关的自我概念。随着对自己越来越了解,人们会逐渐形成一个占主导地位的职业锚,即在选择和发展自己的职业时所围绕的中心。

4. 人生阶段

人生阶段(如青年、壮年、中年、老年)也是职业发展需要考虑的重要因素。在不同的人生阶段,人们的生理特征、心理素质、智慧水平、社会负担、家庭责任等都不相同。这就决定了在不同的人生阶段,职业发展的重点和内容也是不同的。

(二)影响职业发展的环境因素

工作环境因素是对个人职业发展起直接作用的环境因素,包括业务类型、企业发展规模、企业文化、管理制度、领导者的个人魅力等。

职业发展总是在一定类型的业务中展开的,不同业务类型的从业人员在职业发展方面有较大的差异。例如,信息传输、软件和信息技术服务业的从业人员与建筑工程从业人员,在职业发展的内涵和发展方向上就有很大的不同。

企业发展规模也是职业发展的重要影响因素。企业规模大,有更广的业务范围、更成型的制度,员工就有更广阔的能力提升空间,与此同时,竞争也会更加激烈。但是,有的企业虽然规模较小,如果员工有更多的机会接触主要业务,个人的职业发展空间也许会更大。

企业文化是企业全体员工在长期生产经营活动中形成并共同遵循的文化共识、价值标准、基本信念和行为规范。企业文化是影响单位运营效益的重要因素。如果个人的价值观与企业文化发生冲突,难以适应企业文化,那么个人在企业中就难以发展。

管理制度涉及的范围比较广泛,包括组织特色、经营战略、人力评估、人力资源管理等。企业成员的职业发展,归根结底要靠管理制度来保障,常见的管理制度包括培训制度、晋升制度、绩效考核制度、奖惩制度、薪酬制度等。

领导者的个人魅力对企业发展来说至关重要。成功的企业大多由出色的领导者掌舵领航，领导者的个人魅力在一定程度上决定了企业员工的职业发展空间和发展机遇。

四、职业发展之精要——把握自己，慎重选择

毕业生走向社会，开启第一扇职业大门的时候，一定要善待自己的这份工作。但是，因为自身能力、机遇，或者工作单位等方面的变化，一些毕业生就业后需要重新择业。这要求毕业生要准确把握自己，慎重对待工作的变动。

（一）正确认识第一份工作

第一份工作对一个人的职业生涯和生活的影响是其他阶段的职业选择所不能比拟的，往往影响个体的职业态度和做人原则，是以后工作的一个积淀，可以带来很多经验、技能和知识。现在的企业对员工的职业经历十分看重，你的第一份工作不论是做什么，只要踏踏实实地干，你总会有一份经历，这是人生的财富。

第一份工作对毕业生之所以重要，不是在于你一个月能挣到多少钱，而在于你一个月能学到多少东西，在于你自身人力资本的升值。大多数从业人员的成功经历表明：第一份工作的重要性不在收入，而在收获。毕业生就业难已经成为一个不争的事实，面对日益严峻的就业形势，毕业生更要理性，不能浮躁，要以正确的心态对待就业，合理规划自己的职业生涯。不能简单地认为一个公司给你开出好的薪水就怎么样，也不能简单地认为暂时谋到高职位或高薪的人和自己相比就是成功了，要知道单位提供的发展机会和自己的职业发展前景才是更重要的。第一份工作的内容、性质、薪水等不必太强求，只要基本适合自己的能力与职业倾向、个人偏好，合乎自己的价值取向即可。

（二）把握时机，适时调整

应届毕业生缺乏就业经验，面对人生中的这次重要选择，由于接触职业时某些条件的限制以及其他种种因素，所做出的决定也不一定完全适合自己。事实上，一部分大学生就业后对自己的职业并不满意。大学生刚毕业的第一份工作，也不一定是他今后的职业发展方向，对此，应当进行具体分析。随着社会需要的变化，根据自身的实际条件，一些已经就业的大学毕业生完全可以适时调整奋斗方向，把握好重新选择的机会，在大千世界中找到更适合自己的职业。

大学生在学校学的都是一些理论知识及一些解决问题的方法和思路，在毕业以后的几年内都是在不断地积累工作能力和经验，同时也在不断地探索职业发展方向。一般而言，3年的工作时间在个人职业发展道路上，是知识和经验积累的标准线。因为职业人从无知到有知，往往需要经过3年左右的时间进行学习，让个人的判断能力、思维模式和工作方法不断提升；而这时职业人对于自己的职业发展潜力也有了一个比较清晰的认识，是继续坚持，还是选择跳槽，相信都有了比较明确的答案。

另外，随着人力资源市场的丰富和人才市场的快速发展，人才的流动是个人发展的要求，也是社会发展的需要。这些变化，打破了"从一而终"的就业观念，代之以职业流动和"适时

跳槽"等观念的确立。因此,大学生要干一行爱一行,如果确实因为客观的原因,经过自己的努力和调整仍难以适应现在从事的职业,也要准确地把握机遇,谨慎地调整自己的岗位,以更好地发挥自己的聪明才智。

有人给跳槽下的定义为:由于对现在进行的工作及由此带来的各种条件的不满意或不适应而另外寻找新的工作的一种行为。跳槽应该是在对自己的重新认识、重新发现的基础上,为了寻求新的、更快的自我发展,以求自我完善,即人生价值最大限度地实现,而对职业和环境做出的重新选择。应该承认,总体上讲,跳槽这一自觉的职业选择是一种积极的行为。

想跳槽时应该怎么办呢?首先,决断要慎重。当你决定跳槽时,一定要慎重考虑,三思而后行。要多想想自己为什么要跳槽,设想一下跳槽后会带来怎样的结果。一般来说,一个人在工作岗位上干了几年,已经熟悉了工作环境,满足了工作岗位的要求。跳槽之后,一切都要从零开始,从头做起。要花费一年半载的时间熟悉人事环境和工作之后,才能真正地发挥你的才能,而有这一段时间和精力,在原单位很可能已经取得了可观的工作成绩。在决定跳槽时,首先考虑得失利弊,当考虑完仍决定跳槽的时候,你遇到的下一个问题是重新剖析认识自己,选准下一个"立足点"。事业的成功,要求你所从事的工作与自身的能力、兴趣、性格和价值观念相结合。如果不了解自己属于何种素质、何种类型的人才,不会做出正确的选择,不仅工作不会干出色,而且还会不自觉地浪费自己可贵的天赋。这一点,你一定会从第一次择业的失败中得到启示。所以,跳槽时你必须客观地剖析自己以便扬长避短,结合自身条件,作出合乎实际的选择。但在正确认识自己的同时,还应对下一个职业的社会需要和发展前景做出评估,尽量选择有发展前景和潜力的职业。

五、职业发展的最终目标——职业成功

成功已成为我们这个时代最令人兴奋也最引人注目的话题之一。成功包括职业成功和生活成功两部分。由于职业是一个人安身立命之根基,因而职业成功成了人们孜孜以求的首要目标。但现实是为什么有些成功者在别人看来风光无限,他自己却感受不到成功带来的快乐?在如何对待成功这一问题上,人们的看法各不相同。有人认为成功不是财富的积累,而是获得幸福感;有人强调名利的成功是一时的,唯有人格的成功才是永久的;还有人说成功就是能过上自己想过的生活,同时对社会有所贡献;等等。

(一)职业成功的内涵

1. 成功

人人都希望成功。那么,什么是成功?不同的人会有不同的回答。对于政治家而言,实现国泰民安,就是成功;对于企业家而言,让企业发展壮大、为社会做更大的贡献就是成功;对于教育家而言,培养出更多的有益人才就是成功;对于一个家庭而言,家庭和睦、衣食无忧也是一种成功……正谓"仁者见仁,智者见智",衡量成功没有一把固定的尺子。然而,成功并不是一个模糊概念,它是能够落实到一些具体环节、有一些普遍标准的,并不完全是一种个人的心理感受。

社会正处在快速发展之中,社会发展的成功离不开个人的成功,只有让社会成员普遍获得

成功，才是成功的社会。因此，成功应该有一个普遍的标准，来引领广大国民。对于成功，每个人的认识固然不必完全一样，但有一些基本的东西应该是共同的。一是要有积极的奋斗目标。不同人的奋斗目标可以是不一样的，但每个人必须有自己积极向上的目标，不能混日子，不能把"不同人的成功是不一样的"作为个人不努力的借口。二是要有一个为了实现目标而努力奋斗的过程。这个过程可长可短，可艰辛可顺利，甚至可以失败，但必须是努力过的，努力才能有收获。三是要有一定的收获。这个收获可以是多种多样的，但应该是正面的、向上的，是对社会有积极贡献的。

成功既属于心理学范畴，不同人的成功概念是不一样的；同时也属于社会学范畴，有着相对公认的标准，一个人树立了积极向上的目标，经过了努力奋斗，有了正面的收获，就是成功。

2. 职业成功

资深商务顾问栗陆莎说："我的判断尺度是对自己做的事情喜欢不喜欢，是不是我从心里想要做的，有没有达到我预定的目标。我认为，把你想做的事做到最好，这就是成功。"

人力资源专家罗双平说："事业的成功和家庭的成功都是紧密相连的，如果一个人事业很成功，家庭很凄凉的话，这也不叫成功。人的一生总是要成功的，成功的标志是什么呢？一方面是自己开心，做一份工作如果感到的是乐趣、是享受，就说明这个职业生涯定位是好的；另一方面就是一生当中应当有所成就，这个成就不是说非要当局长、当司长不可，而是某一个方面自己干得很好、比别人强就够了。"

有人说："我认为职业是人生非常重要的内容，在某些阶段就是人生的主旋律，你的工作做得愉快不愉快、开心不开心，直接决定了你的生活品质。所以，我觉得职业生涯策划，实际上跟人生的策划是密不可分的，它的根基就是人生策划。"

国际知名的企业管理与个人发展顾问鲍博睿说："根据我自己的人生经历，成功在人生不同阶段所拥有的内涵不一样，过去很多人尝试从发展心理学的角度去分析，认为成功是一种心理的感受，或者是一种精神状态，但是这种假定是不能成立的，因为成功还包括心理、社会、文化、经济各方面的考虑。我在帮助年轻人发展自己事业的时候，有一个比较简化的模型，就是把人生划分为三个阶段，第一个阶段是从 15 岁至 30 岁，即学习阶段，这个阶段的任务是积累人力资本；第二个阶段是从 30 岁至 50 岁，即发展阶段，在这个阶段除了要做好职业规划，还要做好生活方式的规划；第三个阶段是从 50 岁至 80 岁，传统意义上人们已经退休了，但是这个阶段我们还可以充分发挥自己的智慧和过去积累的经验，发挥创造性，来从事一项新的事业。对于成功的定义，简单地表述，就是三个动词 to have、to do、to be。想成为一个成功的人，就要有物质上和精神上的追求，但这种追求是有尺度的，不能过量，否则就会带来问题。"

栗陆莎认为，"to have"讲的是拥有，我们拥有多少财富，我做了 CEO，说明我已经做得很好了，可以拥有名车、洋房。但更重要的是"to do"，即我对自己满意吗？我住在这样的房子、开这样的车子感觉舒适吗？"to be"讲的是自己的生存状况，包括健康、生活和工作环境，还有心理状态。每个人面对成功的时候，都需要一个漫长的调整期。随着人类的进步和社会财富的积累、增加，个人身心的调整、文化的学习以及生活的修养，这些都成为衡量成功不可或缺的指标，而不再被当作成功的牺牲品。

综上所述，职业成功其实包含两方面的含义。一是通过职业工作，社会承认了个人的价值,并赋予个人相应的报酬,如金钱、地位、房屋、尊重等。二是承认自己的价值,从而充满自信、充实感和幸福感。

(二) 职业成功的标准

职业成功的标准是人们对职业成果意义的认识和评价,它取决于人们自身的需要和愿望。既然人的需求是多种多样的,人对职业成功的评价就必然是多元化的。当人们越是关注职业成功的主观标准时,多元化的特点就越明显。

职业成功的标准至少可以概括为以下八种。

(1) 财富标准:认为通过工作获得更多的经济回报,发财致富是成功标志。

(2) 晋升标准:认为职业成功就是晋升到组织等级体系高层或在专业上达到更高等级。

(3) 安全标准:渴望长时间的稳定工作,以获得职业上的安全感。

(4) 自主标准:强调职业成功就是在工作中自主自由,对职业和工作有最大限度的控制权。

(5) 创新标准:标新立异,做出别人没有做出的事情。

(6) 贡献标准:对社会、组织、家庭做出贡献。

(7) 影响力标准:在组织中、行业内、社会上有足够的影响力,能够改变他人的心理和行为。

(8) 健康标准:在繁重工作的压力下依然保持身心健康。

以上八种职业成功的标准不是完全独立、相互排斥的。在每一个人的心目中,职业成功的标准是一个有层次的结构,与其内在的需求体系相对应。职业成功标准的多元性还体现在个体职业成功标准的阶段性上。

在职业生涯发展的不同阶段,人们所面临的任务不同,其追求也不一样,评价也会有所变化。在职业生涯的早期,养家糊口、成家立业都需要财力物力,人们可能更注重财富标准;到了中期,人们可能会更关注职业发展的机会、家庭工作平衡、自我价值的实现;而到了晚期,临近退休,人们可能更强调安全、有保障。

总之,职业成功很难用一个绝对的标准来衡量,正如人们对幸福的评价标准不同一样,对事业是否成功的评价标准也不同。可是,职业成功作为一个评价性的概念,不论从哪个角度对成功做出评价,都与评价者的职业价值观紧密连在一起。因此,讨论职业成功的标准问题,实际上是在探讨职业成功价值观问题。所以,我们对职业成功标准进行研究的目的不是去寻找一种人人认同的客观标准,而是更多地去关注不同的人是怎样定义成功的。

(三) 职业成功的要素

必要的知识与技能、独立负责的精神、团结协作的能力、不怕挫折的阳光心态是职业成功的要素。因此,在职场中有必要做好以下三点。

1. 坚持学习,不断完善自我

大学毕业生已经具备了获得职业技能的基础条件,即比较扎实的基础知识和专业知识。但是社会角色的适应过程是一个自我不断学习、不断完善的循序渐进的过程。初到工作岗位,自身的知识量不一定丰富,知识结构不一定合理。因此,大学生要根据职业的特点、性质,工作程序及相互关系，不断学习新知识，增强自身素质和能力，提高工作技能和业务水平。研究数据显示，在大学期间所掌握的知识，30%左右是在工作中能用得上的，70%左右属于备用的。诺贝尔经济学奖得主詹姆斯·赫克曼曾指出："学校教育最多只能占个人一生的1/3，而其他2/3的教育，一方面与早期的家庭教育有关，另一方面非常重要的是来源于工作地点的培训和不断的学习。"因此，大学生在工作岗位上所用的知识需要随时学习和充实。随着知识经济时代的到来、知识更新步伐的加快，毕业生必须不断地更新知识，开阔视野，拓宽知识结构，以适应新的形势。

2. 立足工作岗位，树立新的意识

刚刚毕业的大学生在走上工作岗位后应当树立以下三个方面的意识，形成职业观念。

（1）独立意识。学生角色的经济不独立性和社会责任的不完全性，决定了大学生的依赖性。走上工作岗位后，大学生已经成为社会认可的具有独立资格的真正意义上的社会人，生活上要自理，工作上要独当一面，承担一定的社会责任。

（2）主人翁意识。大学毕业生在工作中，多数要参与生产、管理和决策等实践活动，对所在的单位和部门承担更多的社会责任和义务。一个人工作成绩的好坏，不仅和自己的前途有着密切的关系，而且和单位及部门的兴衰荣辱休戚相关。因此，大学生要敢担大任，同时对自己的失误不隐瞒、不推脱，勇于承担责任。以主人翁的姿态为自身发展、单位发展和国家振兴贡献自己的力量；立足本职，做好工作。

（3）团队意识。人是社会的人，社会的发展与进步离不开人们的密切合作。但由于学生角色中心任务的特殊性，学校环境的相对封闭性，使得一些大学生的协作精神和团队意识远远不能满足职业的要求。实践证明，在人的社会联系高度紧密的今天，一项大型工程的开展、一项科研项目的完成、一个生产过程的组织和管理等工作，单靠某个人的力量显然是不够的，必须是几个、几十个甚至是成百上千个人共同劳动、互相配合、互相协作才能完成的。这就要求每个成员都要有相互协作的团队意识，从整体利益出发，个人利益服从整体利益，顾全大局。建立和谐的人际关系，创设一个友好的合作氛围。

3. 正确对待工作中遇到的困难和挫折

不管从事何种工作，遭受挫折总是难免的。心理学家认为：挫折是一个人从事有目的的活动时，由于遭受障碍和干扰，其需要不能得到满足时的一种消极的情绪状态。受挫后会出现紧张、焦虑、苦闷的心理状况，心理失去平衡。其实，人的一生总是不断遇到挫折：成绩下降、考试失利、就业不顺、工作不好等。遇到挫折并不可怕，关键在于如何对待它。有的人受挫后垂头丧气、郁郁寡欢；有的人受挫后随意发火、怨天尤人；还有的人万念俱灰、轻生厌世。以上都是不能正确对待挫折的表现。正确的态度应是事后采取积极的心理自我防卫，谋求心理平衡。例如，将内心愤懑的消极情绪转化为发愤图强、力争上进的积极情绪，"化悲愤为力量"，使心灵得到升华；或加倍努力工作，去实现目标；或改换工作方法另行尝试；或进行工作补偿，以期达到"失之东隅，收之桑榆"的效果。

第八章　终身教育与继续教育

随着社会经济的发展，知识的更新换代速度越来越快，没有人能把一个职业一直干下去，这一点大学生应明确。因此，终身教育和继续教育便不可避免。大学生在任何时候都要树立终身学习的观念，以及寻找适合自己的继续教育的途径。

第一节　树立终身学习观念

面对全新且不断变化发展的职业和社会生活，人们必须要用新的知识、技能和观念来武装自己。终身教育强调人必须不间断地接受教育和学习，不断地更新知识，保持应变能力。其理念正好符合时代、社会及个人的需求。事实上，当今社会中的每一个人都要学会生存，而要学会生存就离不开终身教育，这是现代社会给每个人提出的新课题。同时，物质条件的改善，使人们开始进一步注重精神生活的充实，期望通过个人努力来达到自我完善的目标。要实现高层次、高品质的精神追求，靠学校教育是难以达到的，只有依靠终身教育的支持才有可能完成。

一、为什么要终身学习

学校里学的东西是十分有限的。工作、生活中需要的许多知识和技能，课本上是没有的，老师也没有教给我们，这些东西完全要靠自己在实践中边学边摸索。我们更应该把自己的精力与心思，放在收集、学习与研究那些以后的人生旅程中所需要的知识、学问与技能上，这就是要进行终身学习。

（一）剧变时代——一切取决于学习

美国未来学家阿尔文·托夫勒说："人类的进化已经脱离农业时代的体格型，也将结束工业时代的技工型，从而迈入知识型的门槛。学习成为谋生的手段，知识成为财富和价值的体系，思维和创新则是进步发展的源泉。"法国生物学家巴斯德说："在这个世界上，一切取决于学习。"

21世纪最大的特点是"双生革命"：一方面是信息革命，信息技术和网络技术的发展给人们的生活带来巨大的变化；另一方面是学习革命，面对巨大变化，如果不学习，就难以理解这场革命，也就难以生存。在意大利罗马举行的"首届世界终身学习会议"明确提出终身学习的概念，强调没有终身学习的意识和能力，就难以在21世纪生存。人生就是一个不断学习的过程：少年学习——认识自己，奠定基础；青年学习——定向定位，安身立命；壮年学习——提升素质，稳定职业；老年学习——滋润心灵，智慧人生。学习是个人发展的有效工具，是挖掘潜力、开发潜力的关键，学习增长人的内在财富，可以改变素质、改变品质。人生是吃苦在前，成功在后。古今中外凡成就一番事业者，无不经过艰苦的学习过程。剧变时代，一切取决于学习,学习是生命力的源泉,是一个人真正的看家本领,是第一智慧、第一长处,其他一切都是学习的结果。凡成功者,都是终身学习者。

(二) 学习能力是一个人的核心能力

诸葛亮在《诫子书》中说:"才须学也,非学无以广才,非志无以成学。"汉乐府古辞《长歌行》中说:"少壮不努力,老大徒伤悲。"美国通用电气公司前总裁韦尔奇说:"缺乏学习能力,对个人是悲惨的,对组织是致命的。"

知识经济时代,意味着"学历时代"的终结,取而代之的是"学力时代"。据调查资料统计,一个大学生在学校获取的知识最多10%是未来必需的,也就是说90%以上的知识需要在离开学校之后,在自学中获取。未来的现实是:未来竞争取决于学习能力,未来最有价值的能力是学习能力;学习成为个人、团队、组织、社会最重要的时代主题;只有通过终身学习,才能适应未来社会的发展变化。

那么,我们如何认识学习能力?一般有以下四个要点:(1) 选择能力,即结合自己的实际情况,知道需要学什么,怎么学;学习什么是战略问题,怎么学是战术问题;这是一种选择,是一种素质。(2) 调整结构,知识结构决定趋势、决定行为、决定命运;人生要创造好的趋势、好的行为、好的命运,就必须从调整自己内在知识结构和能力结构做起,如你想当总经理,必须具备做总经理的知识结构和能力结构,这是事物发展的基本规律。(3) 主动安排,即实现四个转变:就是从无愿景目标到有愿景目标,从别人安排到自主安排,从学习知识到学习能力,从方法变革到心灵变革。(4) 养成习惯,就是将学习意愿、学习热情、学习能力转化为学习习惯;什么是习惯?"天天做"就是习惯,如果间隔很长时间才做一次,那么这就不是习惯。

学习能力,包括学习精神、学习方法、学习效果,就是根据需要知道学什么、怎么学,这是人生的第一才能。学习没有什么捷径可走,就是一个不断学习积累—再学习积累的过程,以至于最后喷发。这是一个由量变到质变的过程。总之,学习能力是一种自我更新、自我创造、自我适应的能力,它是不能克隆复制的。

(三) 人要有危机意识

美国管理大师德鲁克说:"当前社会不是一场技术革命,也不是一场软件、速度革命,而是一场观念和思维方式的革命。"英国管理思想大师查尔斯·汉迪在《第二曲线》一书中说:"21世纪变化是极其迅速的,并不以我们的意志为转移。未来是属于那些在方法上和思想上适应变化的人。"当今是巨大变革时代——科学技术飞速发展、市场激烈竞争、顾客需求提升等。面对这种变革要有应变策略:知识更新、技能增强、思维创新等。这才是应变之道。

但在现实生活中,人们面对巨大变革有四种心态:(1) 拒绝变革;(2) 等待变革;(3) 希望变革;(4) 创新变革。创造变革,才是人生最好的选择。要创造变革,就要从改变自己入手,走出一成不变的生活。为什么有些人一成不变?因为不知道需要变、不知如何变、不知变的好处在哪里。

《论语·卫灵公》中说:"人无远虑,必有近忧。"《左传·襄公十一年》中说:"居安思危,思则有备,有备无患"。懂得学习的人,能掌握变化,掌握趋势;懂得学习的人,有事业心,有应变能力；懂得学习的人，有前瞻性，有创造力。人生一定要有危机意识，要有"变"的思维。人生成功的秘诀是当机会来临时，你已经准备好。你只有有前瞻性地学习，才能做好准备，否则只能是空谈。当今社会，要想生存、发展，必须成为一名成功的学习者，学会学习是人生最有价值的技能。

请记住：人生学得辛苦，则活得舒服；而学得舒服，则必活得辛苦。

二、终身教育的基本特点

（一）终身性

这是终身教育最大的特征。它突破了正规学校的框架，把教育看成个人一生中连续不断的学习过程，是人们在一生中所受到的各种培养的总和，实现了从学前期到老年期的整个教育过程的统一。终身教育既包括正规教育，又包括非正规教育。它包括教育体系的各个阶段和各种形式。

（二）全民性

终身教育的全民性，是指接受终身教育的人，包括所有的人，无论男女老少、贫富差别、种族性别。时任联合国教科文组织汉堡教育研究员的达贝提出终身教育具有平民化的特色，反对教育知识为所谓的富人服务，使具有多种能力的一般民众能平等获得教育机会。而事实上，当今社会中的每个人，都要学会生存，而要学会生存就离不开终身教育，因为生存发展是时代的主流，会生存必须会学习，这是现代社会给每个人提出的新课题。

（三）广泛性

终身教育既包括家庭教育、学校教育，也包括社会教育。可以这么说，它包括人的各个阶段，是一切时间、一切地点、一切场合和一切方面的教育。终身教育扩大了学习天地，为整个教育事业注入了新的活力。

（四）灵活使用

现代终身教育具有灵活性，表现在任何需要学习的人可随时随地接受任何形式的教育。学习的时间、地点、内容、方式均由个人决定。人们可以根据自己的特点和需要选择最适合自己的学习。

三、终身学习的主要内容

"终身学习"绝不仅仅限于学习专业知识，而是应注重人的全面发展，提高自身的综合素质。一般来说，应包括以下四个方面。

（一）加强职业道德修养

职业道德修养是职业活动的基础，也是自我完善的必由之路。在当今社会的人才竞争中，良好的职业道德修养，远比精通业务重要，毕业生不可等闲视之。毕业生应在职业生活中，通过自我教育、自我培养、自我锻炼、自我改造，逐步树立"爱国守法、明礼诚信、团结友善、勤俭自强、敬业奉献"的社会主义职业道德。

（二）学习新的专业知识

金银财宝是好东西，但身上背得多了也会走不动。知识、技术、能力有多少在身上也不会有负重的感觉，可以走到哪里带到哪里，不占任何空间。一个人掌握的知识、技术越多，对社会的适应能力就越强，克服困难的本领就越大。当今生物技术、信息技术等高新技术已广泛应用于各行各业，渗入社会生活的方方面面。毕业生应及时了解科技发展的最新成果，尤其是与本专业、本行业相关的新技术，并能尝试着在实践中借鉴、应用，这样才能赶上时代前进的步伐，开创职业生活的新天地。

（三）提高职业操作技能

除了知识以外，一个人还需具备各种过硬的技能。有了知识和技能，一个人就可以利用自己的力量去创造成功的机会。在我们的社会中，有无数的青年人在努力寻求各种机会，但如果一个人没有一种以上的专长，即使是拿着文凭，有着众多颇有势力的亲朋好友鼎力相助也仍然没用。任何职业活动都是由一定的职业操作技能联结成的。基本操作技能熟练，职业活动能力必定强，这是不言而喻的。需要特别指出的是，应加强文科的职业技能训练，如文章撰写修改、口头演讲表达等，这些技能在现实中是十分实用的。

（四）掌握职业生活技巧

职业生活是一种十分复杂的社会现象，任何一种成功的职业活动都包含着职业科学艺术成分。例如，怎样设计职业生涯、怎样成才、怎样解除职业生活中的种种困扰等，都存在方法和技巧问题。懂得技巧就可能使职业生活变得丰富而有活力。如果所从事的工作超越了所学专业的范围，就应发挥自我应变能力，尽快补充新知识，掌握新技能，使自己在短时间内适应工作的要求。

四、终身学习的途径

终身学习的形式多种多样，但主要有以下四种途径。
（1）通过书本和现代化教育媒体进行自学。
（2）参加职业培训和各种形式的继续教育。
（3）在工作中向同事、领导虚心求教。
（4）借鉴同行业兄弟单位的有益经验。
其中，继续教育是终身学习中最主要的途径。

刚参加工作的毕业生要不断更新知识、更新思维和工作方法，努力实践，勤于思考，在实际工作过程中，勇于创新，才能取得事业的成功。

总之，近年来新技术、新产品和新服务项目层出不穷，就业能力的要求随着技术进步的加速也在不断变化着，标准的提高，使得技术发展的要求与人们实际工作能力之间出现了差距。由此产生了一种相当普遍的社会现象：一方面失业在增加，另一方面又有许多工作岗位找不到合适的就业者；一方面争抢人才的大战异常激烈，另一方面又有大批在岗者被迫离开岗位。伴随知识经济的来临，企业对劳动力不再只是数量需求，更重要的是对其质量有了新的标准和需求。强化知识更新、树立"终身受教育"的观念已成为时代的呼唤。

无论从事哪一种事业，都需要不断地学习。只有学习才能开阔视野，获取知识，得到智慧，才能把工作做得更好。

大凡杰出的人，都是终身孜孜不倦追求知识的人。在漫长的人生经历中，即使再忙再累再苦，他们也不放弃对知识的追求，学习既是他们获取知识的途径，又是他们在逆境中的精神支柱。在他们看来，知识是没有止境的，学习也应该是没有止境的，学习使他们的思想、心理和精神永远年轻，也使他们的事业日新月异。

在人生的这场游戏中，应当保持生活的热情和学习的热情，不断地汲取能够使自己继续成长的知识来充实头脑。

五、终身教育的意义

（一）提高国民个人社会化程度

必须构建全民终身教育体系提高国民个人社会化程度，说白了就是提高国民素质。这与普通教育、现代继续教育紧密相连。而终身教育是相对于传统学校教育和狭义教育而言的一种新潮教育观念，它是由法国教育家保罗·朗格朗提出的。

保罗·朗格朗认为，"终身教育包括了教育的各个方面、各种范围，包括从生命运动一开始到最后结束这段时间的不断发展，也包括了教育发展过程中的各方面与连续的各个阶段之间的紧密而有机的内在联系"。基本思想是"教育应是一个人从出生到死亡全程持续进行的，是人一生中所有教育机会的统一。它包括家庭教育、学校教育、社会教育等一系列正规教育和非正规教育，覆盖基础教育、职业教育、高等教育、继续教育等。"他较为全面地阐述了人一生中所应有教育的历程，指出了教育在个人社会化中的地位以及终身教育的定义，明确了人在社会中一定要接受教育的理念。

人类的发展已经从子承父业式的家庭传授走进现代化社会，随着科学技术及信息化的发展，知识的日益更新，社会对个人的要求越来越高，传统的家庭教育和基本的学校教育已远远不能满足社会的需要。个人只有通过终身教育体系中的学习，才能适应社会发展所需的文化价值观念与个人行为规范，以及掌握各项职业技能，以适应社会竞争和职业结构变动的需要。

因此，终身教育与国民个人社会化存在一定的互动关系，即终身教育体系越完善，国民个人社会化程度就越高。教育的社会化功能主要表现在社会中的个人通过接受教育，以适应社会变化发展和实现自我完善。

(二) 统一国民所有教育机会

终身教育包括家庭教育、学校教育、社会教育等一系列的正规教育与非正规教育，覆盖基础教育、职业教育、高等教育、继续教育等，可见终身教育为整合各种社会资源，以满足其社会成员更好地适应社会变化发展和实现自我完善提供了可能。

终身教育是否完善主要取决于其能否适应社会变化发展；能否实现国民个人自我完善；能否有效整合社会资源；归根结底主要取决于与社会的协调性的强弱。

衡量终身教育是否完善的主要指标：(1) 情感态度，看能否充分调动先天潜能，培养兴趣爱好及独立学习处理问题的能力，以形成积极的情感与态度；(2) 知识技能，是否能全面掌握基本知识及技能，培养自学能力，以具备发现与解决问题的能力；(3) 过程形式，是否能为社会成员提供进一步的教育和职业训练机会，以满足社会成员自我完善的需求；(4) 教育效果，是否能调整原有价值观、人生观和世界观以适应社会发展变化的需求；(5) 教育评价，是否能重新确立角色定位、提高角色适应能力，以实现国民个人角色的期望。

终身教育完善程度的高低，实质上就是能否使国民个人与社会更协调，能否使国民个人的潜能发挥到最大，能否使社会的资源达到有效的整合。终身教育越完善，国民个人与社会的协调性就越强；反之，终身教育越滞后，国民个人与社会的协调性就越弱。国民个人社会化是个人被动接受和能动选择社会的文化教化，以实现自己的社会性的人生发展的全部过程。个人要成为一个合格的社会人，必须完成技能社会化、价值体系社会化、规范社会化、学习型社会化和终身教育社会化。

第二节 继续教育

《国家中长期教育改革和发展规划纲要》首次明确定义继续教育的基本内涵——"继续教育是面向学校教育之后所有社会成员的教育活动，特别是成人教育活动，是终身学习体系的重要组成部分"，强调要"加快发展继续教育"，规定各类继续教育的发展任务，即"以加强人力资源能力建设为核心，大力发展非学历继续教育，稳定发展学历继续教育"，建立健全继续教育体制机制，构建灵活开放的终身教育体系，促进全体人民学有所教、学有所成、学有所用。

一、继续教育概述

继续教育最初特指工程技术教育领域的知识或技能的更新，现在内涵逐渐拓展，在终身教育时代，泛指对接学校教育之后所有社会成员的教育活动或教育形态。

继续教育是一种按接受教育的过程或阶段来划分的教育类型，具有在原有教育基础之上"追加"或"延伸"教育的含义，即脱离了正规学校教育系统后的所有社会成员都可以继续接受的一种没有年龄限制、形式和内容灵活多样的教育形态。它既包括社区居民在社区参与的各种学习活动，也涵盖为了更新知识、提升能力或学历资格而开展的多元学习活动。继续教育的对象并不局限于成年人，因各种原因中途离开学校的青少年（如辍学者）也包含在内。继续教育也不局限于学历教育或岗位培训，凡对个体具有教育意义的各种学习，包括文化娱乐活动在内，均属此列。在教育结构上，继续教育与学校教育紧密衔接，正规学校教育结束就可视为继续教育的开始。在教育内容上，继续教育涵盖学历教育和非学历教育、正规教育、非正规教育和非正式教育，以及职业导向的就业教育、提高技能水平的岗位培训和丰富精神文化生活的休闲教育等。

继续教育的需求遍及社会各个领域，教育内容包罗万象。实施继续教育是社会的共同事业，途径是很多的。据资料介绍，美国企业办学占50%，大学办学占24%，学术团体办学占20%，个人办学占6%。我国目前是以大学办继续教育为主，企业、学术团体等举办继续教育为辅，还有国家办继续教育以及各种社会力量联合办继续教育等。

（一）大学办继续教育

大学人才荟萃，知识密集，是实施高等教育的重要场所，是传播现代科学文化知识的主要阵地，具有开展继续教育的良好条件，在我国继续教育事业中发挥了重要作用，也是我国今后发展继续教育的重要力量。高等学校的继续教育可以通过本科生课程、硕士研究生课程、博士研究生课程、科学研究、新技术讲座、实验技能培训进行。教学形式有面授、函授、远距离讲授（广播、电视）；学习方式有脱产培训、业余培训；学习时间有长有短（长则一两年，短则三五天）。可以组织教学班集中讲授，也可以由导师单独指导；可以由学员到学校接受培训，也可以派教师到校外讲学；可以单科进修补充所缺知识，也可以系统学习获取学位。有岗位培训性质的学习，如助教进修班、专业证书班、厂长培训班等；有高科技讲授培训，如高级研修班、国内访问学者等。教育对象遍及自然科学、社会科学、人文科学等各学科领域。我国高等学校的继续教育活动，反映了我国继续教育的基本情况。国内外的实践都证明，高等学校在继续教育中具有重要地位，起着推动作用。

（二）企业办继续教育

继续教育对企业的生存和发展有巨大的促进作用，是企业在竞争中立于不败之地的力量源泉，企业亟须加强对各级专业技术人员的继续教育。一般企业，特别是中型以上企业都设有技工学校、职工大学或其他教学机构，有一定的教学场所和教学设备，有一定数量的专职教师和技术人员兼任的兼职教师，为继续教育提供了必要的条件。企业的继续教育课程，一类是针对新进入企业或公司的大、中专毕业生，进行上岗前的各种培训。另一类是针对已具有相当实践经验的各级专业技术人员进行的培训。例如，更新知识，拓宽知识面，了解国内外科技动态等，或者为晋升专业技术职务、转岗位、转跨学科专业等各种需要而进行的培训。企业办继续教育的优点是能够加强教学内容的针对性，紧密结合生产实际，直接为生产服务，为企业发展服务。提高企业的竞争能力和经济效益。企业办继续教育的另一个优点是有利于解决工作和学习之间的矛盾。企业办继续教育可以根据生产情况和学习任务合理安排时间，既保证学习又不影响工作和生产。要充分发挥企业办继续教育的积极性，为企业办继续教育创造条件，使企业办的继续教育健康发展。

（三）学术团体办继续教育

各级各类学会、协会是进行学术交流和开展学术活动的群众性学术团体。这些学术团体以学术活动为纽带，联系和吸引了大批优秀的专家、学者、教授，具有很强的智力优势。这些专家、学者、教授,有较高的理论水平、较为丰富的实践经验、较深的学术造诣,站在本学科发展的前沿,能及时掌握国内外的最新成就、动态和发展趋势,是最好的新技术传播者,是继续教育的高水平师资。由于他们不受行政隶属关系的制约,因此有利于实现跨部门、跨单位、跨学科、跨行业的横向联合,组织本学科或交叉学科的继续教育,发挥学术团体的独特作用。学术团体办继续教育的突出特点是教学内容新,教学水平高。同时,继续教育促进了学术交流,有利于学术团体的生存和发展。专业技术人员参加学术和信息交流活动,参加学术研究和考察活动也是重要的继续教育形式。实践证明,学术团体办继续教育是一个重要的办学渠道。

(四)国家设立专门的教育机构开展继续教育

专门进行继续教育的机构有如进修学院、管理学院、党校等。经过多年的教学实践,这些学校将逐步成为我国继续教育的中心。国家办继续教育具有权威性、示范性,是提高继续教育效益,促进我国继续教育事业健康发展的重要措施。

(五)联合办继续教育

继续教育的需求单位和办学单位之间,共同承担继续教育的任务,联合起来实施继续教育也是行之有效的措施。在联合中发挥各自的优势,弥补各自的缺陷,以求得最佳效果。

继续教育与科技进步、经济发展有密切的关系,随着我国改革开放的不断深入,继续教育基地的广泛建立,继续教育事业将不断得到发展,一定会创造出更多更好的施教途径。

二、继续教育的途径

继续教育的途径,可分为以提升学历为主的学历继续教育,以及以提高技能为主的非学历继续教育。

(一)学历继续教育

我国的学历继续教育类型繁多,当前主要包括成人教育、自学考试、网络教育、开放教育等。

1. 学历继续教育办学类型

(1)成人教育。①夜大学。夜大学指全日制高等学校举办的利用业余时间进行教学的大学。中国人民大学的夜大学是第一个正式招生的夜大学。目前,夜大学的招生对象是具有高中文化程度的在职人员和知识青年。对于国家统一入学考试,夜大学可以举办本科和专科,培养高级专门人才;也可以开设若干单科,供参加学习的人根据需要选学;还可以开设一些新技术学科内容的课程,为在职人员提供接受新的科学技术知识的机会。举办夜大学的高等学校,要按教学目的要求组织教学活动,努力提高教学质量,必须坚持社会主义的办学方向。本科和专科的学生,学完规定的课程,经考试成绩及格的,由举办的高等学校发给毕业证书,国家承认其学历。规定可以授予学士学位的高等学校,对所举办的夜大学本科毕业生同样可以按照规定授予学士学位。学完单科的,考试成绩及格者,发给学习成绩证明书。实践证明,全日制高等学校举办夜大学，是培养专门人才的一个重要途径，是提高全民族科学文化水平的一项重要措施，是高等教育的重要组成部分。夜大学是我国最早的学历继续教育形式，解决了工学矛盾，但是没有突破空间的局限性。在社会节奏日益加快的今天，学习者回到学校或教学点上课所付出的时间成本很高，以至于造成学习者到课率普遍较低的情况。但是，夜大学师生面对面的教学优势不容被忽视。②函授教育。函授教育是最早的远程教育方式，其突破了时间和空间的局限性，学习者不用回到学校上课学习，只需在教学点上课学习。举办高校通过发放纸质文本学习资料供学习者学习，学习者还可通过信件、电话以及电子邮件跟教师交流互动。随着信息技术的高速发展，函授教育已逐渐被网络教育与开放教育取代。但是因为我国的网络教育只限于部分普通高校，开放教育只限于广播电视大学（开放大学）体系，所以，目前仍然有部分高校采取函授教育方式。函授教育系统与其他成人教育系统一样，也是由学生、教师、教学内容、教学媒体、教学管理五大基本要素构成的教育教学过程。开放为主的教育环境、在职为主的教育对象、自学为主的教学形式以及教材为主的教学媒体是函授教育形式的基本特点，也决定了函授教育系统的结构，即"面授指导自学，答疑保证自学，作业深化自学，考核督促检查自学"，并通过以下三种教学模式来保证或辅助实现。A. 先自学后面授模式。自学活动从学员自学教材开始，自学过程中完成教师布置的作业，之后带着自学的收获和问题参加集中面授，在与教师的直接交流中解决问题，同时参加考核。此模式的基本特点是自学基础上的面授。其有利方面在于学员先独立学习教材，强化了学员在教学过程中的主体性，然后带着问题听教师面授，提高了教师指导的针对性，也有利于培养锻炼学员的探索精神。但此模式也存在一定的弱点，如学员要独立面对新问题，理解难度大，自学过程完成不好，教师的指导作用也难于发挥等。B. 先面授后自学模式。教学过程从教师面授（实验）指导开始，教师在面授指导时，概括该门课程的学科特点、理论体系及与相关学科的联系，讲清重点、难点，介绍有争议的疑点，交代课程的思维特点及学习方法等。之后，学员在分散状态下进行个人系统自学。其间，通过完成作业深化学习，通过各种答疑辅导活动解决问题。最后，通过考试评价学习效果，并借助考试结果的信息反馈，调整后续课程的指导与自学。此模式的基本特点是教师指导下的自学。其有利方面在于学员经过面授指导，避免了自学过程的盲目性，学员可根据面授时对知识的理解程度选择学习策略，运用教师给予的思维方法、学习方法，可提高学习效果等。此模式不利方面在于：教师的面授指导更多的是借鉴以往的教学经验，现实针对性较差；学生被动地、高密度地集中听课，消化理解滞后于讲课速度，听课效率不高。C. 递进深化模式。教学过程从教师引导开始。教师根据教学大纲，以提纲挈领的方式，择其要点，先给自学活动以指点，即教师站在学科内容的高度，对教材体系、学科特点、内容结构、重点难点、学习方法、参考书目等给予简略的介绍并布置学习要求，学生进入自学入门阶段；第一段自学中，学员根据教师的引导通读教材，完成一般知识、概念性的浅层次作业，对于出现的问题，或通过交流、查阅资料解决，或通过"自学问题单"反馈给教师，或自行梳理分类，准备参加面授时解决，完成学习活动的初步深化；此基础上的面授，教师有针对性地进行重点讲解指导，即讲多数学员不懂、不会的难点，讲不清楚、不解的疑点，讲制约知识理解、影响学习进程的重点，着重从知识内核、思维方法上启发引导，使初次深化进入再次深化。第二段自学中，学员从对知识点的理解转到对知识体系、学科特点、思维方法及其理论发展与实践价值的把握，对其中少数深层次的问题，或在与教师的个别交流中予以解决，或作为研究课题后续探讨，之后进入考试评价阶段。此模式是集"先自学后面授"和"先面授后自学"两种模式的优点于一身而设计的较为理想的传统函授教学模式，符合函授教育的内在规律与人的认识规律，试行的效果也不错。其不利方面在于学生在职分散学习的环境，学员参加引导和面授两次集中教学活动有困难。随着现代多媒体技术的广泛运用，引导环节可借助录音、录像、光盘或在网上进行，实行的障碍正在减少并趋于消失。

（2）自学考试。自学考试是经国务院批准创立，是鼓励学习者自主学习所产生的一种考试制度。自学考试从其专业与课程体系的设计上、从学历文凭的性质上属于学历继续教育，但是从自学考试助学的性质上看，其属于考试培训、考试辅导性质。

（3）网络教育。网络教育指利用现代信息通信技术开展的教育。网络教育的特点是以学习者为主体，学生与教师、学生与教育机构之间主要通过多种媒体和多种交互手段进行系统教学与通信联系。网络教育的具体特征包括：①课程资源的预制性与技术媒体的综合化；②网络教学的交互性与个别化；③网络学习的自主性与多元化；④网络教育的开放性与民主化。网络教育对构建学生合理的认知结构，培养学生自主学习的能力、探索科学的精神与创新能力以及合作精神等都有独特的优势。网络教育也存在不足，如情感交流缺失、学术氛围淡薄、知识体系碎片化等。20世纪下半叶，视听技术开始得到广泛应用，大众媒体也得到了大规模的发展，因此运用教育技术辅助教学的目标开始在学校教育中受到重视。通过广播电视、卫星传输、录音录像技术等多媒体技术推动教育改革，成为这一时期引人关注的潮流。美国是最早开展网络教育的国家之一。美国第一所虚拟大学——西部州长大学的成立，拉开了网络远程高等教育的帷幕。此后，其他高等学校也陆续开设网络课程或举办网络教育学校。据经济合作与发展组织的数据，进入21世纪以来，全世界的网络教育市场一直高速扩张；目前，全世界已有几十亿人通过网络教育的方式参与学习。我国的网络教育始于20世纪90年代中期。1999年，国务院转发教育部《面向21世纪教育振兴行动计划》，指出"现代远程教育是随着现代信息技术的发展而产生的一种新型教育方式，是构建知识经济时代人们终身学习体系的主要手段"。1999年3月，教育部批准清华大学、北京邮电大学、浙江大学和湖南大学创办网络教育，由此开启了我国网络教育的试点。1999年9月，教育部成立现代远程教育资源建设委员会，此后颁布了一系列政策文件予以推进。当前，随着网络教育在我国的不断发展，已有上百所网络教育高校平台供大众学习。网络教育充分利用了现代信息技术的发展成果，在学习平台上实施网络教学，提供学习支持服务，跨越了时空限制，真正解决了工学矛盾。然而，网络教育师生分离所带来的问题仍然没能得到很好的解决。

（4）开放教育。开放教育起始于中央广播电视大学人才培养模式改革和开放教育试点。开放教育利用自身的办学体系开展开放教育试点工作，其庞大的办学体系支撑了开放教育庞大的办学规模。开放教育主要在学习平台上实施网络教学，通过教学点提供学习支持服务。其本质上与网络教育相同。普通高校的网络教育在师资与资源上有明显的优势，开放教育如果能够充分发挥其办学体系的优势，其在学习支持服务的提供上具有普通高校网络教育无可比拟的优势。

2. 各类学历继续教育的差异性

各类学历继续教育的差异性主要表现在招生模式、教学模式、管理政策、学历文凭上。

（1）招生模式的差异性。成人教育具有政府部门设置的入学门槛，即教育行政部门采取统一组织成人高考的方式，按招生计划招收成人教育学习者。而网络教育采取自主招生考试方式，由举办高校自主命题、自主组织考试、自主录取等方式招收网络教育学习者，教育行政部门在招生规模上没有做出明确的限制。开放教育则采取注册入学的方式招收开放教育学习者，但教育行政部门没有对招生规模进行限制。

（2）教学模式的差异性。成人教育主要采取面授教学模式，学习者回到学校或教学点的课室上课。网络教育与开放教育采取网络教学模式，主要通过网络进行授课。其中，网络教育主要通过学习平台，由总部教师提供学术性学习支持服务。开放教育主要通过教学点提供学术性学习支持服务。对于非学术性支持服务，网络教育与开放教育主要由教学点提供。

（3）管理政策的差异性。成人教育、网络教育、开放教育三者的管理政策是相互隔离的。网络教育与开放教育采取"宽进严出"的政策，政府部门没有统一组织入学考试，真正实现了"宽进"，然而在"严出"方面，目前还没有严格的标准，主要通过阳光招生平台对学生的录取情况进行形式审核，对网络教育与开放教育本科的部分公共基础课实行全国统一考试。成人教育在某种意义上还属于"严进严出"范畴，虽然目前成人高考的录取分数很低，招生计划限制较少。

（4）学历文凭的差异性。成人教育、网络教育与开放教育的学历文凭虽然都属于学历继续教育，但三者有专门的类别和代码区分，学历文凭的不同也为各类教育自行其是提供了依据和条件。

3. 各类学历继续教育的同一性

尽管成人教育、网络教育与开放教育在招生模式、教学模式、管理政策与学历文凭方面存在差异，但其在本质上是一致的，相互之间具有同一性。

（1）专业体系的同一性。专业体系的同一性是指各类学历继续教育专业的价值取向、培养目标的同一性。这是因为各类学历继续教育专业均以在职人员为主体，以应用型人才培养为目标。因此，成人教育、网络教育、开放教育的人才培养目标是一致的。同一个专业体系，虽然教学实施的方式有较大差异，但是教学内容体系、课程体系是一致的。在充分考虑各类教学手段的优势互补与整合应用的前提下，各专业之间的课程体系应该是可以资源共享、学分互认的。

（2）教师来源的同一性。学历继续教育的教师来源具有同一性。对于普通高校的继续教育机构，不论是成人教育，还是网络教育，其主要依托高校自身的教师承担教学工作，由于普通高校的继续教育学院一般同时负责成人教育和网络教育办学，因此在教师管理上往往也是一体的。开放教育体系的教师来源主要依托自身办学体系的教师，也会外聘兼职教师。

（3）学生来源的同一性。各类学历继续教育，主要面向社会招生，以在职人员为主体，其在学生来源上具有明显的同一性。

（4）教学规律的同一性。各类学历继续教育，虽然在教学形式上差异较大，成人教育以面授教学为主，网络教育与开放教育以网络教学为主，但是其遵循的教学规律是一致的，即面向业余学习者的教学规律，如各类学历继续教育均以学习者为中心，实施体系化的教学，基于业余学习者的特点，采取相对松散的教学组织与管理、开展多样化的教学评价等。

（5）教学质量的同一性。各类学历继续教育，尽管教学实施方式有较大差异，但是因为教育的对象相同，而且都是以应用型人才培养为目标，所以各类学历继续教育的教学质量要求应该是同一的，应该采取相同的教育质量要求与标准。

4. 学历教育的整合性

基于以上分析，各类学历继续教育的差异主要是外在"形"的差异，而其内在的"神"是同一的，主要表现为学历继续教育的专业体系、教师来源、教学规律以及教学质量上的同一性。整合各类学历继续教育，实现各类学历继续教育的一体化发展，是学历继续教育的必由之路。

（二）非学历继续教育

研究资料表明，目前我国高等非学历继续教育所开展的项目主要可分为四个大类，即专业业务培训、业余休闲培训、职业资格培训和非学历研究生教育。从这四种项目类型与用人单位和社会团体的合作模式来看，又可分为"接受委托型"和"寻求委托型"两种。"接受委托型"是指用人单位带着项目、带着生源、带着要求主动找上门来，利用高校的教育资源，委托高校所开展的非学历教育专项培训活动；"寻求委托型"是指高校带着自己现有的或优势非学历教育培训项目，根据社会经济发展的需要，主动服务上门，寻求培训教育服务工作。

1. 专业业务培训教育

这是中华人民共和国成立初期出现的最早的非学历教育类型，当时主要是服务服从于国家重点工程建设的需要，对专业技术人员包括技术工人在内的职工技术教育，带有很大的被动性。发展到今天，这种形式的教育培训往往是某个单位或部门为了提升员工的相关的业务专项素质而进行的有针对性的培训教育活动。专业业务培训可以分为"补充型"和"转换型"两种教育情形，"补充型"教育是在现有业务门类上进行的业务培训教育，主要是补充从业人员在专业领域内的新知识新技能，对其原有知识范围和结构进行扩充完善以更好地适应岗位发展的要求。"转换型"教育是针对工作变动或新岗位的要求而进行的培训教育活动，主要为新上岗的员工能更好更快地适应新岗位新环境的要求服务，客观结果是受训人员发展成为"一专多能"，更好地推动本部门本单位事业的发展。

2. 业余休闲培训教育

业余休闲培训教育主要是为了提升培训者的生活素养，增加闲暇生活的活动技能，全面丰富其精神生活的培训教育形式。随着人们精神层面的需求日益凸显，业余休闲培训教育越来越成为高等非学历继续教育的新潮流。声乐、器乐、舞蹈、美术、书法、旅游、摄影、烹饪、健美、武术等各种生活休闲类培训项目正受到越来越多的有"闲"一族的欢迎，参加培训的人员也不断从培训中体会到培训提升，这改善了他们的生活质量。尤其对于受过高等教育的老年人来说，接受这种休闲娱乐培训，使其拥有了一种健康的养老生活方式，可以定义为终身教育的最后一个环节。随着我国老龄化人口比重的不断上升，这种教育形式对于减轻我国因人口老龄化带来的沉重负担，提高老年人的生活品质无疑有着重大的积极意义。

3. 职业资格培训教育

我国劳动就业制度主要是通过劳动者获得职业资格证书来体现。职业资格培训教育是贯彻落实相关国家战略方针的重要举措，也是我国人力资源开发的一项战略措施，是贯彻《劳动法》《职业教育法》的生动体现。大部分大学毕业后的从业人员，为了获得某种从业资格，实现工资、福利及职称、职务的晋升，主动寻找机会积极参加培训教育活动。这种培训实用性强、见效快，很受从业人员的欢迎，应该成为高等非学历继续教育的主攻目标之一。职业资格培训教育为构建职业导向和学科导向相结合的大学后继续教育模式提供了很好的途径。例如，扬州大学根据社会经济发展的需要，顺应形势的发展，加强与省、市职业技能鉴定中心的合作，成立了自己的职业技能鉴定所，建立了培训和鉴定师资队伍，健全了培训鉴定的规章制度，实现了"自己培训自己鉴定"的重大转变，极大地推动了职业资格培训教育工作的开展，目前已开展的培训鉴定项目有几十项。

我国职业资格培训教育发展的时间虽然不长，但在多年的发展中，由于国家政策引导和市场驱动的双重作用，已形成了证书培训、行业培训、政府项目等主要类型，并呈现出不同的特点。

（1）证书培训。目前，我国和职业相关的证书培训已占据了非学历教育的半壁江山，形成了全国计算机等级证书、全国计算机应用技术证书、全国英语等级证书、剑桥少儿英语等级证书、剑桥办公管理国际证书、少儿全国计算机应用技术证书和机械工程师资格证书、调查分析师资格证书、中国物流职业经理资格证书、劳动与社会保障岗位资格证书、中国餐饮职业经理人资格证书等培训品牌和特色项目。例如，仅在上海市，非学历教育培训市场的各类证书就数以百计，各种教育培训机构开设的非学历教育培训课程，更是数以千计。

①职业资格和职业资格证书。职业资格包括从业资格和执业资格。从业资格是政府规定的专业技术人员从事某种行业工作的学识、技术和能力的起点标准。其资格通过学历认定或考试取得。例如，凡是从初级职业技术学校毕业的学生，就具备初级职业技术资格；凡是从中级职业技术学校毕业的学生，就具备中级技术资格；凡是从高职教育院校毕业的学生，就具备高级技术资格。凡没有职业技术学历文凭者，要通过职业技术培训，考试合格后，方可取得相应的职业技术资格。执业资格是针对关系国家、社会和公共财产、生命、安全等职业后果重大的专业，实行的一种以明确的法律规定为依据的强行性行业资格准入控制手段，其资格通过培训考试取得。例如医生执业资格、建筑设计执业资格等，就是通过考试取得的。执业资格相对于从业资格而言，对资格的要求条件更高，责任更重大，管理更严格。职业资格证书是职业标准在社会劳动者身上的体现和定位，是职业技能鉴定结果的凭证，是表明劳动者具有从事某一职业所必备的学识、技术和能力的证明；它是劳动者求职、任职、开业资格的凭证，是企事业单位招聘、录用劳动者的主要依据，也是境外就业、对外劳务合作人员办理技能水平公证的有效证件。总之，是社会通用的凭证。

②职业资格证书培训的原则。职业资格证书的指导原则是：以职业活动为导向、以职业能力为核心。这里所说的能力，包括了贯穿于劳动者职业生涯的就业和创业能力、工作能力、职业转换能力。目前，职业能力的内涵正在重新结构化，它不再只是动手能力、操作能力和理论知识的代名词，职业者的态度、敬业精神、协作能力、团队精神和行为评价等，开始进入能力建设之中。以职业活动为导向，以职业能力为核心的原则，正在改变学科导向的职业教育和职业培训的内容和形式。职业能力主要包括以下三个层次。

A. 职业特定技能。指国家职业分类大典划分的特定技能范围。例如，我国将职业划分为2000多个，目前国家职业标准的制定，以及相应的职业资格认证考核活动均以此为限进行。随着生产的发展、技术的进步，不断有旧的职业消失、新的职业产生。例如，电子商务师、物流师、物业管理师、人力资源管理师、心理咨询师等，都是随着社会发展而逐渐产生的新职业。

B. 行业通用技能。是在一组特征和属性相同或者相近的职业群中体现出来的共性的技能和知识要求。从实际的操作需要来看，可定义为：我国在国家职业教育和培训科目中提出的指导原则、劳动和社会保障部技能鉴定中心颁布的通用管理能力测试大纲，这其中规定了所有管理者所具备的通用管理能力。

C. 核心技能。是范围最窄、通用性最强的技能，是人们在职业生涯甚至日常生活中所必需的，并能体现在具体职业活动中的最基本的技能，它具有普遍的适用性和广泛的可迁移性，掌握了核心技能就掌握了21世纪的通行证。它影响辐射到整个行业通用技能和职业特定技能领域，是对终身发展和终身成就影响最深刻的能力。开发和培育后备劳动者及在职劳动者的核心技能，能为他们提供最广泛的从业能力和终身发展的基础。

③职业资格证书培训的意义。职业资格证书培训具有很强的现实意义和深远的历史意义。

A. 改变了以文凭取人的人才观。学历的高低与能力的大小并不完全是对等的，职业资格证书是反映劳动者具备某种职业所需要的专门知识和技能的证明。与学历教育不同，职业资格证书与职业劳动的具体要求密切结合，更多地反映了特定职业的实际工作标准和规范，以及劳动者从事这种职业所能达到的实际能力水平，以此作为上岗的凭证，即反映劳动者达到了本岗位的实际能力水平。从人才结构来看，知识和能力都具备。从劳动者素质来看，后者起决定作用。实行职业资格证书制度，企业用人有了更实际的标准，就不会一味地追求单一的文凭了，而职工更加重视自身的素质，从而促进劳动力质量的提高；实行职业资格证书后，企业以"证"取人用人，职业资格证书就成为提高劳动者就业竞争能力、增加个人就业选择机会、提高收入的主要手段，这样就促使职工的求学目标与企业的教育培训目标相一致，带动劳动者积极地参与培训，变"要我学"为"我要学"，从而为教育培训营造了良好的环境。因此，它对我国劳动力质量的提高和职业继续教育事业的发展将产生深远影响。

B. 适应了培育劳动力市场的需要。劳动力市场是一个重要的要素市场，它与其他要素市场一样，推动社会主义市场经济的形成和发展。人才的需求是有层次、类别和标准的。因此，国家实行统一的资格证书，就能统一标准，划分类别，调节层次结构，既为劳动者进入劳动力市场提供了凭证，也为劳动力使用单位选人用人提供了方便。劳动力市场面向社会，提供各类人才，推动劳动力的人才流动、劳动力的合理调节，从而满足了经济发展的需要。

C. 有利于政府对劳动力的管理。过去，我国政府对劳动力的管理仅限于对数量的控制，而没有对劳动力的质量与结构进行有效控制。实行职业资格证书后，就可以通过证书对劳动者的素质程度进行控制，对劳动力的结构随时进行调整。国家进行职业分类，制定职业标准，按标准进行考核鉴定，达到标准的方能成为合格劳动力。因此，标准控制了劳动力的质量，证书的发放控制了各类劳动力的人数，政府在对劳动力进行有效管理的时候，也扩大了社会服务职能。

D. 满足了对外开放参与国际经济交流与合作的需要。我国正在完善全方位、多层次的对外开放格局，我国与国际间职业资格的交流与合作更加广泛、密切和深入。我国加入WTO（世界贸易组织）后，也涉及专业技术人员执业资格互认和行业市场准入问题，而一些问题可依据职业资格证书制度解决。国外已有行业资格，我们也要相应建立，以便在国际市场占有竞争优势。此外，资格标准的不平衡也会导致我们失去部分阵地。职业资格证书与国际接轨后，为高技能人才的流动和企业引进外国高技能人才创造了条件，有利于增强我国在国际经济活动中的竞争力。

(2) 岗位培训。岗位培训，是指对职工按岗位需要进行的以提高政治思想水平、工作能力和生产技能为目标的定向培训。主要包括按照岗位规范要求取得上岗、晋升资格的培训和根据本岗位生产、工作需要而进行的各种适应性培训。岗位培训应从企业生产、工作实际出发。强调针对性、实用性，本着学用结合、按需施教、干什么学什么、缺什么补什么的原则，围绕建立现代企业制度和科技进步、更新设备、提高产品在市场的竞争力，提高经济效益和社会效益的需要，强化各种应急、专项等适应性培训。

为了提升员工的素质和技能，不少党政机关、政府部门都建立了教育培训机构，利用自身力量和依托高校，有计划、分阶段开展对本系统、本行业员工的继续教育与岗位职业技能培训，如组织、人事、劳动、经济、文化、教育等部门，或利用自身的培训基地，或建立干部在线，或依托高等学校大规模开展非学历教育培训，把干部、职工、教师等各类人员每年参加继续教育和岗位培训的时间，纳入考核、提拔、晋级的内容予以参考，形成了经常化、制度化的行业、系统员工接受非学历教育的制度体系。同时，企业为了提高员工素质，也以各种方式支持员工参加岗位职业技能培训。

不同岗位所需要的岗位培训不同。因此，要想取得好的培训效果，必须要对不同层次、不同类型的人才区别对待。

在一个公司内部，由于各类人员的工作性质和要求不同，各有其独特性，因而对这些不同类别的人员的培训，在培训项目的安排上就要有其独特性。

公司经理的职责是对整个公司的经营管理全面负责，因此公司经理的知识、能力和态度与公司经营成败关系极大。从这个意义来说，公司经理更有必要参加培训。绝大多数公司经理都有丰富的经验和杰出的才能，公司经理的培训要达到以下目的：教会经理有效地运用他们的经验、发挥他们的才能；帮助经理及时掌握公司外部环境、内部条件的变化；组织经理学习政策法规，帮助经理了解政治、经济、技术发展的大趋势等；帮助经理掌握一些必备的基本技能，如处理人际关系主持会议、分权、谈话等方面的技能；对新上任的经理人员，应帮助他们迅速了解公司的经营战略、方针、目标、公司内外关系等，以使他们尽快适应新的工作。

基层管理人员在公司中处于一个比较特殊的位置，他们既要代表公司的利益，同时也要代表下属职工的利益，这样很容易发生矛盾。如果基层管理人员不具备必要的工作技术，工作就会难以开展。大多数基层管理人员过去都是从事业务性、事务性工作，没有管理经验。因此，当他们进入基层管理人员的职位后，必须通过培训以尽快掌握必要的管理技能、明确自己的新职责、改变自己的工作观念、熟悉新的工作环境、习惯新的工作方法。

专业人员公司有会计师、工程师、经济师等各类专业人员，这些人掌握着本专业的知识和技能。各类专业人员往往局限于自己的专业，与其他专业人员之间缺乏沟通和协调。因此，培训的目的之一就是让他们了解他人的工作、促进各类人员之间的沟通与协调，使他们能从公司整体出发，共同合作。专业人员参加培训的另一个重要目的就是要不断地更新专业知识，及时了解各自领域里的最新知识，与社会经济技术的发展相适应。

一般员工是公司的主体，直接执行生产任务，完成具体性的工作。一般员工的培训是依据工作说明书和工作规范的要求，明确权责界限，掌握必要的工作技能，以求能够按时有效地完成本职工作。在新员工训练的过程中，可能会犯哪些错误呢？第一个易犯的错误就是认为这项工作非常简单，以为仅仅示范一下就能很快掌握。如果这样想，那就大错特错。要知道，那些对一些人而言轻而易举的事情，对第一次尝试做它的人来说，也许是相当困难的。甚至在教授一个曾经做过这项工作的人的时候,他们掌握起来也不如想象中的那么快。因为不同的人要求达到的标准不同,示范的形式或方法不同,所以不能因为别人会学得很快。最好的办法是要详细地解说一切,尤其是在刚开始的时候。

第二个易犯的错误就是一次性地灌输了太多的东西,使新员难以消化。大多数人一次只能消化三个不同的工作步骤或指示。因此,在学习之前,要确认是否已经掌握了前三个步骤。不要显得紧张、焦急或不耐烦。如果有人犯了错,千万不能急着推卸自己的责任,而应当理解别人,最好这样说:"开始的时候是容易出错。别急,试试再做一次看看,熟练就好了。"

别忘了,学习是件容易让人疲倦的事,所以,即使还没感觉到已经学累了,也应该考虑别人已经精疲力竭了。因此,在训练的过程中,应考虑大家的感受,保证大家都有足够的休息时间。

(3) 政府项目。政府项目是近年来为促进特定对象开展的培训项目,通常通过各种方式由各级政府部门、行业协会等进行扶持,比如提供开办经费,提供开业贷款担保,甚至提供收入补贴,享受税收方面的优惠等,以扶植教育培训机构开展特定的非学历教育与培训。例如,农业农村部、人力资源和保障部、教育部、科技部等通过实施"阳光工程""技能培训计划""农村劳动力转移就业计划""雨露计划""星火计划"和农村中小学教师"国培"计划等,面向农村、农民、农业提供公益性的非学历教育培训,极大地提升了农村各类人员的素质,也优化了我国非学历教育投入的结构体系。

4. 非学历研究生教育

我国的研究生教育分为学历教育和非学历教育两种。

研究生学历教育是指考生参加国家统一组织的硕士生入学考试(含应届本科毕业生的推荐免试和部分高等学校经教育部批准自行组织的单独入学考试),被录取后,获得研究生学籍。毕业时,若课程学习和论文答辩均符合学位条例的规定,可获硕士生毕业证书和硕士学位证书。研究生学历教育的招生工作由教育部高校学生司负责。

非学历研究生教育是指不参加国家统一组织的硕士生入学考试,没有学籍。学生参加"研究生课程进修班"学习,按教学计划修完课程,并通过国家统一组织的外语统测,获得可以申请学位的资格,再通过硕士论文答辩,可以获得学位证书,但没有研究生毕业证书。研究生非学历教育工作由国务院学位委员会负责。

在职人员报考研究生学历教育可根据自身报考条件,选报全国统考、联考或单独命题考试。本科毕业生工作4年,业务优秀者,可报名参加单独命题考试。全国统考是在职考生与应届考生一起参加每年1月份的全国硕士研究生入学考试,参加复试的要求由教育部规定。单独命题考试的考试时间和考试科目(政治、外语和三门专业课)与全国统考相同,不同的是单独命题考试的5门课全部由考生所报考的院校单独命题。

单独命题考试出题是针对有丰富实践经验的在职人员及其业务特点来进行的,所以不能简单地与统考题比较难易。

教育部在确定考生复试的基本要求时,对在职人员初试成绩的要求略低于应届本科毕业生。特别要指出的是,参加复试的分数线不是录取分数线。为便于复试筛选,每年上线生源总数都略大于招生计划数。复试是进一步考查考生的综合素质和能力是否符合硕士生培养要求的重要环节。能否参加复试,不仅要看考生的初试成绩,还要看考生报考的招生单位的招生专业上线生数,如上线生数远超招生计划数,则一部分上线生就可能排不上参加复试名单。这是研究生招生考试的特殊之处。符合教育部复试基本要求而不参加第一志愿招生单位复试的考生，学校将把报考材料转到第二志愿单位。

此外，在职研究生是指学习方式相对于脱产形式而言，既通过正常入学考试（统考或单考）取得入学资格，在培养单位教学或培养方案许可的情况下，一边工作一边学习的研究生。因此，在职研究生并不是某种录取类别。一些专业学位（如工程硕士、教育硕士等）未参加全国统一入学考试，而采用全国联考方式入学，实际上是以在职人员申请学位方式获得学位，因而和学历教育有所区别，所以严格意义上并不是在职研究生，此外，社会上还有一些课程进修班是属于进修性质的。在职研究生在报名、考试要求及录取办法方面与脱产研究生相同，是经过学校录取的正式研究生，可获得研究生的学历。

目前，非学历研究生教育是所开展的高等非学历继续教育的最高层次。非学历研究生教育不参加国家统一组织的研究生入学考试，不具有学历和学籍，毕业时没有毕业证书，达到一定的考核要求发给学位证书，一般都是业余学习形式。当前高校所开展的非学历研究生教育通常有以下形式：研究生课程进修班、同等学力申请硕士学位、在职攻读专业学位、高校教师在职攻读硕士学位、中等职业学校教师在职攻读硕士学位等。虽然与正规研究生教育比较起来有些"业余"，但是学位授予的要求并不"业余"，仍然是按照全日制相应专业的学位评审要求来组织教学与考核的。就其教育内涵和功用来讲，与全日制研究生教育一样，具有高层次性，应该成为高等非学历继续教育发展的最高追求。

第三节 终身教育与继续教育的关系

终身教育思想的传播对继续教育研究的深入开展起着重大的推动作用。法国教育学家保罗·朗格朗发表的《终身教育引论》一书和国际教育发展委员会向联合国教科文组织提交的关于国际教育策略的研究报告（题目为《学会生存》）都提出了传统的学校教育体制必然为终身教育体制所代替，最终走向"学习化社会"的发展方向。这对继续教育、成人教育研究持久地发展具有极为重要的意义。

现在我们需要指出的是，我国新修订的《教育法》将"成人教育"提法全部修订为"继续教育"，说明成人教育在我国已基本完成历史使命，取而代之的是对继续教育的关注。但应该看到，继续教育在我国还处于弱势阶段，还有许多问题需要不断地探讨，并不断推向前进。所以，如何大力发展继续教育，还是国家面临的重要任务。人们发现，现代成人教育始于19世纪，继续教育和终身教育始于20世纪中叶，终身教育是随着继续教育的形成而产生的。成人教育是最初始的教育形态，继续教育是成人教育进化而成的高级形态，成人教育与继续教育也都是终身教育的核心内容。终身教育是在成人教育、继续教育影响下产生的当今最具有革命性的观念。其实，继续教育与成人教育各有千秋，也许成人教育更包容，更理想，更加让人理解。继续教育从其发端来说，更重视技术教育，更注重实际应用，契合了目前应用型人才培养。许多资料表明，成人教育与继续教育已走向融合。事实上，现在用终身教育来统领各种教育形态是一种良好的选择。我们也相信，随着社会的不断发展，终身教育在充当各种教育形态的指导理念的同时，必将走向现实，从理念、原则和精神走向实践；在不断得到国家制度保障的同时，实现立法的确立，来更好地为人民服务和为中华民族的伟大复兴服务。

第九章　创业概述

大学生毕业后除了就业之外，还可以选择创业。从本章开始，涉及创业和企业管理相关内容。

第一节　创业的概念与作用

一、创业概述

（一）创业的概念

许多学者提出了各自对创业的定义。霍华德·史蒂文森提出"创业是一种管理方式，即对机会的追逐，与当时控制的资源无关。"约瑟夫·熊彼特对创业的定义是"强调革新，包含新的产品、新的生产方法、新的市场、新的组织形式。财富就是在满足新的需求的革新的活动中被创造出来的。从这个角度来说，创业者可以被视为那些将各种不同的因素组合在一项革新性的活动中，并以此满足消费者的需求的人。同时，他们也希望实现的价值要超越原来的各因素的价值总和，并且能够创造出新财富。"被誉为"创业教育之父"的杰弗里·蒂蒙斯所著的创业教育领域的经典教科书《创业创造》对创业的定义是"创业是一种思考、推理结合运气的行为方式，它为运气带来的机会所驱动，需要在方法上全盘考虑并拥有和谐的领导能力。"科尔把创业定义为"发起、维持和发展以利润为导向的企业的有目的性的行为。"德鲁克认为"创业不仅是创办新组织或开展新业务，更是一个创新的过程，在这个过程中，新产品或新服务的机会被确认、被创造，最后被开发出来产生新的财富。"

创业专家张玉利认为"把创业仅仅理解为创建新企业是片面的，创业的本质更在于把握机会、创造性地整合资源、创新和快速行动，创业精神是创新的源泉。"吴晓义对创业的定义是"创业是不拘泥于当前资源，寻找机会，进行价值创造的行为过程。"郁义鸿等人在《创业学》里对创业的定义是"创业是一个发现和捕捉机会并由此创造出新颖的产品或服务，实现其潜在价值的过程。"

综上，我们认为创业是一个人或团队发现和捕获机会，由此创造价值和谋求发展并通过创新和特立独行来满足愿望和需求，实现其潜在价值的过程。一般来说，创业的概念分为狭义的创业和广义的创业。狭义的概念认为创建一个新企业的过程，包括建立新企业和企业内部再创业。广义的概念认为所有进行价值创造的过程都是创业。小到做好自己的本职工作，为社会更加美好做贡献；大到建立一个国家，或者改变世界。既包括创办大型的事业，比如兴建学校、医院、企业等，也包括创办小规模的事业，比如家业；既包括成功创办各类组织，也包括创办各种活动的过程。创业必须贡献时间、付出努力，承担相应的风险，从而获得金钱的回报、个人的满足和独立自主。

(二) 创业三要素和蒂蒙斯创业过程模型

蒂蒙斯创业过程模型是一种商业模型。杰弗里·蒂蒙斯认为,成功的创业活动必须对机会、创业团队和资源三者进行最适当的匹配,并且要随着事业的发展而不断进行动态平衡。

创业过程由机会启动,在创业团队建立以后,就应该设法获得为创业所必需的资源,这样才能顺利实施创业计划。

商业机会是创业过程的核心要素,创业的核心是发现和开发机会,并利用机会实施创业。因此,识别与评估市场机会是创业过程的起点,也是创业过程中的一个关键阶段。资源是创业过程中不可或缺的支撑要素,为了合理利用和控制资源,创业者往往要制定设计精巧、用资谨慎的创业战略,这种战略对创业具有极其重要的意义。而创业团队则是实现创业这个目标的关键组织要素。

创业者或创业团队必须具备善于学习、从容应对逆境的品质,具有高超的创造、领导和沟通能力,但更重要的是,具有柔性和韧性,能够适应市场环境的变化。

在蒂蒙斯创业过程模型中,商机、资源和创业团队这三个创业核心要素构成一个倒立三角形,创业团队位于这个倒立三角形的顶部。在创业初始阶段,商业机会较大,而资源较为稀缺,于是三角形向左边倾斜;随着新创企业的发展,可支配的资源不断增多,而商业机会则可能会变得相对有限,从而导致另一种不均衡。创业者必须不断寻求更大的商业机会,并合理使用和整合资源,以保证企业平衡发展。机会、资源和创业团队三者必须不断动态调整,以最终实现动态均衡。这就是新创企业的发展过程。

二、创业的作用

创业的作用体现在许多方面。对于个人来说,创业是他们创立一份自己事业的途径。自主创业是关系到创业者一生的重大决策。从社会层面看,创业活动的展开,有利于自主自强和敢于承担风险等创业精神的培养和社会氛围的形成。然而,创业的作用更主要的是体现在创业对经济发展的推动作用。我国的经济发展需要创新,需要更多的创业者。

(一) 创业活动促进经济增长

创业对经济发展的作用绝不仅仅局限在提高人均产出与人均收入水平上,更重要的是,创业还能促进新的社会结构和经济结构的形成,让更多的人来参与经济发展的过程和获得相应的回报。创新是经济增长的关键因素。创新不仅可以促进新的产品和服务出现来满足市场需求,而且可以刺激新的投资,从而从需求和供给两方面来促进经济增长。另外,创业还改变了人们对小企业在经济发展中的地位和作用的认识。另外,从我国国情来看,鼓励个人自主创业也是缓解就业压力、解决就业矛盾的一个重要途径。因此,我们应充分认识创业推动我国经济增长的重要作用。

(二) 创业是增强企业创新能力的主要途径

在微观层面，创业的巨大作用可以从创业对产品创新和科技进步的意义上来理解。在大多数情况下，创业过程包含着一种新的产品或服务的诞生，这对于创业是否成功具有关键作用，从整个经济社会的角度看，这无疑是产品和服务不断更新与演进的重要推动力。人类的科技进步不仅依赖于基础科学的发展，而且依赖于科技成果不断应用于经济社会，形成新产品和服务的生产能力，反过来又推动基础科学的发展。在这一过程中，创业活动是科技成果转化为生产力和新发明、新产品孕育和产生的主要形式。另外，创业不仅仅指新创企业的产生，还包括企业内创业。在当今日益激烈的竞争环境中，一个企业的创新能力和核心竞争力是生存和发展的关键。企业内创业是帮助企业获得并强化创新能力和核心竞争力的重要途径。

(三) 创业可以推动经济发展

无论国内国外，无论是发达国家还是发展国家，创业都是经济发展的主要动力之一。推动集知识、技术、管理、资本与创业精神于一体的创业型经济发展，对于促进世界经济实现新的增长具有重要意义。中小企业对我国经济持续快速增长起着重要的作用。只要政府加强引导，创业型经济对调整产业结构、转变经济发展方式以及缓解就业压力等都将发挥重要作用。

(四) 创业可以带动就业

中小企业是我国国民经济和社会发展的重要力量，是创造就业岗位、吸纳就业的主渠道，对城镇就业的贡献率在75%以上。通过创办中小企业，开辟新岗位，可以实现更多就业，减少社会就业的压力。

(五) 创业可以促进技术创新

自主创新离不开创业精神，更离不开由创业家主导、以创新型企业为主体的创业活动。没有创新的创业不可能有很好的发展，没有创业精神也同样不可能有重大的创新产生。美国在第二次世界大战后95%的重大创新和50%的创新来自中小企业；日本一半的技术创新由小企业进行。创新与创业活动作为科学技术最终转化为现实生产力的桥梁，日益成为我国经济发展的引擎。

(六) 创业有利于素质教育

创业是素质教育的深化和具体化。目前我国的教育方式侧重于传授知识，而在学生的实践能力特别是创业能力的培养上还很不够。因此，学校要培养大学生的创业思维能力，养成创新的意识，使学生培养起从单方面考虑问题转变到全面考虑问题，从关心自己到关心企业及集体的意识和能力。而创业教育的重要使命就是发掘每个人固有的创新与创业本能，通过"干中学""用中学"与"互动中学"增强生存之道，养成学生捕捉机会和组织资源的能力，让学生善于利用环境，抓住机会，发展自己。创业教育是建立在素质教育基础之上的新型人才培养模式，需要培养学生创新、管理等多种综合能力。因此，创业教育是素质教育和创新教育的深化和具体化，作为一种具体、独特的教育模式来进行创业人才的素质和能力的培养。

第二节　创业的模式

创业开始活动的动因可能不同，按照创业的驱动力可以将创业分为机会驱动型创业和生存驱动型创业。

一、创业的模式

创业模式是指创业者为实现自身的创业理想，而对各种创业要素的合理搭配。创业的组织形式、创业的方式确定、创业的行业选择组成了创业模式。

选择适合自己的创业模式，是创业成功的关键。根据对种种创业案例的分析发现，创业者从细小的生活细节中发现自身潜质，确立自身的创业方向，是至关重要的一步。同时，准确选择适合自己的创业方式也是迈向成功的关键一步。对一个创业者来说，一个真正好的模式，应该是适合自己的，即有能力操作而且能把现有的资源有效整合。

二、技术风险模式

技术风险模式是大学生运用掌握的专业技术或专利等，通过知识雇佣资本进行创业的模式。这种模式通常要求大学生具有专业技术特长，但创业还是要有一定数量的资金，而大学生一般缺乏资金，也很难通过信用为自己的创业筹集到创建企业所需的资金，所以大学生就会以其掌握的智力成果（如专利、技术等）来做一个资产评估，吸引其他有兴趣的机构、企业或投资人提供风险资金来创建企业。这种创业模式主要集中于电子信息、生物技术、高科技农业等技术含量高、知识密集型企业，在经营形式上通常采取股份法人公司制，在管理上十分强调团队精神。

技术风险创业模式的优点：（1）技术创新性强；（2）创业活力充足；（3）市场潜力巨大；（4）最大限度发挥专业潜力；（5）企业成长迅速。

技术风险创业模式的缺点：（1）资金筹集难度大；（2）容易产生企业内部纠纷；（3）容易忽略企业凝聚力和企业形象；（4）收益周期较长。

三、模拟孵化模式

模拟孵化模式是大学生在各种创业大赛的驱动下及各高校所建立的创业园区的影响和资助下而产生的创业模式。国家非常重视大学生创业，政府部门、社会团体及各高校每年都会举办各种各样的创业大赛，也会鼓励大学生申报各种创新创业项目。参加此类活动的大学生可以在比赛中了解创业程序、学习创业知识、储备创业经验、与社会进行接触，是对创业活动进行模拟实验的很好机会。另外，各高校建立的科技园或创业园则会为在大赛中获胜的大学生提供场地甚至一定资金的资助，为有创业计划的大学生提供各种创业服务工作。高校创业园区一般实行"优胜劣汰"制度，这对创业者是一种很好的激励和敦促，也培养了大学生的社会竞争意识。

目前，这种创业模式主要集中在高科技行业，很多项目是由导师承担、各级政府提供课题基金的，学生则通过参与导师课题来积累创业资源，再到自己创业。通过这种创业模式走出来的成功创业者很多。

模拟孵化创业模式的优点：（1）创新性较强；（2）政策和资源支持。

模拟孵化创业模式的缺点：（1）对市场和竞争对手缺乏了解；（2）难以适应真正的社会大创业环境。

四、概念创业模式

概念创业是一种刚刚兴起的创业模式，是指仅仅凭借一个创意、点子或是一个想法就进行创业。大学生一般缺少资本、社会阅历也较浅，可利用的资源也不多，但其却是最富有想法和创意的群体，因此这种模式可以成为大学生创业的重要方式。

概念创业是凭借创意、点子或是想法等概念进行创业，这些概念必须标新立异，即在打算进入的行业或领域具有足够的独特性甚至开创性；同时，这些超常规的想法还必须具有可操作性，而非天方夜谭式的梦想、空想。只有这样，才能赢得市场先机，并吸引风险投资商或是消费者的眼球，进而获取创业所需的其他资源，包括资金、创业伙伴等。

当年，美国人弗雷德·史密斯凭着一个想法隔夜传递，被风险投资家看中，创办了"联邦快递"。如今，"联邦快递"已是全球最大的快递运输公司，在多个国家开展业务。当许多人还在为没资金没技术而大伤脑筋时，有那么一群梦想家，凭着敏锐的市场嗅觉和新奇的商业创意，从普通创业者摇身一变成了日进斗金的创业家：第一家网络书店、第一个浏览器主页网站，这些成功案例使"概念创业"浮出水面，让越来越多的创业者意识到，一个一闪即逝的灵感，也能成为梦开始的地方。

五、在家创业模式

在家创业源于美国，它主要是随着网络的发展而逐步发展起来的一种创业模式。在家创业一般是指在家里办公的自由职业者，像自由音乐人、画家、自由撰稿人、网站设计人员、网络主持、广告设计等。在家创业，准确地说是独立工作，不隶属任何组织。采用这种模式创业需要创业者能熟练运用电脑，比较适合大学生群体。

随着网络技术的快速发展，在家创业模式发展很快。调查显示：我国在家创业大军已超过500万人，而美国有1/5的工作人员在家里工作，且每年以5%的速度增长，日本、韩国也鼓励个人在家创业。

在家创业模式的优点：（1）时间灵活，独立，不受外界干扰；（2）轻松自在，可以改善家庭生活；（3）工作生活兼顾，如工作的同时可照顾孩子。

在家创业模式的缺点：（1）容易产生惰性，工作效率不高；（2）缺乏人与人之间的合作与启发，工作创新性不够。

第三节　大学生创业教育

一、创业教育和大学生创业教育概述

（一）创业教育概述

关于创业教育，联合国教科文组织是这样定义的："从广义上来说是指培养具有开创性的个人，它对于拿薪水的人同样重要，因为用人机构或个人除了要求受雇者在事业上有所成就外，正在越来越重视受雇者的首创、冒险精神，创业和独立工作能力以及技术、社交、管理技能。"因此，创业教育是使受教育者能够在社会经济、文化、政治领域内进行行为创新，开辟或拓展新的发展空间，并为他人和社会提供机遇的探索性行为的教育活动。

实施创业教育的形式可视不同类型的学校、不同的专业、不同学生进行个性化的设计。一般来说，可采取四种形式。

（1）渗透性教育：创业的校园文化，创业理念在各学科、各专业在教育活动中的渗透与介入。

（2）普及性教育：创业精神、创业知识与创业实务普及性、讲座性的教育方式。

（3）重点性教育：在各专业中开设"创业经济学""创业管理"课程。

（4）专业性教育：创建创业学专业，开设包括创业精神学、创业知识论、创业实践论三大板块，体系化的创业学课程。

（二）大学生创业教育概述

大学生创业教育广义上是指通过相关的课程体系提高大学生的素质，使他们具有首创、冒险精神、创业能力、独立工作能力。狭义上，大学生创业教育是指培养大学生创办企业所需素质的教育。

开展大学生创业教育，有利于增加社会上创业队伍的数量并提高其整体素质，可以改变大学生的就业观念，增加大学生的创业信心，帮助大学生学习更多的创办企业的相关知识，促进大学生尤其是大学毕业生创业成功。

大学生创业是市场经济深化发展的产物。开展大学生创业教育是顺乎时代发展和大学教育要求的行为。培养具有创新精神和创新能力的 21 世纪优秀大学生是大学创业教育的首要目标。在大学期间，为每个梦想和立志创业的大学生提供理性、实用、针对性强的创业教育，帮助他们在创业精神、知识、能力和心理等方面打下坚实的基础，最终助推大学生成功创业，是大学创业教育的现实任务。

二、大学生创业教育的特点

大学是个体成长的一个关键时期，在此阶段，大学生创业教育有着独特的突出特点。

（一）教育体系的独立性

大学生创业教育独立性有两层含义。

（1）相对于其他层次的创业教育，大学生创业教育目标和内容更全面、深入，其本身构成一个完整的创业教育体系。同时，高校创业教育是学校创业教育的终端，绝大多数大学生毕业后将直接走向社会、面向市场。他们需要的不仅仅是创业教育理念的熏陶和基本技能的形成，而是更为专业系统的创业知识和丰富的实践机会。高校创业教育课程通常是由学科课程、活动课程、实践课程和环境课程组成的课程体系。仅就学科课程而言，在一些创业教育较成熟的大学里，创业教育的创业学课程教学内容通常将一个成功创业者所必须具备的意识、个性特质、核心能力和社会知识结构系统地进行了整合。例如，美国百森商学院的蒂蒙斯创业学课程由战略与商业机会、创业者、资源需求与商业计划、创业企业融资及新创企业的快速成长五部分组成。澳大利亚的阿德莱德学院小企业创业课程则由小企业管理技能、建立计划、小企业的建立、管理和经营、评估、小企业的经营管理实践这六大模块构成。通过这些知识的学习，学生可以从理论上全面深入地理解创业过程。

（2）在高等学校系统内部，不同类型和层次的大学生创业教育也具有相对独立性，应当体现各自的特色。高等职业技术大学（学院）的创业教育不应等同于普通高校的创业教育。普通专科学校的创业教育应该不同于综合性研究型大学的创业教育。即使是同类型同层次的高校，也应尝试逐步摸索适合本校特色的创业教育之路。总之，多样化和特色化是高校创业教育发展的需要。

（二）教育结果的隐蔽性

大学生创业教育效果具有隐蔽性，因为作为创业教育成果一部分的创业意识和创业心理品质通常以内化的形式存在，一般情况下不易判断和测量。例如，我们不能简单地判断某个学生是否具有创业意识以及意识的强弱程度。同样，我们无法简单测量意识究竟要强到怎样的程度才足以对创业实践产生影响。自我对创业意识是否产生、其强弱如何也很难做出客观的判断。进一步说，创业实践也不是检验创业意识存在与强弱的唯一标准，因为创业意识与创业行为之间并非绝对的正相关。因此，创业教育的效果具有一定的隐蔽性。

（三）教育结果的滞后性

创业因素的复杂性导致创业教育结果的滞后性。大学里完成创业教育要求学生毕业即创业是不可能的。从创业意识、创业能力到创业实践是一个复杂过程。仅仅具备创业意识、创业知识、创业心理素质和创业技能是不够的。创业还需要机遇和经验的积累。因此，创业教育的效果往往具有滞后性。作为全国试行创业教育高校的南京财经大学曾经对毕业生做过一项调查，该校某年毕业的346名本科毕业生到4年后，选择创业者32人，占9.25％。另一年本科毕业生1 011人，一次就业率95％，毕业即创业者仅10人左右。可见，创业除需要加强教育、训练，使其意识提高外，还需要摸索、实践，是个厚积薄发的过程。

（四）教育评价的多样性

创业教育课程具有综合性、实践主导性及考核方式的多样性与复杂性。高等学校的创业教育是由学科课程、活动课程、实践课程和环境课程四种类型课程组合、构建而成的综合体系。实践贯穿于各种不同类型课程之中，而且各种类型课程相互渗透。学科课程着重于使学生掌握涵盖创业实践所有环节的基础理论知识和社会知识。活动课程通过小组讨论、企业见习、头脑风暴、案例分析等各种方法使学生逐渐形成创业意识与情感，并掌握创业的基本技能。实践课程则是创业实践的模拟。在这一过程中，学生以团队的形式完全置于创业情境之中，学生体验到创业的整个过程，为了制订可行的商业计划，综合运用所学的创业理论和社会知识。企业的创立和运营过程不仅有助于形成他们的个性品质，而且可以为未来的创业实践积累大量的直接经验。可以说，不同类型的创业教育课程最终将落实到实践课程之中。实践课程是创业教育课程实践主导性的集中体现。

由于创业教育课程是由多种类型课程组成的综合性课程，其考核方式复杂且多样化。每种类型课程有其对应的考核方式，而且每种类型课程的考核方式本身也不是单一的。学科课程的考核通常包括基本知识的掌握和简单运用，可以通过考试和简单商业计划的制订来检验。活动课程的考核应主要采取的形式是制订包括创业团队组织、项目选择、融资策略、生产经营的管理等创业过程的创业计划书。实践课程的考核主要以实践中企业的创立、运营状况和经济、社会效益为衡量标准。总之，创业教育的课程考核不能采用单一和机械的形式，而应该根据不同类型课程特点因课设考。

三、大学生创业教育的分类和内容

（一）大学生创业教育的分类

1. 侧重整体能力和素质的创业教育

这类创业教育的特点是在大力倡导素质教育的同时，将创业教育的活动融入其中。其主要代表是人民大学，该校强调创业教育"重在培养学生创业意识，构建创业所需的知识结构，完善学生的综合素质"，将第一课堂与第二课堂结合起来开展创业教育。

在第一课堂方面，调整教学方案，加大选修课程的比例，拓宽学生自主选择课程的空间；开设诸如"企业家精神""风险投资""创业管理"等创业教育系列课程；改革教学方法，提倡参与式教学；以鼓励学生创新思维为导向，改革考试方法等。在第二课堂方面，学校不以功利性为导向，鼓励学生创造性地投身于各种社会实践活动和社会公益活动中。通过开展创业教育讲座以及各种竞赛、活动等方式，形成了以专业为依托、以项目和社团为组织形式的"创业教育"实践群体。

2. 侧重创业知识和技能的创业教育

这种创业教育的特点是以商业化运作方式设置专门机构、开设创业教育课程、建立大学生创业园、教授学生如何创业并为学生的创业活动提供资金资助以及咨询服务。其主要代表是北京航空航天大学,该校成立了"创业管理培训学院",专门负责与学生创业有关的事务,如开设"创业管理课程""创业企业的设立与研发"等课程。而且学院还特地设立300万元的创业基金,对学生的创业计划书经评估后进行"种子期融资"。

此外,广西科技大学在建立创业园区、培养学生创业创新能力方面做出了初步的尝试。他们的设想:创业园区的经营项目由学生自行确定,学生自筹资金、自主经营、自负盈亏,但同时学院也可提供少量的贷款。

3. 综合式的创业教育

此类创业教育一方面将创新教育作为创业教育的基础,在专业知识的传授过程中注重学生基本素质的培养;另一方面,则为学生提供创业(创办公司)所需资金和必要的技术咨询。这种创业教育类型的主要代表是上海交通大学,该校以"三个基点"(素质教育、终身教育和创新教育)和"三个转变"(专才向通才的转变、教学向教育的转变、传授向学习的转变)为指导思想,确立创新人才培养体系的基本框架和基本内容,注重学生整体素质的培养和提高。

在实验教学方面,学校投入经费高达8000多万元,建立了数个实验实习中心和创新基地,全天候向全校各专业学生开放,培养学生的实践动手能力。在第二课堂方面以社会活动为依托,以竞赛活动为载体,推动创业教育的开展。

学校实施"科技英才计划",设立学生"科技创新基金",资助学生进行科技创新活动,学校还成立专门的科技创新实践中心,对学生的创业、创新活动进行指导、咨询和评价。除此之外,学校还举办若干大学生创业大赛活动并尽可能地创造条件把竞赛中选拔出来的成果向应用端延伸,使学生的科技成果得以物化。目前,由该校研究生创办的"学子创业有限公司"已经入驻相关科技创业基地,开始了真正的创业历程。

(二)大学生创业教育的内容

创业教育要使学生了解当前我国严峻的就业形势和巨大的社会就业压力,认识创业是解决我国社会就业问题的重要途径,培养学生创业的意识、能力和相关知识,帮助大学生理性、客观地对待创业问题。

1. 学生创业意识的激发

创业意识是创业能力形成的动因系统,是创业活动的内驱力,它由创业需要、动机、兴趣、理想等方面组成。凡是成功的创业都离不开良好的社会道德感、社会责任感。因此,创业意识的培养包括创业自我意识的培养和创业社会意识的培养。

高校创业教育的主要任务就是要重视营造创业氛围,使学生转变就业观念,培养创业意识和创业精神。主要内容是:自信心的培养,处世态度、行为方式和工作作风的培养,社会责任感的培养,竞争意识和竞争精神的培养,坚韧不拔的毅力、愈挫愈勇的精神的培养。

2. 相关创业知识的传授

(1)扎实深厚的专业知识和全面、广博的非专业知识是创业的基础。扎实的专业知识既为学生创业创造条件,也决定学生创业的特点。

(2) 相关的商业知识也是必备的，如商品交换、商品流通等知识。

(3) 有关企业管理方面的知识，如人事管理、财务管理、物资管理、生产管理和市场营销管理等知识，是合理利用企业资源、提高企业运营效率所必需的。

(4) 相关法规知识也是不可或缺的。例如，工商注册登记、合同法财务、知识产权保护等方面的知识，都为学生顺利创业所必备。

3. 创业能力的培养

尽管创业能力的具备并不决定创业者的成功，但这些能力的高低强弱确实从根本上影响创业者成功的概率和创业的发展。创业能力可以通过课堂教学得到提高，但又不能完全依赖于课堂教学。创业实习与实践是提高创业能力和水平的最佳途径及平台。因此，创业实践活动是高校开展创业教育活动的重要形式，学校要注意创造条件为学生提供创业实习和实践的机会，以便实打实地培养学生创业的能力。

创业能力的内容很多，包括专业能力、方法能力和社会能力三大类。

(1) 专业能力是创业能力中最基本的能力，是人们从事某一特定职业所必需的本领。只有具备一定的专业能力才能从事该专业的创业实践活动。这种专业能力包括创办企业中主要职业岗位的必备从业能力，接受和理解与新办企业经营管理方向有关的新技术的能力，以及把环保、质量经济等知识和法律、法规运用于本行业实际的能力。

(2) 方法能力是创业的基础能力，是指创业者在创业过程中所需要的工作方法。例如，接受和处理事物的能力、捕捉商机的能力、分析决策的能力、创新的能力和理财的能力等。

(3) 社会能力是创业的过程中需要的行为能力，主要指与非智力因素有关的能力，如人际交往、合作、自我约束、适应变化和承受挫折的能力等。

4. 创业心理品质的培养

创业的过程是艰苦的，会遇到困难和挫折，甚至有失败的可能，所以学生在创业过程中必须拥有良好的心理品质。

创业心理品质主要由意志和情感组成，包括独立性、敢为性、适应性、合作性和健康情感等。在培训中，应注重意志力和情感调节方面的培养。根据学生的不同特点，帮助他们正确了解自己，正确认识社会，认识到创业的艰难，形成吃苦耐劳、谦虚宽容、坚韧不拔的创业心理，以提高其对市场变化的心理应变能力，这是创业成功必不可少的心理力量。

四、开展大学生创业教育的意义

开展创业教育对推进创新型国家建设、促进科技成果转化、深化高等教育改革、促进大学生自我发展具有重要意义。

（一）建设创新型国家

建设创新型国家的首要问题是在全社会培育创新精神，关键环节是使企业成为创新主体，核心要素是造就大批创新型人才。而创新精神的培养、企业创新主体地位的确立、创新型人才的造就，很大程度上都依赖于创业教育。

从国际和国内历史经验来看，企业在创新体系中具有重要的作用。我国在计划经济体制下，主要依靠政府、科研院所和高等院校来推进技术创新。但随着市场经济体制的建立和逐步完善，企业在自主创新中发挥着越来越重要的作用。而企业的创立和发展，更是离不开创业教育。

（二）促进科技成果转化

据统计，我国科技成果转化率只有15%左右，技术进步对经济增长的贡献率只有29%，远低于发达国家60%～80%的水平。高新技术企业的产值在社会总产值中占的比例仅为2%。

另外，我国每年有2万余项比较重大的科研成果和5 000多项专利，但是最终转化为工业产品的成果不足5%，而欧美发达国家转化率则高达45%。造成这种局面的原因很多，其中缺乏创业意识和创业技能是重要制约因素之一。由于缺乏创业意识和创业技能，单纯技术发明或创新没有创造原动力，欠缺面向应用的针对性，因此难以转化。总之，开展创业教育将在很大程度上促进科技成果转化。

（三）深化高等教育改革

随着高等教育大众化进程的加快，当前大学生就业形势日趋严峻，大学生毕业即失业的现象已不鲜见。大学生一味等待就业机会的来临而非积极地创业和开拓事业，在目前状态下，将挤占社会岗位资源，加剧整个社会的就业负担；而严峻的就业形势将会造成智力资源的极大浪费，同时会延缓高等教育大众化的进程。

国外的经验表明：有效实施创业教育，可以培养和造就数以百万计有创业精神和创业能力的小型企业家，这既可增强国家经济活力、促进社会经济发展，又可优化人力资源配置、缓解社会就业压力。深化高等教育改革要改变传统的就业教育的思维模式，使高校毕业生不仅是求职者，更是工作岗位的创造者。这种以创造性就业和创造新的就业岗位为目的的创业教育是高等教育大众化背景下深化高等教育改革的迫切要求。

（四）促进大学生自我发展

当代大学生更加关注个性化发展，越来越多的学生以创业为目标追求在最大程度上发展个性、实现自身价值。同时，面对激烈的就业竞争压力，不少学生为拓展将来职业发展空间，在夯实理论知识、掌握基本技能的同时，迫切希望学习一定的创业知识，培养创业能力。这就要求高校在进行传统的就业教育的同时，还必须开展创业教育，激发学生的创业欲望，培养其创业素质。

只有这样，才能使毕业生具备竞争能力和生存能力，既可以去寻找合适的岗位就业，又能够在为了寻求更好的自我发展机会时走向自主创业的道路。因此，开展创业教育也是学生谋求生存、促进自我发展、实现自身价值的需要。

五、大学生创业教育的未来发展

当前，大学生创业已引起社会各方面的关注。国家不断推出针对大学生创业的各种优惠政策，鼓励和支持大学生毕业后自主创业；各地政府部门也推出了针对大学生的创业园区、创业教育培训中心等，以此鼓励大学生自主创业。为提高大学生的自主创业能力，高校应根据大学生实现自主创业的实际需求，运用各种手段和途径，积极开展创业教育，全面培养他们的创业意识和创业能力，并努力创造条件使其接受创业实践的锻炼。

（一）鼓励和引导大学生积极转变观念，营造创业氛围

有些大学生的思想观念远不能适应创业所面对的问题，高校应该通过全方位教育，鼓励和引导大学生积极转变观念，营造浓郁的创业氛围。

在高校营造创业氛围，一是可以通过新闻媒体、校园文化等手段加大创业事迹的宣传力度；二是在校风、教风、学风建设中突出创新、创造，形成"学习为创造、创造中学习"的良性循环，潜移默化地培养和强化大学生的创业意识；三是在学校的制度建设上，多鼓励师生创新、创造、创业；四是宣传成功创业者的创业事迹、创业方法和奋斗经历，为大学生树立学习榜样。

（二）积极推动教育教学改革，建立创业能力培养服务体系

培养大学生的创业意识创业能力是高校的重要教育任务之一，应将创业教育全面渗透到学校的教学工作中，并建立比较完整的大学生创业能力培养服务体系，帮助有志于创业的大学生迈出创业的第一步。

创业能力培养服务体系应以"激发—实践—创业"为主线，全面满足大学生的创业需求。该体系应由创业基础理论、创业实践训练、创业教育导师辅导和创业孵化系统组成。这个体系可以为大学生提供从创业基础理论、普及性科技活动、学术性科技创新项目开发研究、创业计划大赛、创业实践训练到自主创业的完整学习过程，能有效提高大学生的创业能力。

1. 创业基础理论平台

创业基础理论平台主要提供职业生涯发展规划教育、专业教育、现代形势教育、创新创业教育和培训、基本素质养成教育。以帮助学生确立职业生涯发展目标为目的，帮助学生初步了解所学专业和行业，激发学生的创新创业意识。

2. 创业实践训练模块

创业实践训练模块旨在拓宽创业能力培养渠道，利用各种实践条件培养创业能力。在基础理论模块之外，主要通过各类培训、创新项目和创业计划大赛来实现。它主要有如下四种形式：（1）创业计划大赛，定期举办学校创业计划大赛和参加全国大学生创业计划竞赛等活动，促进创业实践的迅速发展，培养学生的创新精神和创业意识；（2）模拟创业活动，从寻找商机到制订创业计划、组建创业团队、进行创业融资和创业管理，对创业全过程进行模拟，提高学生对创业过程的感性认识，达到在实践中学习和提高的目的；（3）创业者系列讲座，邀请创业校友和在校教师为学生分享创业经验并进行知识交流，让学生从中了解创业的真实过程和其中的艰辛；（4）大学生创业项目支持计划，制订大学生创业项目支持计划，提供资金和场地，在校园中采取招投标的形式，让学生经营文印社、商店等。有条件的学校还可以与大学生创业园区合作，积极利用政府的政策，为学生创业项目提供专家指导，鼓励学生进行创业训练，在训练中培养学生的创业和管理能力。

3. 创业孵化系统

大学生创业孵化系统是一种新型的社会经济组织，它通过为大学生提供研究经营场地、通信网络与办公设施、系统培训和咨询服务以及政策、融资、法律和市场等方面的支持，降低大学生创业的风险和成本。这是提高大学生创业能力的重要途径。

（三）大学生创业孵化基地

1. 良好的政策环境

一是减免税收；二是在孵企业被认定为高新技术企业后，可优先享受孵化专项资金、科技三项经费支持以及孵化基地提供的综合服务和减免房租等有关优惠；三是政府要鼓励各类金融机构改进信贷服务，增加信贷种类，合理确定贷款期限，增加对在孵企业的信贷投入；四是各类担保机构和创业投资机构要优先为在孵企业提供信用担保。

2. 合理、高效的运行机制

以公益目的为出发点，服务体系的管理部门应根据工作的需要设置项目部、指导部、服务部、人力资源部、综合部、信息部等职能部门。建立集工商注册登记、企业年检、税务代理、财务会计代理、经济技术合同咨询、专利申请、商标注册、无形资产评估、商务谈判等咨询服务于一体的规范化综合服务系统。

3. 科学的管理机制

（1）资本管理机制。帮助创业项目解决资金运转问题，使创业项目得以继续为大学生创业创造良好的物质环境。（2）项目管理机制。通过项目管理机制，加快科技成果的转化，对创业项目实施全面的价值评估，全面提高创业项目质量。（3）文化管理机制。营造合作、内部融合的文化。鼓动竞争对手变成同盟者甚至合作者，以便在尽可能短的时间内取得最佳成果。这不仅有利于整合资源还能为大学生提供有效帮助，提高孵化基地的智能化服务水平。

总之，高校大学生创业需要政府、学校、家庭、自身多方面努力。在不断创新创业教育理论的同时，要加强针对性的辅导与培训，以增加大学生创业的成功率；要为其提供更多的创业实践机会，注重各种形式的创业实践活动，从而最终提高大学生的综合素质，促进大学生就业与个人职业发展。

第十章 创业者

第一节 创业者概述

一、创业者概念

创业者这个词最早是由法国经济学家理查德·坎迪伦于1755年引入经济学的。1880年,法国经济学家让·巴蒂斯特·萨伊首次给出了创业者的定义,他将创业者界定为预见特定产品的需求及其生产手段,以及发现顾客,克服困难,将一切生产要素相结合的经济行为者。1934年,著名经济学家约瑟夫·熊彼特专门研究了创业者创新和求进步的积极性所导致的动荡和变化,认为创业者应为创新者。

(一)狭义的创业者

西方早期的创业学者将创业狭义地理解为"创办企业等经济实体",与此相联系,也将创业者狭义地定义为企业的创办者,即组织管理一个公司或企业并承担其风险的人。创业者的英文对应词是"Entrepreneur ship"。这个词有两种基本含义:一是指企业家,即在现有企业中负责经营和决策的领导人;二是指企业创始人,通常理解为即将创办新企业或者是刚刚创办新企业的领导人。关于狭义的创业者概念,目前有两个已被广泛接受的观点值得注意:一是创业者并不等于企业家,因为大多数创业者并不具备企业家的眼界、格局和个人品质,从创业者转变为企业家,需要一个逐渐成长和完善的过程;二是狭义的创业者是指参与创业活动的核心人员,而不仅限于企业的法人代表或领导者、组织者,因为在当今的创业活动中,高新技术企业、合伙制企业所占的比例越来越大,离开了核心技术专家和主要合伙人,很多创业活动根本无法进行,所以核心技术专家与主要合伙人也应被视为创业者。

在对古今中外创业者进行研究的基础上,我们从创业者所承担的责任、义务的角度,将成为狭义的创业者的基本条件概括为:愿意承担创业过程中的所有不确定性和风险,并有激情和勇气克服创业中的各种困难,持之以恒地为实现自己的创业目标努力奋斗的人。当然,在科学技术飞速发展、产品和技术老化周期日益缩短、社会分工日益细化的今天,创业者还应熟悉自己所从事的创业领域,并具有较强的创新意识、创新精神和创新能力。

(二)广义的创业者

关于广义的创业者概念,目前主要有两种界定方式。一种界定方式是从人们在工作中所扮演的角色的角度,将创业者界定为参与创业活动的全部人员;在这种界定方式下,创业活动的发起者、领导者与创业活动的跟随者,都被视为创业者。另一种界定方式是从人们所从事的工作的性质的角度,将创业者定义为主动寻求变化,对变化做出反应,并将变化视为机会的人;这种界定方式打破了传统的创业概念,将其外延扩大为所有主动寻求变化并对变化做出反应的活动,在这种界定方式下,企业创办者、企业内创业者、个体劳动者、自由职业者、项目合作者等以各种身份从事具有创新性活动的人,都可以称为创业者。

在我国,大多数情况下,我们说的创业者是广义的创业者,而且这个概念的外延包含了参与创业活动的全部人员,以及以各种身份从事具有创新性活动的所有人员。从这个概念的外延中可以看出,它整合了上述两种广义的创业者概念,具有极大的包容性。

二、创业者的分类

创业者可以从以下不同的角度来分类。

(一) 根据创业者的角色划分

根据创业者在创业过程中所扮演的角色,可划分为独立创业者和创业团队。同为创业者也有不同的角色和定位,有人适合独立创业,有人适合团队创业。在团队创业中,有的创业者适合担任主导,有的创业者只适合扮演参与者的角色。

1. 独立创业者

独立创业者是指独自创业的创业者,即个人独自出资和个人独自管理。独立创业者的创业动机和实践受很多因素影响,如发现很好的创业机会、对创业活动具有专注的精神、独立性强、失去工作或找不到合适的工作、对目前所从事的工作失去兴趣、受他人成功创业的影响等,这些因素都有可能激发独立创业活动。

独立创业者的主要特点:创业过程中充满挑战和机遇,可以充分发挥创业者的想象力、创造力,自由展示独立创业者的主观能动性和创新能力;独立创业者可以主宰自己的工作和生活,按照个人意愿追求自身价值最大化,实现创业的理想和抱负。但是,独立创业者的难度和风险较大,独立创业者可能会缺乏管理经验,或缺少资金、技术资源、社会资源、客户等,创业压力也相对较大。

2. 创业团队

创业团队是由少数具有技能互补的创业者组成的,为实现共同的创业目标,有一个能使他们彼此担负责任的程序,共同为达成高品质的结果而努力的共同体。依据创业团队的组成者特征可以划分为不同类型的创业团队。

(二) 根据创业优势不同划分

1. 销售型

这类创业者个人具有很强的销售能力,个性强,善于和客户打交道。他们的创业基本来自产品和服务的销售或者代理，其特点是创业者在这个行业积累了广泛的客户基础，创业后即可获得大量客源，尤其是渠道关系。有了这个基础，对新创业的企业来说就有了生存基础，企业的生存问题解决了，发展就成了必然。因此，这种类型的创业者主要是利用了前公司的客户资源，为自己后面的创业铺设了一条光明大道。这类创业者的特征是抢占或者利用前公司资源，业务模式和产品与原来的公司基本雷同。相对于其他创业类型来说，这种创业类型是最容易成功的。

2. 技术型

这类创业者不善于销售产品，不善于和客户打交道，也可能不善于企业管理，他们所拥有的是核心技术和对技术的执着追求，他们拥有行业内或者乃至全球顶尖的技术。由于技术的优势，他们的创业与销售类型的人创业相比就更显得不同，也更难以像销售型创业那样快速创业成功。技术型创业者有时很难得到投资者的认可，不仅仅是因为很多技术属于不成熟的技术或者非常先进的技术，商业化推广还需要一段时间，对于一些投资家来说还存在很多风险。不过，一旦这个技术可以得到商业化的运作，他们的创业将会得到一些投资者的青睐。

3. 管理型

这类创业者和前面两者的区别在于他们在以上两个领域中都不具备优势，在渠道上缺乏先天优势且技也不如人。他们的优势在于对企业战略的准确把握，熟悉企业管理系统或者企业的运营。很明显，这类人创业容易得到支持，但这类人创业需要精通人力资源管理，尤其在用人管理方面必须拥有优势，否则，如不能建立一个有效合作的团队，创业将难以成功。

（三）根据创业者的影响力划分

根据创业者对市场和个人的影响力可划分为复制型、模仿型、安定型和冒险型四种创业者类型。

1. 复制型创业者

复制型创业者复制原有公司的经营模式，创新的成分很低。新企业中属于复制型的创业者比率虽然高，但由于这种类型的创业者创新贡献低，缺乏创业精神的内涵，不是推动社会、经济发展的主要动力。

2. 模仿型创业者

模仿型创业者对于市场虽然也无法带来新价值的创造，创新的成分也很低，但与复制型创业者的不同之处在于，创业过程对于创业者而言还是具有很大的冒险成分。这种类型的创业者如果具有一定的素质，经由系统的创业培训，掌握正确的市场进入时机，还是有很大机会可以获得成功的。

3. 安定型创业者

安定型创业者虽然为市场创造了新的价值，但对这类创业者而言，本身并没有遭遇太大的改变，从事的也都是比较熟悉的业务。这种类型的创业者强调的是创业精神的实现，也就是创新的活动,而不是新组织的创造。

4. 冒险型创业者

冒险型创业者对本身的转变大,创业不确定性高;对新事业的产品创新而言,也将面临很高的市场不确定风险。此类创业者创业难度很高且创业风险比较大,有很高的失败率,但成功所获得的报酬也很大。这种类型的创业者如果想要获得成功,必须要在创业者能力、创业时机、创业精神发挥程度、战略、创业过程管理等方面,都有很好的搭配。

(四)根据创业者的创业目标划分

按照创业者创业目标的不同,可将创业者分为以下三种类型。

1. 谋生型创业者

谋生型创业者往往是迫于生活的压力,或是为了使自己的生活条件有所改善才决定创业。这种创业者绝大部分是以较少资金起步的,创业范围一般局限于商业贸易领域,也有少数从事实业,但基本上是规模较小的加工业。

2. 投资型创业者

投资型创业者是在已经拥有一定的经济基础与实力的基础上进行创业。这类创业者的创业目标主要是获取更大的经济回报。

3. 事业型创业者

事业型创业者把实现自己的人生理想作为创业目标,把创业企业当作自己毕生的事业。这类创业者成就意识很强,不甘于为别人打工,愿意为理想放弃一份稳定的工作。他们之所以选择自主创业,是希望通过这一途径来证明自己的能力,实现自我价值,得到社会的认可。这类创业者往往在有了一定的经济基础、经历了市场和社会的磨炼之后,更加明确自己的人生追求。

(五)根据创业者的创业内容划分

按照创业者的创业内容,可划分为生产型、管理型、市场型、科技型和金融型五种创业者类型。

1. 生产型创业者

生产型创业者是指通过创办企业推出产品的创业者,主要特点是创业者一般都具有企业的生产技术或产品开发背景,以生产技术为主体,常常直接从事商业化技术或者产品开发,生产的产品通常科技含量比较高。

2. 管理型创业者

管理型创业者是指那些综合能力较强的创业者,他们对专业知识不太精通,主要特点是创业者在管理和协调中有自己的特长，能够通过各种有效的管理手段带领新企业前进。

3. 市场型创业者

市场型创业者通常是缺乏企业的技术专业背景，没有技术经验，或者只有非技术组织的职业经验，但是善于识别技术机会，有创业的点子，又有一定的资金支持的创业个体，主要特点是注重市场，善于把握变化中的机会。

4. 科技型创业者

科技型创业者多与高校和科研机构有关联，具有很强的科研知识背景，并常常从事基础科研开发，掌握了某种技术，有强烈的欲望把科研成果转换成生产力，一般在高等教育机构或非商业化的实验室担任或担任过学术职位，主要特点是创业者以高科技为依托创办企业。

5. 金融型创业者

金融型创业者实际上是一种风险投资家，他们向新企业提供的不仅仅是资金，更重要的是专业特长和管理经验。他们不仅参与新企业的经营方针和规划的制定，而且还参与新企业的营销战略制定、资本运营以及人力资源管理。

（六）根据创业者的创业资源划分

按创业者的特性及创业资源的来源划分，可将创业者分为以下三种类型。

1. 变现型创业者

就是过去在某些企业当经理人期间聚拢了大量资源的人，在机会适当的时候，开公司办企业，实际是将过去的市场关系变现，将无形资源变现为有形的货币。

2. 主动型创业者

主动型创业者又可以分为两种，一种是盲动型创业者，一种是冷静型创业者。前一种创业者大多极为自信，做事冲动。有人说，这种类型的创业者，大多喜欢赌，而不太喜欢检验成功概率。这样的创业者很容易失败，但一旦成功，往往就是一番大事业。冷静型创业者是创业者中的精华，其特点是谋定而后动，不打无准备之仗，或是掌握资源，或是拥有技术，一旦行动，成功概率通常很高。

3. 赚钱型创业者

这类型的创业者除了赚钱，没有什么明确的目标。就是喜欢创业，喜欢做老板的感觉。他们不计较自己能做什么，会做什么。可能今天在做着这样一件事，明天又在做着那样一件事，他们做的事情之间可以完全不相干。

（七）根据创业者所处的创业领域划分

根据创业者所处的创业领域可将创业者划分为传统创业者和技术创业者。

1. 传统创业者

传统创业者是指在传统的行业,如在餐饮、房地产、服装等行业筹集资金创办企业,为顾客提供产品或服务的创业者。

2. 技术创业者

技术创业者以突出技术为主,所创办的企业一般规模比较小,产品的技术含量较高,附加值比较高,利润空间比较大。

第二节 创业者素质

一、创业者素质的概念

创业者想要取得成功,不仅需要良好的外部条件,例如,国家政策、市场环境、行业环境、良好的团队等,同时内部条件也是极其重要的,这种内部条件就是创业者个人必须具备的促使创业成功的素质,这种素质是一种综合素质。

目前教育学观点下有三种具有代表性的观点。

(1) 创业素质是指人在后天接受教育和环境影响下形成和发展的,在社会实践活动中表现出来的比较稳定的个性特征。

(2) 创业素质是指在人的心理素质和社会文化素质基础上,在环境和教育的影响下形成和发展起来的,在社会实践活动中全面地、较稳定地表现出来并发挥作用的身心组织要素、结构及其质量水平。

(3) 创业素质是以人的先天禀赋为基础,在环境和教育的影响下形成和发展起来的、在创业实践活动中表现出来并相对稳定地发挥作用的身心组织要素的总称。

二、创业者的基本素质

对于创业者而言,其实并没有过多特殊的要求。创业者也不是一群特殊的人,大多数人都可以成为创业者。创业者需要具备以下基本素质。

(一) 身体素质

良好的身体素质是成功创业的前提,健康的身体是成功创业的基础。第一,创业之初,受资金、制度、管理、经营环境等各方面条件的限制,许多事情均需创业者亲力亲为;第二,在创业过程中,创业者需要不断地思索如何提高经营管理水平,从而使企业在激烈的竞争环境中迅速成长;第三,在整个创业过程中,创业者工作时间远远长于一般工作者,并且需要承受巨大的风险压力。所有这些因素要求创业者必须具备充沛的体力、旺盛的精力、敏捷的思路,如果没有过硬的身体素质,创业者必然力不从心,难以承受创业重任。

（二）道德素质

道德素质是人在道德方面的内在基础，道德是理想之光，成功的创业者必定是一个道德高尚的人，他会在创业的过程中，造福一方，惠及他人。创业过程中，创业者要做到两点：第一，适度控制私心小利。从个体角度讲，如果创业者过于看重自己的利益得失，不注重维护创业团队成员或企业员工的利益，创业者将成为孤家寡人。从企业角度讲，如果创业者过于关注企业局部、短期的利益，企业则很难做大、做强、做久。第二，创业者要做到得意不忘形，失意不失志。一个成功的创业者在创业顺利时能够居安思危，在创业失利时能够保持斗志，使企业转危为安。

（三）经验素质

经验素质是创业者在创业过程中实践经验的积累，经验是形成管理能力的中介，是知识升华为能力的催化剂。缺少创业经验，是创业者特别是大学生创业者面临的一个重要问题。创业需要创业者具备很强的综合能力，一些创业者虽然有一些好的创业构想，但是由于缺乏创业经验，项目不是很难得到市场的认可，就是很容易被别人复制。要想提高自己的创业成功率，创业者就应该考虑如何去积累创业经验，切实提高经验素质。

（四）协调素质

创业者在创业过程中需要协调企业内部各部门、各成员之间的关系，同时，还要协调企业与外部相关组织、个人之间的关系，这种关系既包括工作关系也包括人际关系，所有这些要求创业者必须具备综合的协调素质。创业者的协调素质是一种性质复杂的素质，要求创业者懂得一套科学的组织设计原则，熟悉并善于运用各种组织形式，善于用权，能够指挥自如，控制有方，协调人力、物力、财力，以获得最佳效果。

人际协调能力对于大学生来说是非常重要的创业能力。因为人的问题始终是管理的最核心和最本质问题，任何活动都离不开人与人之间的交往。创业不仅需要协调好企业内部成员的关系，也需要协调好企业与顾客、社区、政府、社会的外部关系。因此，有意识地培养与他人的协作能力是创业者获得他人和社会支持的重要前提条件，对创业者事业成功具有重要的积极作用。

创业活动虽然是个体的实践活动，但也是社会性的活动，这种活动是在人与人之间交往、配合和协调中发生发展并取得成功的。因此，创业者要想取得成功，就必须积极主动地与人交往、交流、合作、互助，并在此过程中取人之长、补己之短，获取各方面信息。培养创业者的人际协调能力与社会交往能力，其潜质就在于培养个体的合作性。这与创业者自身不依附于他人、独立思考、自主行动的独立性心理品质并不矛盾，二者相辅相成、交互作用，在创业实践活动中发挥着重要的调节作用。大学生要想实现自己的创业目标、使创业活动正常进行，就一定要学习人际交往的技巧与知识，提高人际协调能力，这不仅是适应社会生活的需要，也是创业活动中必不可少的基本功，更是创业活动正常进行的必要条件。特别是在现代企业管理中，越来越强调组织内外的人际协作和团队精神的培养，强调组织与公众、社会之间的双向平衡，因而对创业者的人际协调能力提出了更高、更迫切的要求。

创业者要在具体的创业实践中有意识地培养自己的人际交往与沟通能力，学会人际交流和沟通的技巧及艺术，在积极的人际交往中争取他人的合作与支持，获得理想的人际关系效果。此外，创业的过程必定是与社会不断协调的过程，公共关系作为一种客观存在的社会关系，必然与政治、经济、文化、法律关系等一起与企业的生存和发展相伴始终。创业过程中处理企业所处的各种复杂的社会关系的过程也是人际协调能力充分展现和公共关系发挥作用的过程，这就要求创业者在提高人际协调和社会交往能力的同时，还要注意不断提升自身的公关能力，增强公关意识和公关素质。大学生创业者在提高自身的人际协调能力的同时，还要注意锻炼与培养自己的谈判策略和语言技巧，以便更好地争取切身利益，达到创业目的。

三、创业者的特殊素质

（一）创业者的意识素质

1. 创业意识的概念

人的心理是人脑对客观现实的积极反映形态。心理活动具有不同的形式，意识是心理活动的最高形式，是人所特有的心理现象，它是人在生产、生活实践中，用语言与他人交往的过程中，在一定的社会历史条件下形成的。所谓意识，即人脑的特殊机能和活动，是人所特有的对于客观世界的反映。意识是一个多维度、多层次的心理系统，具有复杂的结构，为人类所特有。意识一经产生，又反作用于客观现实，在人的实践生活中起着特殊的重要作用。

创业意识是指一个人根据社会和个体发展的需要所引发的创业动机、意向或愿望。创业意识是创业者在创业过程中关于创业问题的多维度、多层次的心理系统。创业意识是创业者思维活动的产物，是创业者心理活动的集中体现，是创业者从自己的生理动机（如解决自己的食宿问题、工作问题）和心理动机（如成就事业、实现自我价值、得到社会认可）出发，对所见、所闻、所知、所了解的客观事物形成感觉、知觉，并通过判断、推理等已有的感性材料进行大脑加工，从而形成创业设想，是创业者内在的强烈需要和创业行为的强大驱动力。

创业意识包括创业情感意识、创业需要和动机意识、创业价值意识、创业风险意识。创业意识不仅具有自主性和客观性，还应该具有超前性。大学生创业意识则是大学生根据社会和自身发展的需要所引发的创业动机、创业意向或创业愿望。创业意识是人们从事创业活动的出发点与内驱力，是创业思维和创业行为的前提。正是创业意识激励着人以某种方式进行活动，向自己提出某种目的并力图实现，从而表现出一个人的精神面貌。

2. 创业意识的特征

（1）社会历史制约性。创业意识是以提高物质和精神生活的需要为出发点的，这种需要在很大程度上取决于具体的社会历史条件。因此，人的创业意识的激发、产生受历史条件制约，具有社会历史制约性。虽然人人具有创业潜能，但人与人创业能力的差异却相当大，究其原因，是各种社会因素、历史条件作用的结果。例如，适合创业的社会历史环境，鼓励创业的教育方式与文化形态，以及相应的创业机制等。当今社会，随着科学技术的进步和劳动生产效率的提高，经济增长对就业的吸纳能力会不断下降，就业缺口也会不断扩大。鼓励大学生自主创业，既能解决大学生自身就业难的问题，还能为社会拓宽就业渠道，更重要的是能满足大学生自我实现的需要。因此，现代大学生应强化创业意识，主动适应社会与时代发展的现实需要。

（2）综合效应性。创业意识中的需要、动机、意向、志愿、抱负、世界观等属于非智力因素范畴。在实际的创业活动中，一个人的创业意识与他的兴趣、爱好、情感、意志等非智力因素相关联而发挥综合作用与效应，若个体对某一对象或领域并无兴趣或爱好，那就很难激起其创业意识。同时，创业意识还是意志的一种表现，是情绪情感的一种升华。

（3）协调性。创业意识的协调性是指创业动机与创业效果二者的一致性。创业动机应以创业效果为归宿，而创业效果又体现并反映出创业动机。坚持创业动机与创业效果的协调性，首先要求讲究社会效益，其次才能追求经济效益。协调性还说明两者之间保持一定的数量关系。动机过程的强弱会引起效果的相应变化。效果与动机强度有密切联系。当活动动机很低时，工作效果并不会很好；当活动动机过强时，其注意和知觉的范围变得过于狭窄，反而限制了正常活动，从而使工作效果降低。因此，为了使活动卓有成效，就应避免动机强度过高或过低。在各种活动中都有一个动机最佳水平问题。动机最佳水平因课题的性质不同而不同。在比较容易的课题中，工作效果有随动机提高而上升的趋势；而在比较困难的课题中，动机最佳水平有逐渐下降的趋势。因此随着课题难度的增加，动机最佳水平有逐渐下降的趋势。该定律说明了动机与效果的协调性即任何动机都有一个限度，若动机超过这个极限，效果就会下降。

（4）可强化性。创业意识是创业思维和创业行为的必要准备。因此，对于每一个希望创业的人，都必须首先强化创业意识。调查显示，随着高校各种创业计划大赛的举行，大学生们的创业意识正逐步增强；国家出台的鼓励大学生创业的政策，则更使部分毕业生跃跃欲试，期望毕业之后马上创立自己的企业。虽然创业道路是艰辛的，其原因主要是难以发现和把握商机以及资金和自身能力不足等。但是没有一位大学生认为自己完全不具备创业素质。只有少数大学生因受陈旧观念影响，不愿走自主创业之路。因此，强化大学生的创业意识是高校工作的当务之急。教育实践证明，创业意识是可以强化的，而注意进行早期强化的创业意识的工作对创造力开发及增强创业能力均会产生良好的催化剂作用。强化创业意识，一般通过组织大学生创业计划竞赛活动，褒奖发明创造，形成鼓励独创性的风气，鼓励和培养大学生的创业精神以及讲授创业技能，实施创业教育等途径，可收到明显效果。

3. 创业意识的内容

（1）确定的人生目标。创业者创业意识的增强，首先依赖于创业者个体创业价值理念的提升。要培养创业意识，就要有明确的人生目标，人生目标属于创业的价值理念，只有明确了人的价值及人生的意义，才能尽早确立个体的"追求目标"，最大限度地发挥个人创业的积极主动性。确定的人生目标是一切成就的起点，更是创业的始发站。对于人生和创业而言，确定目标是至关重要的一步，要及早设定长期目标，过于分散的目标则又会成为永久的负担。创业作为一种社会实践活动，是在一定的意识和目的支配之下进行的。不同的创业目标与价值理念，体现了不同的人生目的，也体现了不同的创业人生价值。人的自我价值反映了个人在实现人生价值过程中所持的态度和看法，只有保持积极向上的个人价值观，将自我价值与社会价值和谐统一起来，才能体现真正的创业人生价值。人的价值判断是以个体的需要为依据的，需要是有机体内部的某种缺乏或不平衡状态，它表现出有机体的生存和发展对于客观条件的依赖性，是有机体活动的积极性源泉。确定的人生目标，对自我价值实现的追求应成为创业意识的首要内容。在社会主义制度的条件下,个人的人生目标与自我实现不仅应当而且必须与社会的需要结合起来,才是最有价值的。真正的自我实现者,只有在与社会、他人的和谐共处中才能得以实现。只有把自我价值与社会价值统一起来的创业者,才能获得创业的机遇和成功。确定的人生目标是积极实现创业的人生价值的前提,处于信息化时代的大学生更应明确人生的意义和价值,早日确立创业目标。

(2)敏锐的商业意识。创业者需要有前瞻性意识,要在创业的过程中对创业的内容进行未来定位,只有具有敏锐的商业意识,才能使创业的定位更具合理性和可行性。商业意识是人们在经营实践中,在获取信息的基础上,把握市场趋向的一种思维活动方式。商业意识的形成及培养,对创业者有着至关重要的作用,也是创业者创业的必备条件之一。商业意识既指经营者在经营活动中要按照商品经济的运行规律办事的思想观念,也指经营者寻找、创造商业机会的思维活动。商业意识的形成和发展,需要一定的主客观条件。客观条件主要是指人存在和活动的社会历史条件与客观环境,即一定的社会政治、经济制度,社会生产力和经济发展的状况,科学文化、教育发展的水平,国家的路线、方针、政策等。社会经济活动是按商品经济和市场经济的运行机制来进行的。任何生产经营活动都要讲求经济效益,在这样的环境中当然会有强烈的商业意识。因此,市场经济和商品经济的运行机制是人们商业意识产生的客观社会经济条件。主观条件主要是指个人对商业活动的关注,并有志于从事生产经营活动以及具备相关的经济知识。这也是商业意识形成的主导因素。因此,个体应正确认识并充分利用自身优势,发挥主观能动性,积极创造条件,克服不利条件,选准创业与奋斗目标,充分发挥个人的聪明才智,克服困难和挫折,还要学会分析自己周围的环境,善于学习他人的长处,不断充实自己,增长才干。商业意识需要后天的培养与锻炼,既可以通过耳闻目睹及书本知识的学习来逐步树立,亦可在具体的实践中不断发展和深化。创业者要善于用心钻研与创业相关的知识,同时要积极观察和思考,收集和利用创业相关的信息,对创业信息的本质进行真正把握,积极主动寻找和创造创业机会,从而更好地感知和把握创业活动,深化创业意识。要想培养商业意识,首先,要用心钻研有关知识。只有把注意力集中到所要追求的目标和方向上,意识的形成才会更快、更深。其次,要善于观察和思考。客观事物是不断发展变化的,只有善于观察分析,善于收集和利用信息,善于思考,才能真正把握事物的本质,发现"无限商机"。商业信息是经营决策的重要依据,其中隐含了大量的商业机遇,是经营者取胜的重要"武器"。对信息的收集、把握和利用程度,也是一个创业者和经营者商业意识程度的反映。可以说,创业者掌握了重要的商业信息就能先人一步地打开创业局面。

(3)科学的经济头脑。科学的经济头脑是创业者取得丰硕成果的重要基础之一。科学的经济头脑主要强调的是创业者对创业活动的本质性分析,要求创业者不仅对经济的局部问题有独到见解,更要善于对经济的整体运行进行合理把握,并提出有价值的决策参考意见。在资源条件和市场条件相同的情况下,有的创业者具有丰硕成果,而有的创业者可能只有较小成果,造成这种差异的重要原因之一就是创业者是否具有科学的经济头脑。以较小或最小的投入获取较大或最大的成果与产出是科学经济头脑的集中反映,经济头脑是创业者必须具备的创业素质和创业意识之一。经济头脑是指人们根据经济运行趋势和经济活动规律,对自己所拥有的经济资源进行投入,以期获得更大的成果,并对自己的经济行为能否创造优异效果所做出的分析、判断和决策的一种思维能力。具有科学经济头脑的人,不只对经济的局部问题有独到见解,而且对经济的整体运行也能做出大体正确的判断,并能提供有价值的决策参考意见;不仅具有战略眼光，能在某一经济领域或范围内对事物之间的联系进行分析判断，而且能运用所拥有的资源在经济活动中创造和增加价值，实现预定的经济目标。尤其在收益与风险并存的情况下，对某种经济利益的放弃或追求更是科学经济头脑的具体表现。科学的经济头脑还包括对某项经济活动事前所做的预测与估算，即对经济活动中投入与产出的较强核算能力。它强调的是对市场前景的分析能力，也是从微观的角度去认识行业经济对经济主体的利益影响，这一点对于创业来说非常重要。创业者经济头脑的正确使用是指在运用经济知识分析经济、市场情况时，要根据基本的经济理论知识，采用科学的分析方法。灵活使用是指根据实际市场和经济变化情况，打破常规、当机立断，及时调整经营策略，使不利的经济形势向有利的经济形势转变。总之，科学经济头脑的形成，除了深厚渊博的经济知识以外，市场实践活动也是其形成的重要途径。

(二) 创业者的知识素质

创业专业知识是创业成功所需知识中最为重要的组成部分。要想成功创业，创业者首先必须具备相应的专业知识。知识经济时代，强调创业者的专业化与知识化。一位优秀的创业者，其知识结构要具有专与博相结合的"T"形结构。良好的创业知识结构是创业者未来发展的基础，为创业心理与行为提供了一个基本的认知框架和背景。

1. 扎实的专业知识

专业知识是指与创业目标直接相关并发挥作用的知识体系，是对本领域研究对象或工作起直接指导作用的理论体系。在形式上表现为某种性质或类别的学科知识，如机械、电子技术、动力工程、航天、管理等自然科学和社会科学方面的知识。专业知识对于创业者确定创业目标有直接作用。要在某领域开展创业活动，就必须深入了解该领域的活动及发展规律。可以说，专业知识就是对某一领域内事物发展规律的概括和总结。掌握的专业知识越多越深，创业活动就越能有效地开展。

对于大学生来说，他们的专业知识已经非常扎实了，但还有个多少和深浅的问题。因此，要充分利用和管理好时间以学好创业知识，这是将来开展创业的第一要务。创业不是简单地谋生，而是对确定的创业目标和更高理想的追求，要想取得成功，就必须打下坚实的专业知识基础。为此，创业者在构筑自己的知识结构时应特别注意：第一，坚实深厚的专业知识是指形成合理有序的知识结构而非大量系统全面的知识；第二，要注重在创业实践中运用专业知识，将各类知识转化为解决实际问题的能力。大学生必须在创业前和创业实践中不断丰富和发展自己的专业知识。

2. 丰富的非专业知识

专业知识是创业成功的基本条件，而非专业知识如经营管理知识、综合性知识（社会技能、方法论等方面的知识）等对成功创业也起着至关重要的作用。非专业知识做辅助，能够使专业知识的作用得以充分发挥。在知识经济时代，"T"形知识结构越来越重要，不仅专业方向的知识要深，而且与之相关的知识要广。只深不广，就会由于知识面的狭窄而无法看到事物之间的联系；只广不深，对事物的认识则只能停留在肤浅的表面，不能揭示事物的本质、把握事物发展的规律。只有具备了深厚的专业知识与广博的非专业知识，才能正确分析形势和事物的发展趋势，把握全局，具有独到的见解和谋略，才能认清事物的本质和规律，最终实现自己的创业目标。

非专业知识是指创业领域专业知识以外的其他有关知识,既包括经营管理方面的知识,也包括方法论等方面的综合性知识;既包括创业所需的法律知识,又包括相应的商业知识等。在市场经济条件下,任何一个创业者的活动,都要与一定的经济利益相联系,都要实现价值增值。因此,对于有志于投身创业的大学生来说,学习与创业相关的商业知识,是必不可少的。每个人在创业过程中都会遇到法律问题,具备创业所需的法律知识也是创业成功的前提条件。掌握一些基本的法律知识,对于创业活动大有裨益。非专业知识还包括创业所需的其他知识,如社会学知识、营销学知识、广告学知识、人际关系学知识、人类学知识以及心理学知识等,这些都需要大学生在日常学习中不断加以强化和积累。

(三) 创业者的创新素质

创新是指基于一种新的思想和方法,对原有事物进行改造或在这种思想方法指导下进行的创造性活动。创业本身所具有的开创性特征使创新能力成为创业者立业的基础。创新能力是成功创业者最重要的能力之一。由于客观世界是不断发展变化的,事物发展的规律就是新事物不断取代旧事物。随着社会政治、经济、文化等环境因素的变化,原来的基业就会逐渐成为落后于时代的旧事物。大学生创业者要使自己的事业取得成功,就要不断推陈出新,必须善于捕捉并发现创业机会、把握原有事物的缺陷、捕捉新事物的萌芽,提出新的切实可行的解决问题的措施和方案。创业者只有具备创新能力,才能将自己所从事的事业不断更新,使之符合时代的精神,符合事物发展的客观规律。

创新是创业的灵魂和赢得竞争优势的关键。一个优秀的创业者必须勇于开拓、敢于创新。要想成为一个成功的创业者、企业家,一定要具有不怕困难、勇于开拓创新的勇气和舍我其谁的决心。创业能力不是天生的,而是可以培养的,创业实践和教育是培养创业能力的根本途径。我国目前创业机会较多,但总体上创业能力相对较低。随着我国创业环境的不断改善,创业者对创业培训提出了新的要求。大学生通过参加全国性的大学生创业计划大赛,大大锻炼和提高了创业能力。

创业能充分实现自我价值,为发挥个人潜能创造舞台。培养创业能力已成为高校培养人才的重点内容之一,我国也应为了经济建设的发展需要,在当前的素质教育中更加强调和注重创业能力的培养与训练。

(四) 创业者的管理素质

在市场经济条件下,市场充满了竞争和风险,创业者要使自己的创业实践活动获得成功,就必须重视经营管理。合理分配和利用资源,能够使资源发挥最大效用,要想做到这点,必须要掌握管理知识,懂得经济核算,提高经济效益,才能在激烈的竞争中获胜。

1. 组织能力

组织能力是一个创业者应具备的指挥协调能力。其基本含义包括两个方面:一是指组织者对组织成员的指挥、调动、协调以及对非人力资源的集中分配、调度等能力,能否高效、迅捷地指挥调动人力、物力、财力,是一个组织者组织能力的集中反映;二是指组织者对组织结构的设计与再设计工作，表现为对组织机构的设计、人员的配置，如对组织成员职位的任命安排、明确其职责范围等。组织的实质在于把处于分散状态的各种资源进行有效的集中和分配，使各种资源整体发挥各自的作用，以求得资源的最佳利用效果。为实现企业的既定目标，创业者要把企业各种经营要素进行合理配置和组合，对企业内部各环节和部门之间的关系进行有效的调配，调动各方面的积极因素，进行效率化的分工与协作，使组织成为高效率的运转机体。

2. 管理能力

管理能力是创业者能力在管理上的体现。管理活动贯穿于组织运行过程的每一个环节，不仅是组织正常运行的前提，也是组织生存与发展的基本条件。因此，创业者一定要充分认识到管理的重要性。要学习管理知识、改进管理方法、丰富管理经验，不断开发新的管理资源，努力提高自身的管理能力与水平。管理能力主要包括以下三个方面的内容。

（1）分析判断能力。创业者是否具有分析判断能力，是创业者能否在创业过程中做出正确决策的前提条件。创业过程中不仅要接触经济服务和现象，而且要接触政治、社会和文化事务及现象，而各种事物及现象之间在一定程度上总有这样或那样的联系，会对创业者的创业目标产生不同程度的影响，当这些影响力不明朗时，就需创业者通过分析找出这些影响力中有直接影响关系的事物或现象，进而采取措施加以排除，使创业目标尽可能不受其他因素的干扰而健康发展。因此，分析判断能力是创业者应具备的重要管理能力之一，它能帮助创业者找出创业的问题所在以及产生原因，并加以正确分析处理。

（2）经营决策能力。经营决策能力是管理者综合能力的表现。决策的实质是选择，即在可供选取的方案中选择一个最满意的方案，因而要求管理者具有果断的品质。从创业的角度来看，创业决策是指创业者对未来创业实践的方向、目标、原则和方法所做出的慎重选择和决定。创业决策的正确与否及正确程度直接影响决策目标的质量，即影响创业成果的取得。因此，决策前首先要拟订好决策目标，然后视创业条件的具体情况选择和确定决策时机，若条件不成熟就匆忙决定，显然是冒险行为，条件成熟却拖延不决又会造成优势消失，恰当地做出决策是创业成功之本。

（3）抵御风险能力。任何创业者做出决策时总是基于当前的基本情况和形式，而所决策的目标又总是在未来或短或长的一段时期内才能实现。在这一过程中，难以预见的种种因素会对决策目标造成一定的影响或威胁，这就是风险。创业者要能及时果断采取措施，消除这些潜在的或现实的威胁，从而使决策目标达到预期结果。因此，抵御风险的能力是对创业者管理能力的一种检验。创业者需要敢于承担风险，并具有一定的抵御和化解风险的能力。发展必然伴随风险，一般说来，小企业发展越迅速，风险越大，这个风险主要是投资和财产风险。企业投资、新建、扩建项目是否得当，事关小公司成败；财产风险主要是由于社会经济技术的进步造成企业的财产损失。因此，小公司在发展壮大中要正确对待风险，要在风险分析和正确决策的基础上，在公司内部形成协调配合使用风险预防和管理的对策机制，不断提高抵御风险的能力，从而于冒险中避免风险，在任何环境和条件下，做到趋利避害，游刃有余。

当今社会，现代企业面临日益复杂的国内和国际环境，环境越复杂风险就越大，进而发生危机的可能性也就越大。因此，为了防止危机在企业发生，创业者必须注重培养自身的危机管理能力，即对可能发生或已经发生的危机事件进行预测、监督、控制、协调和处理的能力，以预防为主，防患于未然，强化危机意识，了解企业实施危机管理的重要意义及应付危机的具体步骤、应遵循的原则,并制订出完备细致的危机管理计划等。创业者对危机的应付与处理能力也是其抵御风险能力的具体表现和重要组成部分。

管理的实质即在于通过人、财、物等各种资源要素在经营过程中的有机结合,实现管理的最终目标——以最小的投入,产出最大的效益。其中对人力资源的管理和使用应始终是管理的核心问题。创业者在管理和使用人员时,应力求做到让员工处在合适的位置上。一个组织是由各个不同岗位组成的,合理分工、量才使用,让各个成员的才智和兴趣尽可能同所从事的岗位相适应,这样才能提高劳动生产率。此外,搞好资金与物资的管理与使用同样重要。

通常,创业初期,由于公司规模较小,管理上的障碍不大。随着公司的不断发展,管理问题往往成为抑制公司发展的瓶颈。调查显示,新创企业中有一半以上失败的一个最主要原因就是创业的组织管理问题。因此,组织管理能力应成为大学生创业能力的重要培养和锻炼目标。为了提高管理效率使管理工作富有成效,大学生要逐步运用系统化的科学管理知识,对管理上存在的问题设想出正确可行的解决办法,并努力从管理的理论原则和基本方法出发,结合实际,具体情况具体分析,以求得问题的妥善解决。

(五) 创业者的心理素质

素质是个人身心条件的综合表现,是个人生理、心理结构及其机能特点的总和,良好的创业心理素质是创业成功的必备条件。所谓心理素质是指人们在心理活动方面的能力,即应付、承受及调节各种心理压力的能力,并主要表现在人们的情绪及其行为的稳定性方面。心理素质与人的性格、气质之间是一种相互作用的关系,它是个性心理特征在个体应付外界压力时的具体表现,如紧张、痛苦、胆怯、自卑、害羞、难堪等,这些都会成为人们可能承受的心理压力,而对于这些压力,人们所进行的心理活动即对于压力的认识,由此认识所产生的情绪,以及经过调节或控制最终付诸行动的表现,恰恰反映着人们的心理素质特点。心理活动水平的不同导致了人们在心理素质上有所差异。创业是艰苦的,不仅会遇到各种各样的困难,而且还有失败的可能,所以在创业过程中拥有良好的心理素质是必备条件。

心理素质不仅决定着一个人在个性、气质等方面的特点,还将对人处理各种问题,应变各种事件,以至于事业上的发展,产生重要影响。大学生创业者创业心理素质的培养与塑造应注重以下两个方面。

1. 创业成就动机

动机是激发和维持个体进行活动,并导致该活动朝向某一目标的心理倾向或动力。动机与需要是紧密相连的。需要包含了意向和愿望,模糊意识到的、未分化的需要称为意向,明确意识到并想实现的需要叫作愿望。如果愿望仅停留在头脑里,不把它付诸实际行动,那么这种需要还不能成为活动的动机。只有当愿望或需要激起人进行活动并维持这种活动时,需要才成为活动的动机。成就动机是一个人追求成就的内在动力,是指人们在完成任务的过程中力求获得成功的内在动因,亦即一个人对自己认为重要的、有价值的事情乐意去做并努力达到完善地步的一种内部推动力量。成就动机对个人发展和社会进步都具有重要作用。创业成就动机就是指个体在完成创业任务时力图取得成功的动机。

成就动机强的人对学习和工作都非常积极,能够控制自己不受环境影响,并且能善于利用时间。心理学研究发现,个体的成就动机中含有两种成分:追求成功的倾向和回避失败的倾向。个体对成果的归因，对自我的认知评价以及目标定向都与其成就动机水平有密不可分的关系。个体对自我的认知评价，主要集中在自身能力的评价上。凡是对自身能力水平评价较高的人，一般也会具有较高的成就动机。个体对目标的定向有两种方式：一种以提高自身能力为目的，多选择富于挑战性的任务来做；另一种则以证明自身能力为目的，这种定向会使个体回避挑战性的任务。在成就动机水平上，前者的水平更高一些，具有更多追求成功的倾向，后者则多为回避失败。

成就动机作为一种获得成就的驱动力量，对个人的发展无疑具有积极的推动作用。创业成就动机是大学生创业素质的一个重要方面，提高大学生的创业素质，必须首先增强和培养大学生的创业成就动机。大学生的成就动机是在与他人交往的社会活动过程中逐步形成的，这为教育培养和训练加强大学生的创业成就动机提供了可能与保证。大学生作为高级人才的后备力量，其创业成就动机的高低直接制约和影响着他们的成功与成才，高校应大力加强对大学生后天的培养和教育，充分激发大学生的创业成就动机，使他们以成功创业为目标，在面向现代化、面向世界、面向未来中努力做出更大的成就。

学校加强大学生成就动机的教育与训练可采取以下两种方法：一是引导个体在预先设定的领域中获得高成就。引导过程中，主要培养个体的特定技能与能力。二是帮助个体形成追求成就的倾向与态度，具体行为目标由个体自己确定。培养大学生创业者的创业欲望与兴趣，也是加强创业成就动机教育的有效途径。

2. 创业个性特征

（1）个性的概念和基本特征。个性是指一个人整个心理面貌和心理方面的特质，是具有一定倾向性的各种心理特征的总和，它是多侧面、多层次、复杂的统一体。个性的心理结构包括个性倾向性和个性心理特征两大部分。前者是人进行活动的基本动力，是个性结构中最活跃的因素，它决定着人对现实的态度，决定着人对认识活动对象的趋向性选择，被认为是以人的需要为基础的动机系统，主要是在后天的社会化过程中形成的。后者是指一个人身上经常地、稳定地表现出来的心理特点，它是个性结构中比较稳定的成分。在个体心理发展过程中，这些心理特征较早地形成，并不同程度地受生理因素的影响。一般认为，个性具有如下基本特征。

①整体性。个性是一个统一的整体结构，是人的整个心理面貌。每个人的个性倾向性和个性特征并不是孤立的，它们相互联系、相互制约，组成一个完整的个性。

②独特性。由于个性是在遗传、环境、成长和学习许多因素影响下发展起来的。这些因素和因素之间的相互关系都不可能是完全相同的。

③稳定性。个性是指一个人比较稳定的心理倾向和心理特性的总和。人只有在行为中比较稳定，经常表现出来的心理倾向和心理特征才能表征他的个性。

④社会性与生物性。人的个性不仅受生物因素的制约，而且受社会因素的制约。在个性形成和发展过程中，既有生物因素的作用，也有社会因素的作用。不能将个性的形成和发展原因归结为一种因素，也不能将这两种因素的作用等量齐观。生物因素只给个性发展提供可能性，社会因素才使这种可能性转化为现实。如果离开人类的社会生活，人的正常心理就无法形成和发展，人在社会交往中，逐渐形成和发展自己的个性。

（2）创业个性特征。创业不仅与创业者的知识、能力有关，而且和其个性特征息息相关。因此，要成为一个创业者，我们就应充分利用个性的社会性及可塑性特征，通过后天的学习、培养和锻炼，不断塑造自身勤奋、豁达、谦逊、坚毅、自立、自信等有助于创业成功的优良个性特征与品质。在创业者的个性特征中，自信是影响个体创业成功与否的基本因素，也是其他个性特征形成与发展的前提和基础，自信心对一个人的心理素质发展起着不可估量的作用，它是对心理素质诸多方面具有决定性的因素，因此在个性特征的后天培养和训练中占有十分重要的地位，应着力加以培养和提高。

（3）自信的培养。自信是个体个性心理结构中起驱动作用的一个重要因素，对个体的心理活动与心理发展均有重要作用。自信是个体对自己的积极肯定和确认程度，是对自身能力、价值等做出正向认知与评价的一种相对稳定的个性特征，也是人类心理生活中最基本的内在品质之一。自信不仅是个体心理素质的重要方面，而且也会影响人才创造力及其他素质的发展，是个体成才、成功的必备条件。大学生正面临着价值观形成、树立自信、培养健康自我与健全人格的关键时期，这一时期自信能否形成、稳固，直接影响到大学生的创业、就业、生活态度乃至今后整个人生。

当前的学校教育可从以下三方面来培养大学生的自信。

①使大学生形成正确的自我认知与评价。正确认识自己、对自身做出恰当评价。具体表现为个体能够全面、辩证地看待自己，有正确的自我认识，既了解自身的优势与长处，又能对自己的不足采取理智态度，以积极方式应对现实。自信建立在充分评估自己的基础之上，认识不到自身的潜力、低估自己或高估自己，均不利于自信的形成与确立。合理恰当的自我认识与评价是形成自信的基础与条件。个体对自身的看法不但直接影响其行为，而且由于这种看法与其个性特征及心理健康等因素密切相关，因而会对其行为产生广泛的间接影响。当代大学生首先要学会全面认识自己、正确客观地评价自己，因为真正的自信是以真正的自我认识为前提的。一个人只有对自己的能力素质、价值及潜力予以充分认识和挖掘，进行正确估计与评价，才能有进一步发展的机会和可能，才能最终拥有健全的人格和健康的心理生活，最终走上成功之路。

②多给予正向反馈和肯定评价。大学生正处于迅速走向成熟而又并未完全成熟的过渡期，其心理成分充满着特殊的矛盾现象，显示出明显的积极与消极心理并存及相互制约和转化的状态。其自我意识有新的发展，对自己各方面的认识大大提高，主动性增强，与此同时，他们的自我认知与评价又并未完全成熟，处于独立性与依赖性的矛盾之中。这就需要教师加以合理引导，用积极肯定与鼓励来建立和稳固其自信心。教师应利用一切可能的机会与条件，注意发现个体的长处，客观公正、及时准确地评价个体行为，采取有助于个体健康成长、形成个体健全人格的方略，对学生多给予积极肯定的评价与正向反馈，逐步培养和建立起学生坚强、稳固的自信心。

③进行适度的挫折教育。大学生的思维方式又往往带有片面性和盲目性。一些人自视甚高、盲目自信，自我评价与他人或社会对自己的评价反差很大，由此产生了个体我与社会我、理想我与现实我之间的矛盾，而这些矛盾一出现，他们就很容易形成扭曲的人格特征或人格障碍。因此，有必要对大学生进行适度的挫折教育。对那些相当自信的学生进行一些挫折教育，有利于他们以良好的心理素质应付各种挑战。适度的挫折教育是大学生建立真正坚实稳固自信的必要条件与保证。

具体的创业实践也是磨炼与提高大学生自信心的重要途径。只有通过现实情境的锻炼而形成的自信心才是真正稳固坚强的自信力。大学生的创业心理素质是可以通过后天的努力培养和提高的，社会实践和勤奋努力对创业心理素质的影响是非常积极而重要的。

第十一章　创业机会与创业风险

第一节　创业环境

一、创业环境的概述

(一) 创业环境的含义

环境分为一般环境和特殊环境两种，一般环境是对所有人都存在广泛影响的社会大环境或者说社会大气候；特殊环境是对某一部分人或组织具有决定意义的小环境或者说个别环境。创业环境就是指创业者在进行创业活动的过程中影响创业行为的内、外部条件，它是多方面因素相互交织、相互作用构成的综合体。创业环境是那些与创业活动相关联的因素的集合，即对创业者创业思想的形成和创业活动的开展能够产生影响和发生作用的各种因素和条件的总和。创业是一种社会活动，创业与环境的关系从本质上而言就是人与社会的关系，创业的结构实际上就是通过人与社会的相互作用，双向构建而得以实现的。

创业环境的概念反映了创业环境内在的三个含义：第一，创业环境是创业活动的领域，所有的创业活动都是具体的、现实的，都要有一个明确的方向和目标，无论在哪个行业里创业，创什么样的业，都要从实际出发，受环境的支配，不能随心所欲，创业环境在很大程度上规定了创业的性质和活动范围；第二，创业环境是创业者面临的环境，环境在本质上是一个动态系统，具有较大的不确定性，创业环境始终处于不断的发展变化过程中，使创业者不断面临新的情况，解决新的问题，这就决定了创业是一项变革和创新的活动；第三，创业环境是创业活动的基本条件，创业环境对创业活动的决定性作用在于它能为人们的创业活动提供各种精神的或物质的条件，能从各个方面影响创业活动的进程，决定创业活动的成败。

(二) 创业环境的特征

1. 机遇与挑战并存

创业环境是一个充满无限商机的领域。创业环境能为各类人才提供一个充分施展才华的自由广阔的舞台以及众多的发展机会和动力支持，提供如此丰富的物质基础和条件，这就是机遇。创业环境是机遇的宝藏，蕴含着各种各样的发展机遇，令创业者跃跃欲试。然而创业环境提供给人们的机遇仅仅是一种成功的可能性，具有机会的时效性和确定性。并非所有人都能抓住它和利用它，也不是无论什么时候抓住都能取得成功。抓住机遇需要才能、智慧、勇气和毅力,这对缺乏能力、智慧、勇气和毅力的创业者来说,就是种挑战。抓住机遇也需要及时、迅速、果断,如果不能及时把握,一旦错过机会,创业者就会与机遇失之交臂,陷入更加困难的境地。这说明创业环境在提供机遇的同时也向创业者提出了挑战。并且机遇与挑战是并存的,也是紧紧联系在一起的。机遇意味着挑战,挑战包含着机遇。要抓住机遇,就必须接受与风险同在的挑战,只有接受挑战,才能抓住机遇。这种机遇与挑战并存是创业环境的一个最为典型的特征。

2. 利益与风险同在

创业是具有强烈功利色彩的活动,每位创业者都以极大的致富热情投入其中。没有利益的驱动和激发,人们是不可能产生创业冲动的。但创业也是一个充满风险的活动,并非所有的创业者都能如愿以偿,事实上许多人付出了沉重的代价仍然会血本无归。创业活动这种逐利性和冒险性是由创业环境内含的利益与风险决定的。

利益与风险同在是创业环境的一个基本特征。创业环境具有最为丰富的利益资源,存在人们追求的各种各样的利益,包括精神的、物质的、政治的、经济的、个体的、群体的、社会的、家庭的利益。同时,创业环境也是风险最集中的地方,危机四伏,险情密布,稍不留神便会给创业者带来巨大的损失和灾难。这种利益和风险并存的特征使创业活动成了一种既充满利益诱惑,又富有风险刺激的事业。要想得到利益,就必须承担风险,世上没有免费的午餐,创业者任何利益的获得,都是其战胜风险的结果。不敢冒险的人是永远无法收获创业果实的。

3. 适应与创新共求

创业环境作为一种客观存在,又具有适应与创新共存的突出特征。一方面,创业环境为人们的创业活动提供了必要的条件和现实的依据,从而成为人们开展创业活动的出发点。它要求人们的创业活动必须尊重客观规律。另一方面,随着时代的进步,创业环境不断发生变化,又要求创业者必须通过一定的开拓和创新活动改变现状,以适应新的存在方式。违背创业环境的实际情况,不能适应创业环境的要求,创业活动便无法开展,而不能适应创业环境的发展形势,不能与时俱进,开拓创新,创业活动也就失去了自身价值。适应需要创新,创新也是一种适应。因此,适应与创新是创业环境固有的趋向和内在的要求,创业活动就是在适应与创新这两大动力的相互作用下不断推进的。创业者应深刻领悟创业环境这一特征,在创业活动中正确处理适应与创新这对矛盾的辩证关系,真正做到在适应中求生存,在创新中求发展,既适应环境,又改造环境,使自己的创业活动永远立于不败之地。

4. 顺境与逆境俱存

在创业实践中,创业者有时会处于非常有利的局势,左右逢源,得心应手,但有时也会处于极其困难的境地,进退维谷,如履薄冰。这说明,创业环境中既蕴含着对创业有利的因素,也存在着对创业不利的因素,创业者总是在顺境和逆境的交替推动下,一步步走完创业历程的。顺境与逆境俱存是创业环境的一个非常明显的特征。掌握这一特征,对创业者来说是十分必要的。创业者必须懂得,创业的道路是曲折的,但前途是光明的。在创业处于顺境的时候,要保持清醒的头脑,不为一时的胜利所骄傲,要抓住良机,乘势而为,不断发展创业大好形势。在创业处于逆境的时候,要始终对自己的事业充满信心,不为暂时的挫折所屈服,以更加昂扬的斗志和百折不挠的精神投入创业生活，战胜各种困难，开创新的创业局面。

(三) 创业环境的类型

一个国家的政治、经济、文化、社会的总体条件决定了创业环境的基本状况。创业环境包括时代环境、地域环境、人际环境和物质环境等，它们在创业过程中相互联系、相互碰撞形成的环境系统，构筑了创业的活动平台。创业环境作为一种特殊环境，是一般环境的特定层面和组成部分，大致有以下七种类型。

1. 按创业环境构成要素

创业环境可以分为经济环境、政治法律环境、科技环境、商务环境、教育环境、社会文化环境以及自然环境等。

2. 按创业环境是否是有形的物质

创业环境可以分为硬环境和软环境。硬环境是指企业创业环境中有形的环境要素总和，如有形基础设施、自然区位和经济区位。软环境是指无形的环境要素总和，如政治、法律、经济、文化等。硬环境是企业成长的物质基础，软环境的因素在企业的成长过程中也变得越来越重要。而且在一定时期内，硬环境的变化是有限度的，而软环境的改善能够弥补硬环境的缺陷，从而提高硬环境的效用，最终成倍提高整体环境的竞争力。

3. 按创业环境社会属性

创业环境可以分为社会环境和自然环境。社会环境是指创业者所处社会的经济制度、法律制度、思想文化、风俗时尚以及政策等方面的条件。自然环境是指创业者面对的地理、资源、气候等自然状况。社会环境和自然环境作为开展创业活动的宏观背景，它们的变化能对创业活动产生巨大的不可抵抗影响。创业者只能利用它们，而无法改变它们。

4. 按创业环境对创业组织的影响

创业环境可以分为内部环境和外部环境。内部环境是创业组织内部各种创业要素的总称，如人员、资金、设施、技术、产品、生产、管理、运营等方面的情况。它对创业活动的开展至关重要。处理好内部关系，优化内部环境是创业活动生存的根基。外部环境是创业组织外部的各种创业条件的总称，包括社会的、自然的、政治的、经济的、合作的、竞争的、远处的、近处的形式和情况，对创业组织的发展具有广泛的影响力，是创业组织发展的保证。创业组织要适应的正是这种环境。

5. 按创业环境资金环境

创业环境可以分为融资环境和投资环境。融资环境是指创业者为了扩大创业实力需要聚集资金的社会条件。投资环境特指创业者资金投向的项目行业及地区概况。融资与投资是创业活动不可分割的两个方面，同样都受特定地区人们的经济收入、消费观念、风险意识、国家政策等环境因素的影响。

6. 按创业环境的竞争性依存度

创业环境可以分为合作环境和竞争环境。创业的合作环境是指创业者对外扩张、寻求发展、建立协作伙伴关系的环境氛围，通常指相关行业、供应商、经销商、广告商、技术所有者、风险投资公司及新闻媒体等单位的情况。竞争环境是指创业者所处的行业状况，包括行业的经营思想、产品质量、技术力量、管理水平、营销政策等。合作环境与竞争环境是创业组织生存与发展极为重要的外部条件，任何创业者都无法脱离这个环境而存在。

7. 按创业环境要素的使用过程

创业环境可以分为生存环境和消费环境。生产环境是指创业者的资金转化为产品的过程所需要的各种因素，包括劳动力、生产设施、原材料、技术服务、动力供应、交通运输等状态。消费环境是指创业者的商品转化为货币的过程所需要的各种条件，包括特定地区人们的富裕程度、消费观念、消费水平，以及市场和竞争对手等方面的状况。

（四）创业环境的作用

创业环境是一个非常重要的创业条件，在个人创业过程中起着不可忽视的作用，甚至在某些情况下发挥着决定性的作用。创业不可能是一蹴而就的事情，但是好的创业环境可以使创业者顺风顺水。创业环境是孕育新创企业的土壤。从主客观两个层面看，创业环境的主要作用不仅体现在对创业机会、创业资源等外部条件产生作用，并且能通过外部条件对创业者的创业意愿、创业技能和创业战略产生影响。

1. 创业环境对创业资源利用的作用

创业资源具有不平等性，有限的资源随着外部环境的不断调整，在不同国家和区域间自行流动。随着我国改革开放和市场经济的发展，创业环境发生了很大变化，一些优质的创业资源开始流入国内，对于创业者来说是好的消息。创业过程实质上就是创业者发现创业资源、整合并利用创业资源开展一系列创业活动的过程。初创企业的环境优劣，创业者能否获取必需的创业资源、风险的大小、获取资源的途径等都对创业的成败产生很大影响。

2. 创业环境对创业机会把握的作用

创业活动的开展源于创业机会的产生。创业者在创业之前首先要善于从环境中发现和捕捉创业机会。从识别机会的过程来看，创业者对政治、经济、文化、技术等方面环境分析之后，才能根据现状分析变化趋势，对所处的具体创业环境进行详细的调查分析，这样才能准确把握创业机会。当前，国家和社会各个层面都积极鼓励和支持创业活动的开展，创业者越来越得到社会的认可和肯定，创业环境极大地鼓舞了国民的创业热情，创业机会的大量涌入，使我国当前进入了一个创业的活跃期。

3. 创业环境对创业能力培养的作用

创业能力可以划分为创业意愿和创业技能，它们和创业机会共同组成创业过程的三个关键要素。创业意愿是指能促使潜在创业者创办新企业的个人动机。有研究表明，创业环境对大学生创业意向有显著的正向影响，经济衰退、事业、维持生活等需要都会对创业意图的形成产生重要影响。同时，创业环境对大学生创业技能也有显著的正向影响。

4. 创业环境对创业项目选址的作用

创业环境的不确定性决定了创业项目选择的难度，其中创业环境构成因素的多少、复杂程度以及变动的频率都会影响创业项目选择的难度。潜在的创业者首先要深入分析有利于更好发展的环境变动趋势，发现适合自身需要且符合当前时代发展潮流的项目。

5. 创业环境对创业战略的作用

创业环境对创业战略的选择有重大影响，创业者通常先对企业环境进行分析，并根据环境分析结果进行创业战略的制订和选择。当创业战略不能高度适配创业环境，创业活动开展受阻的时候，需要根据环境的发展及时调整创业战略。

二、创业环境的构成

从层次划分的角度来分析创业环境的构成，主要包括宏观环境、行业环境和微观环境。其中宏观环境又可以分为直接创业环境和间接创业环境。宏观环境指的是来自行业以外所有对创业有重要影响的外在因素，主要包括政治环境、经济环境、科学与教育环境、社会文化环境等方面。行业环境介于宏观环境与微观环境之间，指的是企业所处的行业中各要素企业经营活动所产生的影响及作用，主要包括行业周期、发展阶段、行业进入与退出障碍、行业需求及竞争状况、行业的主导技术及其发展趋势等方面。微观环境指的是创业组织内部各种创业要素和资源的总称，比如人员、资金、设施、技术、产品、生产、管理、运行等对企业经营活动产生直接影响的各种因素。

（一）宏观环境

创业的宏观环境是指行业以外的所有对创业有重要影响的外在因素。在宏观环境中，创业方面的相关方针政策体现的是国家意志，创业者应关注国家政策变化。比如政府需要通过税收来促进公共事业发展，而税收减少了企业可以用于再投资的现金，创业者只能在低于合理数量的水平上投资，那么企业回报率必须足够高，以抵充政府的税收。而国家的有关政策可能导致某些企业在税收方面具有超过其他企业的优越条件，对某些特定产业的税收保护，这就是国家的特殊政策。近年来，为了支持大学生创业，各级政府出台了许多优惠政策，涉及融资、税收、创业培训、创业指导等诸多方面。

1. 直接创业环境

直接创业环境是创业者不可控制的，并直接影响行业发展和创业活动的外部因素和条件。所谓直接影响指的是这些因素在对行业发展和创业活动发挥作用的时候，不需要通过中间环境的传递，而是直接影响该行业的发展和创业活动。直接环境包括金融支持、政府支持、政府项目支持、教育与培训、研究开发与转移、商业和社会基础设施、文化和社会规范等。

(1) 政府政策支持。政府政策支持包括对创业活动环境和安全的规定、对企业组织形式的规定、对税收的规定，还包括创业政策的执行、落实和实施效率等多种情况。当前，我国政府政策对创业活动的开展和新企业的发展有重大影响，比如政府直接为某些行业、企业等提供支持，如政府补贴、出口退税、项目补助、政府采购等方面。随着改革开放的深入发展，我国中小企业在经济发展中的作用越来越明显。政府为了改善中小企业经营环境，促进中小企业健康发展，扩大社会就业面，出台了《中华人民共和国中小企业促进法》，对中小企业实行积极扶持、加强引导、完善服务、依法规范、保障权益等政策，创造有利于中小企业发展的良好环境，同时，还在资金支持、创业扶持、技术创新、市场开拓等方面提出了一系列的具体促进措施。近年来，各级政府部门陆续出台了一系列大学生创业扶持政策。

(2) 社会基础设施。社会基础设施包括有形的基础设施状况和隐性的基础设施状况。有形的基础设施指的是可利用的有形资源的质量和获得的难易度，比如通信设施、邮政服务、互联网、交通等公共设施、土地和办公空间（包括土地成本、办公用地租金）等。随着我国综合国力的不断提高，我国有形的基础设施得到很大改善，但由于地域发展不平衡，还需要在以下三个方面进行考虑：各项基础设施能否为新企业提供良好的支持；新企业获得基础设施服务的费用单幅；新企业获得基础设施服务的便利性。

(3) 金融支持。金融支持是指个人或金融机构对新企业的资金资助或者支持，包括馈赠、银行贷款、私人权益资本等。金融支持直接影响创业项目的选择和私人权益资本的开展，包括自有资金、亲戚朋友借贷或引入私人股权筹集资金等。实际上我国新企业的资金支持主要来自自有资金、亲戚朋友投资及私人股权投资，金融支持的力度明显不足。我国对私营企业和个体贷款占国内金融机构发放贷款的总额虽保持不断上升，但比例仍较小。近年来，国家陆续出台政策给创业者以金融支持，如税收优惠、小额贷款担保、资金补贴等，在数量和额度上比以往任何时期对创业者的支持力度都大。大多数创业者的启动资金是非正式资金，来自创业者自己的积蓄和家庭的资助。各地非正式资金是新企业创建的主要资金来源，融资环境的好坏制约着企业的发展。为支持大学生创业，政府可以联合银行、高校和企业设置大学生创业基金，对于有发展潜力的项目提供资金和技术上的支持。

(4) 教育与培训。教育与培训是指各个层次的教育与培训系统对创立或管理小型企业、新企业和成长型企业的创业者的支持，包括初等教育、高等教育、职业技术教育和创业教育等。在创业教育与培训方面，最突出的问题是创业者知识技能不足，创业教育和商业管理教育不能满足当前创业者创业实践的需求。当前，开创创业教育的高校越来越多，但创业教育课程开设和技能培训尚处于尝试和探索阶段，课堂教学以讲授为主，与创业实践联系不多，对创业活动的机遇分析和技能训练明显不足，这些都是有待进一步提高的方面。

(5) 创业文化氛围。文化和社会规范是影响创业活动的重要因素之一，对创业行为的产生有一定的促进作用，有些根深蒂固的思想往往在一定程度上左右人们的创业行为。创业文化是一个系统的社会文化工程，具有非常深刻的社会、经济、文化意义，是与经济直接挂钩的，具有可认知性的，体现着知、情、意相统一的文化精神。创业文化植根于商业性生态系统，立足于地方乃至整个社会，体现地方和整个社会经济的发展程度，更推动地方和社会的发展。我们可以这样认为，创业文化的提出，是社会发展到一定阶段的历史性产物，创业文化体现着社会发展基本问题的撞击和融合。

2. 间接的创业环境

间接的创业环境是与直接创业环境相对而言的环境因素,是通过对直接环境因素的影响作用于创业行业和创业活动本身的,主要包括国家的对外开放程度、政府职能、资本市场、劳动力市场、制度完善的程度等。

(1) 国家的对外开放程度。国家的对外开放程度一方面是指国家积极主动地扩大对外经济交往的程度,另一方面是指放宽政策,放开或取消各种限制,不采取封锁国内市场和国内投资场所的保护政策,发展开放型经济的程度。一般来说,一个国家对外开放程度越高,新企业的活动越活跃。

(2) 政府职能。政府职能或行政职能是国家行政机关依法对国家和社会公共事务进行管理时应承担的职责和所具有的功能。政府职能反映着公共行政的基本内容和活动方向,是公共行政的本职表现。政府可以通过加强中小企业的政策扶持来促进创业活动的发展。

(二) 行业环境

行业环境是指介于宏观环境和微观环境之间企业所在的行业的环境,是影响企业生产经营活动最直接的外部因素,是企业赖以生存和发展的空间。行业环境是企业提高经济效益、制定经营战略的前提。创业者为了了解企业所在行业的总体状况,寻找所在行业中存在的威胁和机会,把握竞争态势,确定自己在行业中的地位,需要深入全面地分析行业环境。迈克尔·波特于1980年提出的"波特五力模型",较为全面地反映了行业环境的主要因素,并提出了五种竞争力量,即供应商的讨价还价能力、购买者的讨价还价能力、替代品的替代能力、潜在竞争者进入的能力和同行业内现有竞争者的竞争。

对于创业者来说,潜在进入者和行业内竞争者是两种最重要的影响力量。其中潜在进入者是行业外准备或正在准备进入某行业的企业。由于它们的加入,行业内原有的竞争力量格局将会发生或已经发生变化。因为潜在进入者在加入某一新领域时,会向该行业注入新的生产能力和物质资源,以获取一定的市场份额,所以可能导致原有企业为与其竞争而出现价格下跌、成本上升、利润下降的局面。但实际上行业潜在进入者往往会遇到一系列的进入障碍,也就是"行业壁垒"。如果进入障碍比较多、比较高,对于潜在进入者而言就会非常困难,对行业现有企业来说,进入威胁就会小一些;反之,进入威胁就会增大。行业壁垒主要包括以下三个方面。

1. 资本壁垒

资本壁垒是指企业进入某一行业时最低限度的资本数量。必要资本量越大、筹措越困难,壁垒就越高。例如,汽车整车制造业就是一个典型的高投入、高产出、资金密集型行业,它对资本量的高需求,使创业者望而却步。

2. 技术壁垒

不同行业对技术要求不同,一个行业的生产经营技术越复杂,技术难度越大,新企业在新产品的开发、试制、生产和商品化工作等方面,与原有老企业相比,在知识、经验、能力等方面存在明显劣势。

3. 政策壁垒

某些涉及国计民生及国家安全的行业，不同国家和地区对这些行业都具有相应的政策限制及要求。对于新企业来说，除了资金和技术形成的壁垒之外，政策限制也是新企业进入行业的重要壁垒。而政策壁垒往往会随着国家政策的变化而发生变化。

除上述三点之外，各行业内现有各企业间的竞争，对企业生存和发展的影响更加深刻。行业内竞争受到竞争者数量和力量的对比、市场增长率、产品差异性和购买者的转变费用、行业生产能力的增加幅度和该行业内企业间不同的竞争策略等因素的影响。

总的来说，从收益上看，竞争激烈的行业，企业间的收益水平处于均等状态；在竞争相对缓和的行业中，企业会普遍获得较高的收益。从资本流向看，竞争激烈的行业，会导致投资收益下降，最终会使那些投资收益率长期低于竞争收益率的企业终止经营，将资本转向其他行业；相反，在竞争相对缓和的行业，由于投资收益较高，就会刺激外部资本流向本行业，表现为一方面新进入者带入资本，另一方面是行业内现有企业追加投资。此外，一个行业中所有企业都面临着生产替代品企业的竞争。替代品是指企业产品具有相同功能或类似功能的产品。企业可通过技术创新和使用信息技术限制或降低替代品的威胁，对可能会有替代威胁的产品重新设计，降低成本，从而形成针对替代品的优势。

(三) 微观环境

微观环境是创业活动的根基，包括企业的人员、设施、资金、生产水平、营销渠道、管理模式等内部各种要素和资源。企业的内部环境是一种内生力量，作为新创企业的内部环境因素，诸如创业团队的人员构成以及新创企业的生产、销售、管理因素等是可控的。创业者要从创业团队、资金及来源、产品竞争力、技术开发水平、生产工艺、市场渠道能力、货源等方面找出新创企业的优势，通过调整内部创业因素，创造性地整合资源，以满足企业的发展需求，从而影响企业的外部创业环境。企业的微观环境分析主要包括以下六个方面的内容。

1. 企业

①企业文化。企业文化，从本质上说就是企业家及其率领的群体所拥有并积淀赋予企业的性格。具体表现为价值标准、企业精神、管理制度、行为规范等。良好的企业文化环境氛围有助于增进企业全体员工对企业的好感，并可以通过员工向外辐射这种感情，以美化企业的对外形象。

②治理机制。企业内部必须有许多职能部门，它们各司其职。企业整体要求各部门之间相互联系，有效配合。但是，一旦各部门形成，就存在各自的利益关系，从而客观上存在产生矛盾的可能。

③物质基础。企业要具备优秀的"人"资源，但还必须具有良好的"物"资源。"人""物"双优，加之良好的机制，就能实现企业资源效能整体优化。

2. 供应商

供应商就是向企业及其竞争者提供资源的企业和个人。供应商对企业的影响具体表现在两个方面：一是价格变动的影响；二是货源的充足性与质量。因此，企业一方面应与主要供应商保持长期稳定的关系，另一方面企业应建立广泛的购货渠道，以免因过分依赖某些供应商造成被动局面。

3. 营销中介

营销中介是指协助企业促销、销售以及把产品送到企业卖方的机构。它们包括中间商、物流机构、营销服务及金融中间机构。

4. 市场

企业开展各种类型的营销活动，就是为了更好地向目标市场提供商品和劳务。目标市场包括消费者市场、生产者市场、经销商市场、政府市场和国际市场。

（1）消费者市场：由个人和家庭组成，他们仅为自身消费而购买产品和劳务。

（2）生产者市场：又叫作工业市场，通过购买产品或劳务进行生产，形成其他产品或劳务，满足社会需求，实现营利目的。

（3）经销商市场：经销商购买产品和劳务，用以从转售中盈利。

（4）政府市场：政府机构购买产品或劳务，用以提供公共服务。

（5）国际市场：由外国消费者、生产者、中间商及外国政府构成的市场。

5. 竞争者

从与企业销售关系的密切程度看，有四个层次的竞争者：品牌竞争者、形式竞争者、同类竞争者和愿望竞争者。

6. 公众

公众对一个组织完成其目标的能力有着实际或潜在的影响。公众可能有助于增强也可能阻碍一个企业实现自己目标的能力，企业应处理好与公众的关系。企业公关部门负责公共关系的建设，通过收集涉及企业的公众意见和态度，发布和交流信息，树立企业信誉。围绕企业的公众有七类：金融界、媒介、政府机构、社会团体、地方公众、普通公众和内部公众。

第二节　创业机会与评估

一、创业机会的含义

机会是创业的核心要素，创业离不开机会。创业机会来源于具有商业价值的创意，是一种特殊的商业机会。但并不是所有的想法和创意都能成为创业机会，不同的创业机会价值也不同。机会往往处于一种隐性的状态，同样的机会被不同的创业者利用，产生的效果差别巨大。创业过程是围绕着创业机会进行识别、开发的过程，创业机会的识别是创业成功的前提条件和必要条件，是创业者应当具备的最重要能力之一，也是创业的关键问题之一。

任何重要的行动都来自某种想法，创业活动更不例外。在一个完全自由的市场体系中，创业机会的出现往往是因为创业者准备进入的行业和市场存在缝隙，这是商业环境变化、市场机制不协调或不健全、技术落后或领先、信息不对称以及市场中其他因素影响的结果。对创业者而言，能否有效把握创业机会，依赖于创业者能否准确识别和充分利用这些市场缝隙。市场越不完善，相关知识和信息的缺口就越大，不对称或不协调就越明显，商业机会就越多，创业机会也就越多。学会识别创业机会，把握创业机会，迈出创业的第一步，对成功创业具有十分重要的意义。

创业机会指具有较强吸引力的、较为持久的、有利于创业的商业机会，是通过把资源创造性地结合起来，满足市场的需要，创造价值的一种可能性，它是由一系列市场不确定性所造成的。创业者可以据此为市场提供有价值的产品或服务，并同时获益。创业机会的定义有这几种：创业机会是为购买者或者使用者创造或者增加价值的产品或服务，它具有吸引力、持久性和适应性；创业机会是引入新产品、新服务、新原材料和新组织形式，并能以高于成本价出售的情况；创业机会是一种新的"目的—手段"关系，它能为经济活动引入新产品、新服务、新原材料、新市场和新组织方式；创业机会主要是指具有较强吸引力的、较为持久的、有利于创业的商业机会，创业者据此为客户提供有价值的产品或服务，并同时使自身获利。换句话说，创业机会是指在市场经济条件下，在社会的经济活动过程中形成和产生的一种有利于企业经营成功的因素，是一种带有偶然性并能被经营者认识和利用的契机。

创业机会包含创业者的创业理念和新企业想法。创业理念是指创业者或创业团队对于创业机会或环境需求设立的一个设想过程。一个好的创业理念，是实现创业者理想和识别创业机会的第一步。当然，创业理念相当于一个工具，它还需要进一步转化成有价值的创业机会。只有当创业收益超过成本，创业者能够从中获得利润时，创业理念才能变成创业机会。一个好的创业机会应符合：实现目标（创业者或创业团队的愿望），某个市场的真实需求（具有购买能力或购买欲望的消费者未被满足的需求），有效的资源和能力，一定的市场竞争力，能够收回创业成本。

商业机会是指能实现某种商业营利目的的机遇。商业机会不一定是创业机会。商业机会分为两类，一类是昙花一现的商业机会，这是一般性商业机会；一类是会持续一段时间且不需要较多起始投入的商业机会。后一类是更适合创业的商业机会。

二、创业机会的类型

（一）根据创业机会可识别性分类

（1）潜在创业机会。指隐藏在现在某种需求背后的某种未被满足的市场需求。例如，个别创业者通过分析化妆品市场的需求，找到了一个隐藏在化妆品市场背后的大市场——工业护肤细分市场。

（2）显现创业机会。是指在市场上存在的明显的未被满足的市场需求。例如，我国化妆品市场日益兴旺，这也是一个显现创业机会。

（二）根据创业机会来源分类

（1）问题型创业机会。现实生活中存在的缺陷，不完备的或完全空白的问题所带来的机会。涉及生产生活、消费娱乐等诸多领域的种种不便、不足都可能是问题型的创业机会。

（2）变化型创业机会。在变化中看到未来的发展方向并能预测到良好前景的创业机会。如今，科学技术日新月异，人们的生活发生了翻天覆地的变化，人口形势、风俗习惯、审美取向等都在随着时代的发展旧貌换新颜，从中发现机会并把握机会，是创业者成功创业的重要前提。

（3）组合型创业机会。将现有的技术、产品或服务等因素加以组合以实现新的价值而产生的创业机会。

（三）根据创业机会影响时间分类

（1）现实创业机会。是指目前市场存在的尚未被满足的某种市场需求。

（2）未来创业机会。是指目前市场上还没有或仅表现为极少数人的消费需求，但预期在未来某段时间内会出现的大量市场需求。通常，把握未来创业机会能够更快地获得市场主动权。

（四）根据目的—手段关系的明确程度划分

（1）识别型机会。市场中的目的手段关系不十分明显时会产生这一类型的创业机会。问题型机会属于这一类型。

（2）发现型机会。前提是目的或手段任意一方处于未知状态，需要创业者去发掘。创业者要面向的是市场空白，也称市场缝隙。尽管现实社会市场竞争激烈，但依然存在许多盲点。创业者找到市场空白点的同时，也就意味着他很有可能成为某个细分市场的领导者。缝隙市场可能是不易察觉的，需要创业者去发现、去开拓、去扩大、去独占。

（3）创造型机会。目的和手段都不明确，创业者面对全新市场，提供全新产品（服务）的创业机会，也叫作未来市场机会。如果创业者提前预测到某种机会会出现，就可以在这种市场机会到来前早做准备，从而获得领先优势。

三、创业机会的特征

（一）客观性和偶然性

创业机会是客观存在的，无论新企业是否能够意识到，它都客观存在于市场环境中。然而，对于新企业来说，创业机会并不是每时每刻都会显露出来，这就是所谓的偶然性。对一个企业来说，创业机会的发现和捕捉带有很大的偶然性，任何创业机会的产生都有"意外"因素。因此，创业者要对创业机会保持警觉，时刻做一个有心人，而新企业要通过努力，从市场环境变化的必然规律中预测和寻找创业机会。

（二）时效性和不确定性

通常，创业机会具有很强的时效性。时效性是指创业机会必须在其存续的时间内被发现并利用，这个存续时间是商业想法推广到市场上所花费的时间。也就是说，越早发现创业机会并付诸实施，成功的可能性就越大。创业者如果不能及时捕捉机会，就会使机会从身边流失。另外，创业机会也具有不确定性，对机会的利用结果很难预料，一旦创业者没有把握好创业机会，就很可能会将机会演变成风险。

（三）均等性和差异性

凡是有市场、有经营的地方，客观上就存在创业机会，并能够被人们把握住。创业机会普遍存在于各种经营活动过程之中。很多创业机会就在我们身边，生活中很多平常的现象在有心人眼里就是创业机会。对于拥有相同市场的同类新企业来说，创业机会是非常公平的。但是，由于新企业的创业者不同，他们对同一创业机会的认识往往会产生差异。而且，由于新企业的创业者的素质和能力不同，在利用同一创业机会时，收获的效益也会产生一定的差异。

（四）价值性和营利性

创业者开发该创业机会，提供产品或服务时，必须能够满足顾客的某种潜在需求，给顾客带来价值。也就是说，创业机会具有价值性。营利性是创业机会存在的根本。能盈利，创业者的创业才会有意义，创业者才会利用资源去开发创业机会。是否具有营利性是对创业机会进行可行性分析的重要指标之一。

（五）隐蔽性和消逝性

创业机会的隐蔽性指的是机会是一种无形的事物，人们只能凭感觉意识它的存在，而无法用视觉看到它。机会总是隐藏在社会现象的背后，其真相往往被掩盖着，通常很难找到它的踪影。机会并非永久存在，需要及时把握。创业机会存在于一定的时空范围之内，随着产生创业机会的客观条件的变化，会相应地消逝和流失，表现为稍纵即逝和一去不复返，这就是创业机会的消逝性。

（六）适应性和时代性

创业赖以生存和发展的重要条件，包括政策法规环境、经济环境、社会环境、生产环境等。创业机会必须适应商业环境，能够使创业者在该环境中获得收益，创业活动才有可能延续下去。机会总是与时代紧密联系在一起，具有鲜明的时代特征。一定的时代对各种机会打上烙印，并赋予其社会的、民族的、时代的色彩。时代是机会的土壤，好的时代能培养出大量的机会，为人们的成功提供条件；而差的时代则像碱性土壤，毫无生机，很少有成功的机会和可能。

（七）资源可获得性

创业者必须具有足够的资源或能够整合到足够的资源，才能创业，这就是创业机会的资源可获得性。

四、创业机会的评估

选对了创业项目，就意味着创业成功了一半。所有的成功创业都来自好的创业机会，创业者均对创业前景寄予厚望,并对创业机会在未来所能带来的丰厚利润满怀信心。创意需要符合一定的标准才是真正的创业机会,而创业机会只有符合创业者的能力和目标才是有价值的。但是,创业本身是一种高风险行为,创业获得成功的概率大约为1%。因此,对于创业机会进行科学的评估是非常重要的。在开发创业机会前,创业者应对初步选定的创业项目进行可行性研究,从技术、经济、财务、社会和环境等方面论证项目的可行性和合理性,编制项目可行性报告和项目评估报告决定是否开发创业机会。一般而言,创业机会评估可以从产品、技术、市场与效益等方面进行评估。值得指出的是,创业者一般不会列举太多评估指标,创业机会通常比较模糊,很多指标无法准确地估算,所以创业者更多的是凭借自己的先前经验、商业敏感抓住几个重要指标分析,这就要求创业者掌握一套评估标准,能够对创业机会面临的市场机会和经济效益进行客观准确的评估。

(一)创业机会评估的方法

对创业者来说,评估创业机会需要从评估创业机会价值潜力与实现创业机会价值潜力可能性两个方面着手。创业者在机会开发中的每一步,都需要进行评估,也就是说,机会评估贯穿于整个机会识别的过程中。在机会识别的初始阶段,创业者可以非正式地调查市场的需求和所需的资源,直到断定这个机会值得考虑或是进一步深入开发;在机会开发的后期,这种评估变得较为规范,且主要集中于考察这些资源的特定组合能否创造出足够的商业价值。

目前,创业企业能否从最初的市场需求和未利用资源的形态发展成新企业,不仅涉及机会本身的情况,还要求机会能与创建新企业管理的其他力量(创业团队、投资人等)相协调。创业者需要经过一层又一层筛选,在众多机会中筛选出真正适合自己的创业机会。

关于创业机会的筛选,一方面要筛选出较好的创业机会。一般而言,较好的创业机会具有五个特征:(1)市场前景较好,前5年中的市场需求会稳步快速增长;(2)创业者能够获得利用该机会所需的关键资源;(3)创业者不会被锁定在"刚性的创业路径"上,而是可以中途调整创业的"技术路径";(4)创业者有可能创造新的市场需求;(5)特定机会的商业风险是明朗的,且至少有部分创业者能够承担相应的风险。另一方面,创业者要筛选出利己的创业机会。面对较好的创业机会,特定的创业者需要回答四个问题:一是创业者能否获得自己缺少但他人控制的资源;二是遇到竞争时,自己是否有能力与之抗衡;三是是否存在创业者可能创造的新增市场;四是创业者是否有能力承受利用该机会的各种风险。

此外,创业者在做出创业决策之前,必须对创业机会价值进行评估,分为定性分析和定量分析两种方法。

定性分析方法侧重考虑成功抓住市场机会所必须具备的条件;分析本企业在该市场机会上所拥有的优势,以及这些优势与本企业的发展方向和目标是否一致。

定量分析方法主要是进行商业分析中的经济效益分析,其任务是在初步拟定营销规划的基础上,从财务上进一步判断选定机会是否符合创业目标,一般是通过量、本、利分析法进行。

(二)创业机会评估的主要内容

1. 市场评估

(1)市场定位。创业者应通过创业机会的市场定位,了解创业机会的目标市场和竞争优势,判断创业机会可能创造的市场价值。

①市场定位的含义。市场定位是指确定产品在目标市场上所处的位置。创业者根据竞争者现有产品在市场上所处的位置,针对顾客对该类产品某些特征或属性的重视程度,设法在自己的产品上找出比竞争者更具有竞争优势的特性,为本企业产品塑造与众不同、定位鲜明的形象,并在顾客心目中占据特殊位置,从而使该产品在目标市场上确定独特地位。

②市场定位的步骤。第一步,进行市场细分,选择目标市场。通常以消费者的需求、购买行为和购买习惯等差异因素作为标准进行市场细分,每一个细分市场都对应着具有类似需求倾向的消费者群体。通过市场细分,可以了解各个细分市场的购买特点、规模、发展潜力、竞争对手的市场定位,评估市场机会,选择目标市场。有效的目标市场一般要有足够的市场空间,市场竞争程度不高,且初创企业有足够的实力进入。第二步,分析目标市场的现状,确认竞争优势。确定竞争优势就是选择定位因素。这一步骤的中心任务是要弄清楚三个问题:一是目标市场上顾客欲望满足程度以及需求;二是竞争对手的市场定位;三是针对竞争者的市场定位和潜在顾客的真正利益,企业应该及能够做什么。创业者应针对这三个问题,通过市场调研,系统地设计、调查、分析并写出调研报告,从而确定自己的竞争优势。第三步,准确选择竞争优势,在目标市场中定位。竞争优势表明初创企业能够胜过竞争对手的能力。这种能力既可以是现有的,也可以是潜在的。因为确认竞争优势实际上就是一个企业与竞争者各方面实力相比较的过程,所以应建立一个完整的指标体系。通常的方法是分析比较企业与竞争者在产品、经营管理、技术开发、采购、生产、市场营销和财务七个方面,由此确定本企业的优势,以确立企业在目标市场上所处的位置。

(2) 市场结构。市场结构是指创业机会所在行业内部买方和卖方的数量及规模分布、产品差别的程度和新企业进入该行业的难易程度的综合状态。市场结构由市场主体、市场集中度、市场竞争格局组成。创业者通过创业机会的市场结构分析,可以了解市场集中度、市场竞争格局、进入该行业的难易程度、初创企业未来在市场中的地位及可能遭遇竞争对手反击的程度。确定一个行业的市场结构,主要依据为市场集中度、产品差异化、对产品价格的影响程度、市场进入壁垒四个因素。

①市场集中度。市场集中度是某行业市场排位前几名的企业市场份额占整个市场的比例,也称集中率。它集中反映了市场的竞争和垄断程度。一般而言,集中度越高,前几名企业在市场上的支配程度越高,对市场垄断程度就越高。市场集中度由产品本质属性、业内厂家的综合实力、消费需求多样化程度、新兴行业所处的发展阶段等因素决定。

②产品差异化。产品差异化指不同企业生产同类产品在质量、款式、性能、服务等方面存在的差异。

③对产品价格的影响程度。市场集中度越高,市场排位前几名的企业对产品价格的影响程度越高。

④市场进入壁垒。市场进入壁垒也称市场进入障碍,指与产业内原有企业相比,潜在的新进入企业在竞争条件上所具有的不利性,或者说是产业内原有企业在竞争条件上所具有的优越性。市场进入壁垒由经济因素造成,也称经济性市场进入壁垒。经济性市场进入壁垒分为绝对成本优势、规模经济优势、产品差异化优势和对特有的经济资源的占有优势等。

市场一般分为完全竞争、垄断竞争、寡头垄断和完全垄断四种市场结构。四种市场结构中,完全竞争市场竞争最为充分,完全垄断市场不存在竞争,垄断竞争市场和寡头垄断市场具有竞争但竞争又不充分。

（3）市场规模。市场规模又称市场容量。市场规模主要研究目标产品或行业的整体规模，具体包括目标产品或行业在指定时间的产量、产值等。通过市场规模分析，可以准确地描述市场的产、销、存及进出口等情况。市场规模与竞争性直接决定了创业机会的可开发性。一般而言，市场规模大，进入障碍相对较高，市场竞争激烈程度也会略为下降。市场规模大小要结合市场生命周期来考虑。

（4）市场占有率。市场占有率又称市场份额，是指一个企业的销售量（或销售额）在市场同类产品中所占的比重。它直接反映企业所提供的商品和劳务对消费者和用户的满足程度，表明企业的商品在市场上所处的地位，也就是企业对市场的控制能力。市场份额越高，企业经营、竞争能力越强。在创业初期就应确立市场占有率目标，从而确定未来的发展方向。

（5）市场渗透力。新产品逐渐占领市场的速度，称为市场渗透力，也可以直接理解为用户渗透率，它是多年形成的结果。市场渗透力意味着新产品被消费者接受的速度和程度。因此，对于有形的商品，考察市场渗透力，不仅要在被调查的对象中，看一个品牌（或者品类）的产品使用者的比例，还要看这个比例扩大的速度。

（6）产品生命周期和成本结构。①产品的生命周期。产品生命周期是指产品的市场寿命。产品生命周期分为进入期、成长期、成熟期和衰退期四个阶段。对于创业者来说，要知道所选项目处在哪一生命周期阶段，最好处在进入期和成长期，这样，产品生命期长，市场竞争性不强，有利于初创企业的发展。②成本结构。成本结构亦称成本构成，是指成本中各项费用占总成本的比重。成本结构可以反映产品的生产特点，有的大量耗用材料，有的大量耗费人工，有的大量耗费劳动力，有的大量占用设备引起折旧费用上升，有的变动成本高，有的固定成本高。成本结构在很大程度上还受技术发展、生产类型和生产规模的影响。成本结构有三个方面的作用：一是通过总成本占销售收入的比例，使创业者了解需要投入的成本费用，以此判断创业机会的获利空间；二是通过分析成本中各项费用占总成本的比例，判断成本是否还有降低的可能；三是通过前两项分析，推断自己的创业项目的成本与竞争对手相比，是否具有成本优势。

2. 经济效益评估

（1）税后净利润率。税后净利润率又称销售净利率，是净利润与销售收入（或营业收入）的百分比，用公式表示：税后净利润率＝（净利润/销售收入）×100％。这是创业者最为关心的一项指标。税后净利润率越大，创业机会的获利空间就越大；反之，获利空间就越小。税后净利润率，直接关系到可供分配的利润，直接关系到创业投资收益水平。

（2）达到盈亏平衡点所需的时间。盈亏平衡点又称损益平衡点、保本点，通俗地讲，盈亏平衡点就是指利润等于零时对应的产（销）量数值。产（销）量如超过盈亏平衡点即盈利，产（销）量如低于损益平衡点即亏损。盈亏平衡分析就是利用创业投资项目生产中的产（销）量、成本、利润之间的关系，通过测算项目达到正常生产能力后的盈亏平衡点，来考察分析项目承担风险能力的一种不确定分析方法。目的是找出盈亏平衡点，来判断这一点对应的各种不确定因素（如投资、成本、销售量、产品价格、项目生命期等）对投资方案的经济效果的影响，判断投资方案对风险的承受能力，为创业者投资决策提供依据。盈亏平衡分析直接影响投资方案的取舍。计算达到盈亏平衡点所需的时间，首先要计算出盈亏平衡点的产销量,然后判断创业项目达到该平衡点所需时间。盈亏平衡点的产(销)量大,达到盈亏平衡点所需的时间长,反之则短。

(3) 投资回报率。投资回报率是指投产期正常年利润或年均利润占投资总额的百分比,它是指创业者通过投资而应返回的价值,是从一项投资性商业活动中得到的回报。用公式表示:投资回报率=(年利润或年均利润/投资总额)×100%。

(4) 资本需求。创业机会开发初期资金需求不是很大,对运营资金也要求不多。初创企业对资金的需求量是逐步增加的。通常,知识密集的创业机会,对资金的需求量越低,投资回报反而会越高。因此,在创业初期,不要募集太多资金,最好能通过盈余积累的方式创造资金。而比较低的资本额,有利于提高每股盈余,并且可以进一步提高未来上市的价格。

(5) 毛利率。毛利率又称销售毛利率,是毛利与销售收入(或营业收入)的百分比,毛利是销售收入和与销售收入相对应的销售成本之间的差额,用公式表示为:

毛利率=(毛利/销售收入)×100%=[(销售收入-销售成本)/销售收入]×100%。

毛利率反映了生产环节的效益,被广泛用来计算企业的获利能力。较高的毛利率预示着创业机会获得较多利润;反之,最终获得的利润就小,甚至无利可得。对于工商企业,毛利率的大小,取决于两个因素,一是数量因素,即销售数量,另一个是质量因素,即单位毛利,用公式表示为:

毛利总额=销售量×单位毛利=销售量×(单位售价-单位成本价)。

毛利率高的创业机会,相对风险较低,也比较容易取得盈亏平衡。反之,毛利率低的创业机会,风险则较高,遇到决策失误或市场产生较大变化时,企业很容易遭受损失。

(6) 现金流量。现金流量是指企业在一定会计期间内按照现金收付实现制,通过一定经济活动(包括经营活动、投资活动、筹资活动和非经常性项目)而产生的现金流入、现金流出及其差量情况的总称。现金流量中的现金,指企业的库存现金和银行存款,也包括现金等价物,即企业持有的期限短、流动性强、替换为已知金额现金、价值变动风险很小的投资等。在现代企业的发展过程中,决定企业兴衰存亡的是现金流量。现金流量按其来源主要分为三类:经营活动产生的现金流量、投资活动产生的现金流量和筹资活动产生的现金流量。

(三) 个人与创业机会的匹配

创业活动是创业者与创业机会的结合,影响创业机会的既有主观因素,也有客观因素。由于创业者个性特质的差异,更由于各个创业者所面临的创业环境和资源约束条件的不同,创业者尽管发现了创业机会,但并不意味着要创业,更不意味着成功就在眼前,因为并非所有的机会都适合每个人。只有创业者和创业机会之间存在恰当的匹配关系时,创业活动才最可能发生,也最可能取得成功。即使创业机会的价值潜力再大,如果缺乏相应的必备条件和因素,盲目行动带来的后果往往是血本无归。

判断创业机会是否适合自己的主要依据在于机会特征与个人特质的匹配,应该从个人经验、社会网络、经济状况、个人素质方面进行评估。

在个人经验层面,要考虑以前的工作和生活经验能否支撑后续开发创业机会所必需的知识和技能。

在社会网络层面,要考虑自己身边认识、熟悉的人能否支撑后续开发创业机会所必需的资源和其他因素。

在经济状况层面,要重点考虑的是能否承受从事创业活动带来的机会成本。

在个人素质层面,要看个人是否具有良好的智力结构、乐观的心态、敏锐的洞察力等个性特征。

由于创业本身是一项高风险的活动,没有一个创业机会是完美的,也不是每个创业者是在把握完全适合自己的条件下才开展创业活动的,因此,在评估创业机会之后决定是否投入创业,仍然是一个比较主观的决策。

第三节 创业风险

一、创业风险的概念及分类

(一) 创业风险的概念

创业风险,一是指风险因素即创业过程中有可能遇到某些风险因素的干扰;二是一旦某些风险因素真正发生,创业者即会阶段性地遇到很难克服的困难,导致创业活动很难推进,甚至导致创业失败。面对某个创业机会,创业者将面临相应的技术风险、财务风险、市场风险、政策法律风险、宏观环境风险,特别是团队风险。这是多数创业者都可能面临的问题。

(二) 创业风险的分类

创业风险可从不同角度进行划分。

1. 按创业风险产生的原因划分

按风险产生的原因进行划分,可分为主观创业风险和客观创业风险。

(1) 主观创业风险。是指在创业阶段,由于创业者的心理素质与思维片面性等主观方面的因素,而导致创业失败的可能性。如因创业者一时冲动,没有做好应有的心理准备,遇到困难束手无措,无法达成创业目标。又如因创业者选择行业或项目的盲目性,导致无法获得市场预期而血本无归,如此等等。

(2) 客观创业风险。是指在创业阶段,由于客观因素导致创业失败的可能性,如市场的变动、政策的变化、竞争对手的出现、资金链断裂、团队分裂等因素导致无法达成创业目标。

2. 按创业风险产生的内容划分

按创业风险产生的内容划分,可分为技术风险、市场风险、运营风险、政治风险、管理风险和经济风险。

(1) 技术风险指由于技术方面的因素及其变化的不确定性而导致创业失败的可能性。技术风险的具体表现:①产品开发不能实现预期目标所带来的风险;②产品或服务开发与市场需求的适恰度不足所带来的销售风险;③产品生产技术(包括生产设备、工艺、流程等)因素带来的产量和质量不能实现预期目标带来的风险。

（2）市场风险指由于市场情况的不确定性导致创业者或创业企业损失的可能性。如供求关系变化、竞争对手及国际贸易的影响等。

（3）运营风险指新创企业在建立研发模式、生产模式、商业模式及其运行机制之后，在日常运营之中出现不可预知因素，导致企业亏损甚至破产的风险。运营风险主要包括产品研发风险、原材料采购风险、生产过程风险、财务风险、人力资源风险、环评风险等。

（4）政治风险指由于国际关系变化或有关政策改变而导致创业者或企业蒙受损失的可能性。政策与法规风险常见情况：节能减排、绿色环保等方面的政策法规，对企业产品、生产技术及生产过程的影响。

（5）管理风险指由于创业者及其团队因缺乏相应管理知识和经验，在研发管理、生产管理、质量管理、客户管理、财务管理、信息资源管理、人力资源管理，特别是市场营销管理等方面的失误或错误导致的创业风险。

（6）经济风险指由于宏观经济环境发生大幅度波动或调整而使创业者或创业投资者蒙受损失的风险。

3. 按创业风险对资金的影响程度划分

按风险对所投入资金即创业投资的影响程度划分，可分为安全性风险、收益性风险和流动性风险。

（1）安全性风险指从创业投资的安全性角度来看，不仅预期实际收益有损失的可能，而且专业投资者与创业者自身投入的其他财产也可能蒙受损失，即投资方财产的安全存在危险。

（2）收益性风险指创业投资的投资方的资本和其他财产不会蒙受损失，但预期实际收益有损失的可能性。

（3）流动性风险指投资方的资本、其他财产以及预期实际收益不会蒙受损失，但资金有可能不能按期转移或支付，造成资金运营的停滞，使投资方蒙受损失的可能性。

4. 按创业过程划分

按创业过程划分，可分为机会的识别与评估风险、准备与撰写创业计划风险、确定并获取创业资源风险和新创企业管理风险。

（1）机会的识别与评估风险指在机会的识别与评估过程中，由于各种主客观因素，如信息获取量不足，把握不准确或推理偏误等使创业一开始就面临方向错误的风险。

（2）准备与撰写创业计划风险指创业计划的准备与撰写过程带来的风险。创业计划往往是创业投资者决定是否投资的依据，因此创业计划是否合适将对具体的创业产生影响。创业计划制订过程中各种不确定性因素与制订者自身能力的限制，也会给创业活动带来风险。

（3）确定并获取创业资源风险指由于存在资源缺口，无法获得所需的关键资源，或即使可获得，但获得的成本较高，从而给创业活动带来一定风险。

（4）新创企业管理风险主要包括管理方式，企业文化的选取与创建，发展战略的制定、组织、技术、营销等各方面的管理中存在的风险。

5. 按创业与市场和技术的关系划分

按创业与市场和技术的关系划分，可分为改良型风险、杠杆型风险、跨越型风险和激进型风险。

(1) 改良型风险指利用现有的市场、现有的技术进行创业所存在的风险。这种创业风险最低，经济回报有限，即风险虽低，但要想生存和发展，获取较高的经济回报也比较困难，一方面会遭遇已有市场竞争者的排斥或进入壁垒的限制，另一方面即便进入，想要占有一定的市场份额也非常困难。

(2) 杠杆型风险指利用新的市场、现有的技术进行创业存在的风险。该风险稍高，对一个全球性公司来说，这种风险往往是地理上的，常见于挖掘未开辟的市场。

(3) 跨越型风险指利用现有市场、新的技术进行创业存在的风险。该风险稍高，主要体现在创新技术的应用方面，往往反映了技术的替代，是一种较常见的情况，常见于企业的二次创业，领先者可获得一定的竞争优势，但模仿者很快就会跟上。

(4) 激进型风险指利用新的市场、新的技术进行创业存在的风险。该风险最大，如果市场很大，可能会带来巨大的机会，对于第一个行动者而言，其优势在于竞争风险较低，但是知识产权保护力度很弱，市场需求不确定，确定产品性能有很大的风险。

二、创业风险防范措施

(一) 做好创业前期的准备

创业是否成功，很大程度上取决于创业前期的准备是否充足。前期准备不充分，就为创业埋下了很大的隐患。通常大学生创业前期，要客观判断自己是否具备创业相关的技术、技能和素质，同时要衡量创业所需资金是否在自己可承受的范围内。其他准备工作还包括市场定位调查、产品销售渠道分析、创业团队构成分析等。

(二) 强化风险识别意识

在创业过程中，风险是如影随形的。大投资有大风险，小投资有小风险。树立正确的风险意识，才能以最小的代价面对风险带来的危害。创业者要时刻谨记，创业风险无处不在，要不断提高风险意识，为自己的创业多加一份保险。

(三) 拓展融资渠道，科学管理资金

资金的多少决定项目的发展。确定企业运作的项目后，创业者要明确资金的来源是否充足、可靠，同时不应将资金来源单一化，多元化的融资渠道能够大大降低创业风险。对资金做到科学化管理是很有必要的，创业者应在企业内部建立良性运转的资金管理制度，保证创业资金合理利用，避免出现资金浪费等不良现象。

(四) 积极利用社会资本

社会资本是个广泛的概念，它包括师生关系、合作伙伴关系以及客观关系等。大学生创业者的根本问题是经验的缺乏，这时不妨利用师生关系，从他人的身上学习一些创业经验。创业者也可以良好、诚信、优质的服务，牢牢抓住客户，客户也能客观上分担创业者的风险。当

然，在如今这个提倡合作共赢的经济时代，与上下游企业展开纵向合作，也不失为降低风险的好措施。社会资本是一笔无法用具体数字来衡量的财富，有时候它比金钱资本更具有帮助性。一个好的创业者，一定掌握着足以支撑企业发展的社会资本，这样才能使自己在面对任何困难时都能做到游刃有余，不至于使企业陷入无路可走的困境。

第四节　商业模式与资源整合

一、商业模式的含义和特征

（一）商业模式的含义

企业与企业之间、企业的部门之间乃至企业与顾客之间、企业与渠道之间都存在各种各样的交易关系和联结方式，这被称为商业模式。商业模式即创业者创意，商业创意来自机会的丰富和逻辑化，并有可能最终演变为商业模式。有一个好的商业模式，成功就有了一半的保证。商业模式就是企业通过什么途径或方式来盈利。只要有盈利的地方，就有商业模式存在。

商业模式也是创业者为满足消费者价值最大化的需求系统，这个系统组织管理企业的各种资源（资金、原材料、人力资源、作业方式、销售方式、信息、品牌和知识产权、企业所处的环境、创新力，又称输入变量），形成能够为消费者提供无法自力而必须购买的产品和服务（输出变量），是一个完整高效的具有独特核心竞争力的运行系统。

（二）商业模式的特征

成功的商业模式具有以下三个特征。

（1）成功的商业模式要能提供独特价值。有时候这个独特的价值可能是新的思想，而更多的时候，它往往是产品和服务独特性的组合。这种组合要么可以向客户提供额外的价值；要么使得客户能用更低的价格获得同样的利益，或者用同样的价格获得更多的利益。

（2）成功的商业模式是难以模仿的。成功的商业模式是具有自己能复制且别人不能复制，或者自己在复制中占据市场优势地位的特性，企业通过确立自己的与众不同，如对客户的悉心照顾、无与伦比的实施能力等，来提高行业的进入门槛，从而保证利润来源不受侵犯。

（3）成功的商业模式是脚踏实地的。企业要做到量入为出、收支平衡。这个看似不言而喻的道理，要想年复一年、日复一日地做到，却并不容易。现实中的很多企业，不管是传统企业还是新型企业，对于自己从何处获利、为什么客户看中自己企业的产品和服务、有多少客户实际上不能为企业带来利润、反而在侵蚀企业的收入等一系列关键问题，都不甚了解。

二、商业模式的构成要素和逻辑

（一）商业模式的构成要素

近几年来，"商业模式"一词已经成为探讨新经济的必用词汇，越来越多的企业意识到，商业模式是资本市场甄别企业的关键要素，也是企业获得商业成功的根本原因。商业模式由不同的要素组成，下面主要介绍两种比较广泛认同的观点。

1. 六要素理论

我们把商业模式的构成要素概括为战略定位、业务系统、关键资源能力、盈利模式、现金流结构、企业价值及其相互关系。

（1）战略定位是企业战略选择的结果，也是商业模式体系中其他几个要素的起点。战略定位需要考虑三个方面：长期发展、利润增长、独特价值。商业模式中的"定位"更多的是作为整个商业模式的支撑点，同样的定位可以有不一样的商业模式，同样的商业模式也可以实现不一样的定位。

（2）业务系统指企业达到战略定位所需要的业务环节、各合作方扮演的角色以及利益相关者合作方式。企业围绕战略定位所建立的业务系统将形成一个价值网络，明确了客户、供应商/其他合作方在通过商业模式获得价值的过程中扮演的角色。

（3）关键资源能力指业务系统运转所需要的重要资源和能力，任何商业模式构建的重点工作之一就是了解业务系统所需要的重要资源和能力有哪些、如何分布，以及如何获取和建立。不是所有的资源和能力都同等珍贵，也不是每一种资源和能力都是企业所需要的，只有与战略定位、业务系统、盈利模式、现金流结构相契合并能互相强化的资源和能力，才是企业真正需要的。

（4）盈利模式指企业获得收入、分配成本、赚取利润的方式。盈利模式是在给定业务系统价值链所有权和价值链结构的前提下，相关方之间利益的分配方式。良好的盈利模式不仅能为企业带来利益，还能为企业编织一张稳定、共赢的价值网。传统盈利模式的成本结构往往和收入结构一一对应，而现代盈利模式中的成本结构和收入结构则不一定完全对应。

（5）现金流结构指企业经营过程中产生的现金收入扣除现金投资后的状况。不同的现金流结构反映了企业在战略定位、业务系统、关键资源能力以及盈利模式方面的差异，决定了企业投资价值的高低、投资价值递增的速度以及受资本市场青睐的程度。

（6）企业价值指企业的投资价值，是企业预期未来可以产生的现金流的体现值。企业的投资价值由其成长空间、成长能力、成长效率和成长速度等因素共同决定。

商业模式的六个要素是互相作用、互相影响的。相同的战略定位可以通过不一样的业务系统实现，同样的业务系统也可以有不同的关键资源能力、盈利模式和现金流结构。

2. 九要素理论

商业模式九大构成要素为价值主张、客户细分、分销渠道、客户关系、收入来源（或收益来源）、关键资源、关键活动（或关键业务）、伙伴网络、成本结构。

（1）价值主张，即企业通过其产品和服务能向消费者提供何种价值，具体表现为标准化/个性化的产品/服务/解决方案、宽/窄的产品范围。

（2）客户细分，即企业经过市场划分后所瞄准的消费者群体，具体表现为本地区/全国/国际、政府/企业/个体消费者、一般大众/多部门/细分市场。

（3）分销渠道，即企业用来接触、将价值传递给目标客户的各种途径，具体表现为直接/间接、单一/多渠道。

（4）客户关系，即企业与其客户之间所建立的联系，主要是信息沟通反馈，具体表现为交易型/关系型、直接关系/间接关系。

（5）收入来源（或收益来源），即描述企业通过各种收入流来创造财务的途径，具体表现为固定/灵活的价格、高/中/低利润率、高/中/低销售量、单一/多个/灵活渠道。

（6）关键资源，即概述企业实施其商业模式所需要的资源和能力，具体表现为技术/专利、品牌/成本/质量优势。

（7）关键活动（或关键业务），即描述业务流程的安排和资源的配置，具体表现为标准化/柔性生产系统、强/弱的研发部门、高/低效供应链管理。

（8）伙伴网络，即企业同其他企业为有效提供价值而形成的合作关系网络，具体表现为上下游伙伴、竞争/互补关系、联盟/非联盟。

（9）成本结构，即运用某一商业模式的货币描述，具体表现为固定/流动成本比例、高/低经营杠杆。

（二）商业模式的逻辑

从对商业模式要素研究的各个观点来看，提及最多的是价值主张、盈利模式、价值传递和价值获取，由此构成商业模式的核心。商业模式是以顾客为中心来解决一般价值创造问题的核心逻辑，必须将其贯穿于商业服务之中。

三、创业资源整合的意义和原则

（一）创业资源整合的意义

资源是人类开展任何活动所需要具备的前提，要把握创业机会，同样必须具备相应的资源条件。创业活动往往是在资源不足的情况下把握商业机会，这就需要创业者必须创造性地整合资源。创业是在不拘泥于当前资源条件的限制下对机会的追寻，将不同的资源组合以利用和开发机会并创造价值的过程。创业者在公司成长的各个阶段都会力争用尽可能少的资源来推进公司的发展。他们需要的不是拥有资源，而是控制这些资源。因此，在创业的视角下，要求创业者具备独特的整合能力，运用少量资源，控制更多资源，创造更大价值。

（二）创业资源整合的原则

（1）尽可能多地发现和确定可供整合的资源提供者。要整合资源，就要找到可以提供整合资源的对象。对此，一种办法是找到少数的拥有丰富资源的潜在资源提供者；另一种办法是尽量多地找潜在的资源提供者。

（2）分析并寻找到潜在资源提供者共同利益所在。商业活动强调利益，要做到资源整合，需要认真分析潜在资源提供者各自关心的利益所在。

（3）共赢的整合机制。资源能够整合到一起，需要合作，合作需要双赢甚至是共赢。经济全球化的重要特征是资源的全球性流动，资源整合可以突破空间、组织和制度等方面的限制，从而在更加广阔的范围内开展，这也是创业活动活跃的重要原因。要成功地整合资源，创业者必须要有创新的思维，要兼顾各方面利益相关者的利益，达到多赢、共赢的境界。

（4）强化沟通。较强的沟通能力是创业者成功整合资源的关键因素。开会、谈判、协商、拜见投资者或约见客户等是最常见的沟通形式，撰写计划书和各类文字材料实际上是一种书面沟通的方式，对外各种拜访、联络也都是沟通的表现形式。创业公司常见的效率低下的问题，往往是由于缺乏沟通或不懂得沟通所引起的。

四、创业资源整合方式

（一）人脉资源整合

在个人创业过程中，人脉资源可谓第一资源。整合人脉资源是创业成功的基本条件。

1. 人脉资源的类型

人脉资源根据重要性程度可以分为核心层人脉资源、紧密层人脉资源、松散备用层人脉资源。

（1）核心层人脉资源：核心层人脉资源指对职业和事业生涯能起到核心、关键、决定作用的人脉资源。

（2）紧密层人脉资源：紧密层人脉资源指在核心层人脉资源基础上的适当扩张。

（3）松散备用层人脉资源：松散备用层人脉资源指根据自己的职业与事业生涯规划，在将来可能对自己有重大或一定影响的人脉资源。

2. 人脉资源整合的要点

（1）人脉资源结构要科学合理。不少创业者人脉资源结构太单一，导致人脉资源的质量不高。

（2）注意长期投资性和关联性。长期投资性是指平时要注意人脉资源的积累，人脉资源的形成需要很多时间和精力，本身就是一种投资，而人脉资源可以通过合作、交流、关心、帮助、友情、亲情等进行维护，并会不断巩固，同时在维护中可以不断地发展新的人脉关系。关联性是指借用朋友的朋友或他人的介绍拓展人脉资源。

（3）兼顾事业和生活。不能只顾职业的发展、事业的成功，而忽视生活的丰富多彩和应急需要。

（4）重视心智方面的需要。在日常工作、生活中，要注意结交一些专家、学者、实战高手和智者，定期与他们交流，将会使人开阔眼界、受益匪浅。

3. 人脉资源整合的途径

（1）创业者人脉资源的整合是重中之重。人脉资源的整合在某种程度上来说就是做人，做一个让他人快乐同时也让自己获益的人。需要注意的是，人脉资源的整合一定要整合健康的人脉资源，以自身的人格魅力来积聚，为此创业者自身的素质、人格、品质需要不断提升。

（2）参与社团活动，扩张人脉链条。参与各类社团活动来经营人际关系十分有效。在为他人服务的过程中，自然就增加了与他人联系、交流、了解的机会和时间，人脉之路就得以不断延伸。

（3）参加培训，搭建人脉平台。参加培训对于创业者有三大好处：一是走出去能结交到"高手"；二是经常充电、深造才知道自己的不足；三是借此机会拓展人脉资源，搭建平台，扩大"圈子"。

（4）了解人脉，满足需求。人脉资源整合需要合作，合作需要双赢或共赢，而且往往是要让对方先赢。为此，首先需要了解人脉对象的基本情况；其次，了解人脉对象目前工作生活中的最大需求是什么，最看重什么，看看自己能为对方做些什么或提供什么建议参考；最后，即便人脉对象的需求千差万别，但有些基本需求是相同、相通的，由此根据自身的条件和可能，采取适当的行为满足人脉对象的需求。

（5）日积月累，细心呵护。人脉网络需要长期的积累、精心培育、细心呵护。

人脉资源是创业必不可少的关键元素，创业者整合人脉资源能力的大小基本上决定了创业的成败。

（二）信息资源整合

从工业化时代走向信息时代，随着信息技术的发展，信息与日常生活、工作越来越密不可分，最直接的体现就是信息爆炸，大量的、各类信息充斥在我们周围，如何整合信息成为一大挑战。创业者如何在最有效的时间内获得最有效的内、外部信息，抓住成功创业的机遇，事实上很难。信息资源与人力、物力、财力以及自然资源一样，都是创业公司的重要资源。因此，应该像管理整合其他资源那样管理整合信息资源。对创业者而言，了解分析包括竞争对手、政府、行业、合作伙伴、客户等在内的周边环境的变化信息，才能做到"知己知彼，百战不殆"，才能做到"有的放矢"，集中精力、财力、人力抓住转瞬即逝的成功机遇。

（三）技术资源整合

最关键的创业核心竞争力是技术，因为它决定了所需创业资本的大小、创业产品的市场竞争力和获利能力。美国的微软公司和苹果公司，最初创业资本都不过几千美元，创业人员也只有几人，它们之所以能走向成功，就是因为它们拥有独特的创业技术。所以，创业公司成功的关键是寻找到成功的创业技术。

（四）行业资源整合

整合行业资源，了解掌握该行业的各种关系网，比如业内竞争对手、供货商、经销商、客户、行业管理部门等。所以，创业的重点，就是做自己熟悉的行业，熟悉本行业公司运营、熟悉竞争对手。但行业资源不仅只有这些，科研机构、行业协会、行业杂志、行业展会、业内研讨会、专业书籍等资源都需要创业者平时加以关注，发掘其价值，为公司服务。

（五）政府资源整合

掌握并充分整合创业的政府资源、享受政府扶持政策，可使创业少走许多弯路，达到事半功倍之效。目前政府的创业扶持政策主要包括财政扶持政策、融资政策、税收政策、科技政策、产业政策、中介服务政策、创业扶持政策、对外经济技术合作与交流政策、政府采购政策、人才政策等。了解政府扶持政策、整合政府资源的方式途径：一是上政府官网查询；二是到公共服务机构进行政策咨询；三是注意与有关部门保持密切的沟通；四是可指定专人负责有关政策信息的收集。

第十二章 撰写创业计划与创业实施

第一节 创业计划

作为创新创业教育体系的重要组成部分,大学生创业指导服务应着力把创业精神、创业知识、创业能力传递给每一个学生,加强大学生创业专业化、个性化指导服务,全力助推大学生成功创业。

一、创业计划的概述

(一)创业计划的含义

创业计划又称创业计划书,是创业者在创业初期为企业勾画的蓝图,包括产品开发生产、市场营销、财务、人力资源等职能计划的综合。通过撰写创业计划书,可以对创业进行全面、系统的内外环境分析及必要条件的客观分析,帮助创业者厘清思路,引导企业顺利度过起步阶段。

从广义的角度来说,创业计划书就是创业者计划创立的业务的书面概要;从狭义的角度来说,创业计划书是就某一项有市场前景的新产品或服务向潜在投资者、风险投资公司、合作伙伴等游说以获得风险投资的商业可行性报告。对创业者而言,了解创业计划书是什么和不是什么至关重要。创业计划书并非一份合同、一份协议或一份预算,而是一份将创意转化为创业企业的可行性创业报告。

(二)创业计划的类型

1. 综合创业计划

综合创业计划是全面实现创业战略的创业计划。如创业者计划开发销售一种新产品,那么这份创业计划就需要涵盖产品的开发、生产、销售等各个方面的情况,其内容非常广泛。全面实现创业战略的创业计划,主要阅读者为投资者等利益相关者,如供应商、潜在客户、应聘的关键员工等。目的是让他们了解创业计划,激发他们的兴趣,让他们也投入创业活动中,进而促进创业的成功。

2. 专项创业计划

专项创业计划是对创业中的某一项目的专门计划,如创业融资计划、产品开发计划、市场开拓计划等，其中最重要的是创业融资计划，因为资金是能确保其他项目顺利开始的基石。专项创业计划为某一项目的发展定下比较具体的方向，从而使创业项目中的相关员工了解该项目的发展规划，并激励他们为创业成功而努力。按创业计划的目标把创业计划分为以下三种。

（1）吸引风险投资的创业计划。吸引风险投资的创业计划目的是向风险投资者募集资金。对于正在寻求资金的新企业来说，创业计划就是企业的名片。风险投资者评估投资项目首要的资料就是创业计划，一份简练而有力的创业计划能让风险投资者对投资项目的运作和效果做到心中有数。这一类型的创业计划在撰写过程中要注意"以风险投资者的需要为出发点"，要说明该项目拥有"足够大的市场容纳量和较强的市场盈利能力"，以此来吸引投资。

（2）寻求创业成员的创业计划。寻求创业成员的创业计划是为了吸引创业团队的新成员以及有特定意义的关键员工。创业初期，无论是从身边的亲朋好友中还是从不熟悉的人群中寻找创业成员，一份结构清晰、前景良好的创业计划是吸引创业成员最有力的武器。因此，这一类的创业计划需要阐明"企业的商业模式"和"未来发展规划"，要对创业成员的利益分配和权限做出清晰的说明。

（3）获取政府支持的创业计划。政府部门制定的各项政策对创业活动的成败有非常重要的影响。只有在政府政策允许和鼓励下，新企业才能获得更多的人才、贷款和投资、各种服务和优惠等。获取政府支持的创业计划应当强调"新企业的项目投资可行性"，尤其要着重关注"新企业的社会收益和社会成本"。只有创业项目的社会影响较为良好，才有可能成为政府关注的对象，进而获得政府的支持。

（三）创业计划的特征

1. 创新性

创业计划最鲜明的特点是创新性。创业计划提出的不仅是新项目、新技术、新材料、新的营销模式，更重要的是，要把创新的东西通过一种开拓性的商业模式变成现实。这种新项目、新内容、新的营销思路和运作思路的整合，才是创业计划开拓性最本质的特征。

2. 客观性

这种客观性突出表现在创业者提出的创业设想和创业模式上，不是凭空想出来的，是建立在大量的、充分的市场调研和客观分析的基础之上的。客观性是创业计划具有实战性和可操作性的基础。

3. 逻辑性

作为整体目标的论据和支撑，市场调研、市场分析、营销策略及营运管理等工作，在创业计划中有着严密的逻辑关系。

4. 实战性

这是指创业计划具有可操作性。创业计划尽管没有设计出每一个运作细节，但是项目运作的整体思路和战略设想应该是清楚的。实战的过程中尽管可能做出若干调整，但项目鲜明的商业特点和可操作性是不能也不会改变的。

5. 增值性

这是指创业计划必须找到创收点，体现出创业项目的高回报性，并通过投资分析、创收分析、盈利分析和回报分析，使投资者能清晰明了地看到其投资后的商业价值。

二、创业计划的作用

（一）清晰认识创业前景

创业计划书是对未来创立企业的系统规划。制订创业计划书的过程同时也是创业者明确自己创业思路的过程。创业者要针对创业过程中可能会遇到的种种问题事先想好对策，这些问题包括资金问题、行业问题、团队问题、管理问题、产品问题、销售问题等，必须事先有一个系统的规划。只有对创业前景拥有清晰的认识，才能帮助创业者更好开展创业活动。

（二）明确目标和商业模式

创业计划书是一份内部文件，它能帮助新企业明确目标和商业模式，也能使阅读者坚信商业创意有价值，相信旨在开发创业而创立的企业必然有光明的前途。如果准备充分，创业计划书还可以在企业创立时充当指引管理团队和员工行为的重要路线图。一份好的创业计划书是创业者打开风投大门的垫脚石。对于尚在雏形中或尚待创办的新企业，风险投资者无从获知它的商业数据，一般只能通过创业计划书来了解企业前景，判断是否具有投资潜力和利益回报。因此，创业计划书的质量和水平在很大程度上决定了企业是否能够获得风险投资者的青睐。

（三）吸引人才获得支持

创业计划书是自我推销文书，它为新企业提供了一种向潜在投资者、供应商、商业伙伴和关键职位应聘者展示自身机制的途径。这种机制清晰地展现了新企业如何通过各部分的有机匹配，来塑造实现其使命和目标的组织能力。创业计划书是创业者展示产品和服务的载体，同时也是展现创业者思想和才华的工具。一份优秀的创业计划书，不仅能使投资者看到创业者的潜力和决心，也能让有识之士看到希望和未来，将志同道合的人吸引到创业的团队中来，打造属于这一群人的梦想舞台，实现他们的人生理想。

同时，创业计划书也是一个书面的承诺工具。创业者在撰写计划书时必须慎重部署企业发展战略，确定创业可行性，为企业发展初期定下比较具体的方向和重点，从而使员工清晰了解企业的经营目标，给予他们信心和承诺，激励他们为达成目标而努力。一份具有前瞻性的创业计划书意味着创业战略能够顺利展开，企业可以稳步发展，投资者和员工利益能够得到有效保障。而缺乏战略思考能力和良好部署的创业者必将在创业过程中因遭遇环境、经济、技术、人员等变化，导致应对无措，无法适应激烈的市场竞争，最终被淘汰。因此，只有具有长远目光和战略思考能力的创业者，才能获得投资者和创业团队内部成员的支持。

（四）整合资源

撰写创业计划书前，要对创业过程进行全面思考，完成自我评估、市场调研、产品研发、市场定位、营销策略制定、人事安排、财务规划等。创业计划书的书写实际上是对这些创业过程中各种凌乱、分散的信息和要素进行充分的研究，找出它们内在的联系，对它们进行调整和重组，实现有机承接，形成完整流畅的商业运作计划。并且在这个过程中，创业者要对社会资源进行分析和运用，充分利用优惠政策、行业人脉等获得创业平台和资金，真正做到整合各方面资源，充满自信地开创事业。

第二节 创业团队与资金

一、创业团队的概述

（一）创业团队的定义

创业团队可以从两个层面进行理解，狭义的创业团队，是指有着共同目的、共享创业收益、共担创业风险经营新成立的营利性组织的一群人，他们提供一种新的产品或服务，为社会提供新增价值。广义的创业团队不仅包含狭义创业团队，还包括与创业过程有关的各种利益相关者，如风险投资商、供应商、专家咨询群体。一般来说，创业团队是指创业者在创业过程中组成的以开创新的局面、满足共同的价值追求为共同目的，甘愿共同承担创业风险和共享未来收益并紧密结合的正式或非正式的组织。

通常情况下，创业团队是由两个以上人员组成的具有一定利益关系、才能互补、责任共担、愿为共同的创业目标而奋斗的工作团队。每个成员在创业团队中发挥的作用是不同的。团队任务决定了一个团队需要在任务及团队角色之间找到一种令人满意的平衡点。团队中的每个人都既能够满足特定需要而又不与其他角色重复。一个创业团队只有处在角色平衡、人数适当的状态时，才能充分发挥高效运转的协作优势。

（二）团队对创业的重要性

创业团队是由一群"目标一致、优势互补、利益共享、责任和风险共担"的人组成，这样的团队整体力量大于团队成员力量之和，团队成员合作取得的整体业绩超过团队成员个人业绩的总和。这种团队的力量，来自团队成员合作的优势、来自为达到共同的目标所激发出来的合作精神和奉献精神。与个体创业相比，团队创业具有多方面优势，对创业成功有举足轻重的作用。组建团队可以调动团队成员的所有资源和才智，为工作注入强大能量。

1. 创业资源更丰富

知识、技术、资金和经验等创业资源是影响创业的重要因素。获取创业资源的难易程度直接影响创业绩效。没有足够的创业资源，创业者就不能做出高绩效的创业。创业是一项高风险的活动。面对充满风险的创业环境，创业团队人多力量大，在新创企业成立的时候可以获得大量资金、技术和经验，抗风险能力大。若创业资源丰富，则有利于把握一些风险较大但收益较高的创业机会。

创业团队需要具备方方面面的能力以满足创业的需要。技术、市场、生产和营销方面的技能是创业团队的必备技能。首先，创业团队需要掌握创业所需的专业技能。其次，创业环境与市场信息瞬息万变，创业机会稍纵即逝，所以创业团队要善于发现创业机会并对之进行汇总评估，做出正确的创业决策。再次，创业的实现离不开生产和管理。最后，创业提供的商品和服务最终要得到消费者的认可，因而必要的营销和销售技能也是很重要的。

2. 信息收集更全面

要做出创业决策，必须收集比较全面的信息。创业者之所以寻求团队合作，是因为要弥补创业目标与自身能力间的差距。团队成员只有相互间在知识、技能、经验等方面实现互补，才有可能通过相互协作发挥出"1+1＞2"的协同效应。创业团队的成员具备不同的专业技能，具有不同的工作背景，团队在创业时收集的信息就更全面。创业团队的组成结构会很大程度上影响团队的绩效和创业的绩效。众多研究表明，团队的异质性与公司绩效呈正相关。创业团队在技能上的异质性来自成员的教育背景、行业、职业和工作背景这四个方面。

3. 有效避免个人冲动决策

创业团队的决策行为是创业团队在创业过程中做出一系列决策的行为。平等的决策行为模式使每个创业团队成员的意见均可能被参考，这类决策模式有利于不同角度的意见得到全面的考虑。

在获得全面决策信息的基础上做出的最终决策质量相对较高。一方面，由于决策的信息丰富，决策的客观性、科学性相对较高；另一方面，因为是平等的决策模式，所有团队成员均参与意见，所以决策容易被团队接受，决策的认可度较高，可以避免个人冲动。当然，因团队成员个性不同、兴趣不合、利益分配不均、经营理念发生冲突等原因，造成创业团队分裂的情况也有可能发生。

当今社会，随着知识经济的发展，各种知识、技术不断推陈出新，竞争日趋激烈，社会需求越来越多样化，人们在创业过程中所面临的情况和环境日益复杂。在很多情况下，个人创业很难处理创业过程中遇到的各种错综复杂的问题，所以要依靠团队的力量共同解决错综复杂的问题，实现创新，高效运作并最终成功。

（三）创业团队的类型

一般说来，创业团队大体上可以分为三种：星状创业团队、网状创业团队、虚拟星状创业团队。

1. 星状创业团队

一般在星状创业团队中有一个主导人充当领军。这种团队在形成之前，主导人已有创业的想法，然后根据自己的设想进行创业团队的组建。因此，在团队形成之前，主导人已经就团队组成进行过仔细思考，根据自己的想法选择合伙人，这些合伙人也许是主导人以前熟悉的人，也有可能是不熟悉的人,其他的团队成员在企业中更多时候是支持者。这种类型的创业团队具有四个特点。

(1) 组织结构严密,向心力强,主导人在组织中的行为对其他个体影响较大。

(2) 决策程序相对简单,组织效率较高。

(3) 容易形成权力过分集中的局面,从而使决策失误的风险加大。

(4) 当主导人和其他团队成员发生冲突时,因为主导人的特殊权威,其他团队成员往往处于被动地位,在冲突较严重时,一般会选择离开团队,对团队产生较大影响。

2. 网状创业团队

网状创业团队的成员一般在创业之前都有密切的关系,比如是同学、亲友、同事、朋友等。一般是在交往过程中,共同认可某一创业想法,并就创业达成共识,开始共同创业。在创业团队组成时,没有明确的核心人物,大家根据各自的特点进行自发的组织角色定位。因此,在企业初创时期,各成员基本上扮演伙伴角色。这种创业团队具有四个特点。

(1) 团队没有明显的核心,整体结构较为松散。

(2) 组织决策时,一般采取集体决策的方式,通过大量的沟通和讨论达成一致意见,效率相对较低。

(3) 由于团队成员在团队中的地位相似,容易形成多头领导的局面。

(4) 当团队成员之间发生冲突时,一般采取平等协商、积极解决的态度消除冲突。团队成员不会轻易离开,但是一旦团队成员间的冲突升级,某些成员撤出团队,就容易导致整个团队涣散。

3. 虚拟星状创业团队

这种创业团队是从网状创业团队演化过来的,基本上是前两种的中间形态。在团队中,有一个核心成员,但是该核心成员是团队成员协商的结果,因此从某种意义上说,核心人物是整个团队的代言人,而不是主导型人物。其在团队中的行为必须充分考虑其他团队成员的意见,不像星状创业团队中的核心主导人物那样有权威。这种类型的创业团队具有以下特点。

(1) 核心成员地位的确立是团队成员协商的结果,因此,该核心成员具有一定的威信,能够作为团队领导。

(2) 团队的领导是在创业过程中形成的,既不像星状创业团队那样集权,又不像网状创业团队那样分散。

(3) 核心人物的行为必须充分考虑其他团队成员的意见,不像星状创业团队中的核心主导人物那样有权威。

(四) 创业团队成员的角色定位

每个团队成员角色定位是不同的。各合伙人要根据才能特长和性格特征进行分工,即进行角色定位。一般来说,团队需要的角色有五种类型。

1. 主导者

主导者眼界开阔,洞察力和决断能力强,一旦做了决定就不轻易改变;大局意识、责任意识强，组织协调能力强，处事冷静稳重；胸怀宽广，办事公正客观，不带个人偏见；除权威之外，更有个性感召力，能够激发团队成员的才能优势，共同为实现目标努力奋斗。

2. 策划者

策划者知识面广、观念新、思路开阔、思维活跃，具有高度的创造力，喜欢打破传统，推动变革。

3. 外交者

外交者的强项是与人交往，在对外交往的过程中获取信息。他们对外界环境十分敏感，一般最早感受到变化。

4. 实施者

实施者能将计划变为实际行动，遇到困难时，总能找到解决办法，执行力强。实施者崇尚实际，计划性强。实施者有很好的自控力和纪律性。实施者对团队忠诚度高，为团队整体利益着想而较少考虑个人利益。

5. 监督者

监督者对工作方案的实施情况等进行监督。他们喜欢反复推敲一件事情，决策时能考虑各方面因素，挑剔但不易情绪化，思维逻辑性很强。

在实际工作中，一个团队有时是一人兼多个角色，但要根据实际情况来确定。

二、创业团队的组建

团队组建是把具有不同需要、背景和专业的个人聚集成一个整体，形成高效的工作团队的过程。

（一）团队组建的标准

创业团队成员的异质性和互补性，对于创业团队和新创企业取得高绩效具有十分重要的意义。创业团队的异质性分为外部的异质性和内部的异质性。外部异质性，是指那些容易观察和测量的人口统计学特征，包括经验、教育水平和职业背景等；内部异质性，是指那些不易被观察和判断的特征，是基于认知、价值观、偏好、风格、态度等不同而产生的成员之间的差别特征。创业团队的互补性指的是，由于创业者知识、能力、心理等特征和教育、家庭环境方面的差异，通过团队成员扬长避短，发挥各自优势，弥补彼此不足，形成一个在知识、能力、性格和人际关系等方面全面具备的优秀团队。

1. 志趣相投

志趣相投，是指合伙人之间，彼此志向兴趣相同，理想信念契合。合伙人志趣相投对创业团队的成功至关重要。

2. 能力互补

创业团队可能存在成员知识、技能、性格高度重叠,很少能从个人处得到新的见解和资源,组织的发展潜力相对较小,这样的团队效率较低。团队领导者要寻找与自己互补的人。他们可以有效地弥补自己知识和经历的不足。因为创业团队需要广博的知识、多样化的技能和丰富的经验,而这些远非一人或相同背景的"同质资源"所能为,需要寻找"异质性资源"。当一个团队成员所缺少的东西能由另一个成员补充时,团队的功能因此放大,也更能体现"1+1>2"的整合功能。

3. 行为匹配

行为风格是指合伙人的行为方式——他们怎么思考、决策、沟通,怎样利用时间,怎样控制情绪应对紧张,怎样判断他人,怎样影响他人,怎样处理冲突等。为建立优秀的团队心智结构,创业团队需要具备多种不同行为风格的合伙人,并且这些行为风格互相匹配。

4. 信任尊重

在合伙关系中,相互信任和相互尊重是建立和谐人际关系必不可少的条件。只有在充满相互信任和相互尊重的团队氛围中,合伙人才能在创业的艰苦旅途中坚定不移地为实现创业团队的愿景和目标而共同努力奋斗。

(二) 团队组建的原则

一般说来,组建一支高效的创业团队需要满足以下五个原则。

1. 目标明确合理原则

明确的目标使团队的任务方向明确,避免迷失方向或者大家目标不一致。合理的目标是经过大家的努力协作可以达成的目标。公司在创业初期定的目标过高,容易使团队失去信心;目标定得过低,容易使团队丧失斗志与激情。制定合理的目标是具有艺术性的一项工作。

2. 计划实际可行原则

计划可行要求责任落实到个人,计划落实到具体细节,要有明确的时间限制、可支配资源、明确的控制指标及改进的措施。

3. 人员互补匹配原则

在知识、技能和经验等方面具有互补性质的人员组成的团队能更高效地完成任务,除此以外,在个人特征和动机方面最好是寻求相互匹配、相似性高的团队成员,可以保证团队成员朝着共同的目标奋斗,促进团队内部形成良好的团队氛围。

4. 分工、职责明晰原则

创业工作的复杂性以及个人能力决定了一个人不可能从事创业的所有工作,而应该根据成员的特点进行分工,扬长避短。分工明晰的最佳状态是所有工作都有人做,成员间的工作不重复，所有工作都由最佳人选做。职责明晰要求每个成员明确自己的职权范围以及承担的工作责任。不仅如此，每个成员在责、权、利方面的信息都应该成为公共知识，这样有助于降低交易成本，提高组织效率。

5. 团队动态调整原则

没有一个企业的团队创建之后就固守已有的规模而人员不变动。创业过程中往往存在某些团队成员不适合团队文化，达不到标准的成员可能会使整个团队人心涣散的情况；另外，一些成员在创业过程中因为自身原因而退出，所以要做好团队成员动态调整的准备，适时引进更合适的人才加入团队。

（三）团队组建的程序

创业团队的组建是一个相当复杂的过程，不同类型的创业项目需要的团队不一样。团队组建有以下程序。

1. 明确创业目标

创业团队的总目标就是要通过完成创业阶段的技术、市场、规划、组织、管理等各项工作，实现企业从无到有，从起步到成熟。总目标确定之后，为了推动团队实现目标，再将总目标加以分解，设定若干可行的、阶段性的子目标。

2. 制订创业计划

在制定了总目标及每一个阶段性子目标之后，需要制订周密的创业计划。创业计划是在对创业目标进行具体分解的基础上，以团队为整体来考虑的计划。创业计划确定了在不同的创业阶段需要完成的阶段性任务，通过逐步实现这些阶段性目标来最终实现创业目标。

3. 招募合适的人员

招募合适的人员也是创业团队组建最关键的一步。关于创业团队成员的招募，主要应考虑两个方面：一是互补性，即能否与其他成员在能力或技术上形成互补，这种互补性的形成，有助于强化团队成员间的彼此合作，更好地发挥团队的作用。一般而言，创业团队至少需要管理、技术和营销三个方面的人才，只有这三个方面的人才形成良好的沟通协作关系，创业团队才可能实现稳定高效。二是适度规模，适度的团队规模是保证团队高效运转的重要条件。团队成员太少则无法实现团队的功能和优势，而过多又可能会产生交流的障碍，团队很可能会分裂成许多较小的团体，进而大大削弱团队的凝聚力。

4. 职权划分

为保证团队成员之间顺利开展各项工作，实现创业计划，必须预先在团队内部进行职权划分。创业团队的职权划分就是根据创业计划的需要，具体确定每个团队成员所要担负的职责，以及享有的相应权限。团队成员间职权的划分必须明确，既要避免职权的重叠和交叉，也要避免因无人承担造成工作上的疏漏。

5. 构建制度体系

创业团队制度体系体现了创业团队对成员的控制和激励能力，主要包括团队的各种约束制度和激励制度。一方面，创业团队通过各种约束制度（主要包括纪律条例、组织条例、财务条例、保密条例等），指导成员避免做出不利于团队发展的行为，实现对成员行为的有效约束，保证团队的稳定秩序；另一方面，创业团队要实现高效运作需要有效的激励机制（主要包括利益分配方案、奖惩制度、考核标准、激励措施等），使团队成员看到随着创业目标的实现，自身利益将会得到怎样的改变，从而达到充分调动成员的积极性、最大限度发挥团队成员作用的目的。要实现有效的激励，首先必须把成员的收益模式界定清楚，尤其是关于股权、奖惩等与团队成员利益密切相关的事宜。需要注意的是，创业团队的制度体系应以规范化的书面形式确定下来，以免带来不必要的混乱。

6. 团队的调整融合

完美组合的创业团队并非创业一开始就能建立起来的，很多是在企业创立一定时间后，随着企业的发展逐步形成的。随着团队的运作，团队组建时在人员匹配、制度设计、职权划分等方面的不合理之处会逐渐显现出来，这时就需要对团队进行调整。由于问题的暴露需要一个过程，因此团队调整与融合也应是一个动态持续的过程。

三、创业团队的管理

（一）建立责、权、利统一的团队管理机制

1. 明确创业团队内部的权力关系

为了保证团队成员有效地执行创业计划、开展各项工作，必须预先在团队内部进行职权划分。创业团队的职权划分就是依据创业计划和团队成员优势，对团队成员进行分工，明确每个团队成员所要担负的责任以及享有的权限，做到各司其职、各负其责。团队成员间职权划分既要避免重叠和交叉，也要避免有所疏漏而无人负责。此外，初创企业面临的创业环境是动态复杂的，不断有新的问题涌现，团队成员可能会更换，此时创业团队成员的职权应根据需要进行调整。

2. 建立健全各项管理制度

制度具有全局性、长期性、稳定性的特点，要不断加强团队制度建设，建立健全各项管理制度，依靠制度管人管事管权，依靠制度规范和约束成员行为。各项管理工作的制度建设，主要包括议事规则、组织制度、财务管理制度、生产经营管理制度、绩效考评制度、奖惩制度和工作纪律等。要通过完善的制度来减少和避免不利于团队发展的行为发生，保证团队工作规范、有序和稳定。需要注意的是，创业团队的制度体系应以规范化的书面形式确定下来。

3. 不断完善创业团队内部的股权分配结构

虽然在团队组建时已对股权进行了分配，但股权结构不是一成不变的，此后还会增资扩股，还会进行股权激励。合理的股权结构是长期维护团队稳定和企业稳定发展的基础。要依据出资额、贡献和核心创业者对企业的控制权等因素，认真研究和设计股权结构体系，并不断完善。

（二）有效处置团队成员冲突

团队成员冲突可分为两种：一是工作冲突，二是关系冲突。工作冲突是指能改进和推动工作或有利于团队建设的冲突，因此又称建设性冲突。工作冲突一般是良性冲突，是双方有共同的奋斗目标，但对工作任务的分配、完成任务采取的方式方法等看法不一致引起的冲突。这些冲突会刺激团队，团队成员以争论的问题为中心，互相交换信息，最终达成一致，从而使工作完成得更好，产生好的工作绩效。关系冲突集中在团队成员之间的人际关系上。关系冲突几乎都是阻碍工作、不利于团队内部团结的冲突，因此又称破坏性冲突。这种破坏性冲突一般不分场合、途径，是团队内耗的主要原因，严重时还可能导致团队的分裂甚至解体。因此，应该尽量避免这种冲突。

团队冲突处置策略主要包括以下六项内容。

（1）核心创业者要善于管理冲突。冲突是不可避免的，但冲突并不可怕，关键是核心创业者必须具备处置冲突的才干，要用开放的理念管理团队，要有效处理冲突的策略，让冲突处在可控的范围内，使团队内部始终保持和谐稳定。

（2）选择正确的人进团队。团队组建时就应选择有团队精神的人。

（3）建立议事规则。必须按照科学、民主的原则进行决策，避免因决策不正确引发冲突。

（4）建立科学的激励机制。个人报酬除了要与个人业绩挂钩，还要与团队完成任务的情况挂钩，以此鼓励和引导建设性冲突，遏制破坏性冲突，提升团队战斗力。

（5）塑造团队整体概念。核心创业者平时管理团队，要突出创业团队是一个整体，用团队目标、团队精神和团队理念来凝聚团队成员，采取各种方式，让大家从思想上充分认识到，没有完美的个人，只有完美的团队，团队目标的实现及谋求更大的发展，依靠的是团队的整体力量，仅凭一个人的力量，是难以创业成功的。

（6）及时沟通协调。出现冲突时，核心创业者必须冷静，倾听双方和其他人的意见，疏导双方情绪，协调双方矛盾，并积极引导，促进冲突双方沟通交流，要让双方在沟通中互相理解，在交流中达成共识，求同存异。

（三）增强团队的社会责任感

团队的社会责任是指创业团队在创造利润、对股东承担法律责任的同时，还要承担对员工、消费者、债权人、供应商、社区、环境和慈善公益等的责任。团队的社会责任要求企业必须摒弃把利润作为唯一目标的传统理念，强调在生产经营过程中对人的价值的关注，强调对社会的贡献。团队的社会责任分为经济责任、伦理责任、法律责任和公益责任。企业承担社会责任，并不是指企业必须成功之后再承担社会责任，也不是不图利润而一味地奉献。

一般来说,创业团队对经济责任的认同程度最高,对公益责任的认同程度相对较低,这说明大多数的创业团队认为保持良好的经营业绩,保持创业团队持续的竞争力,依法纳税、保障股东权益,是创业团队优先承担的责任。而参与社会公益活动,为社会提供就业机会,救助社会弱势群体,以及捐助慈善事业等企业公益责任,则一般是创业团队较后考虑的。创业团队得以可持续经营,仅仅考虑自己的相关权益是不够的,要承担社会责任。在管理团队时,要使团队成员充分认识到,履行社会责任对企业的可持续发展非常重要。团队成员勇于承担社会责任,在为经济社会贡献力量的同时,能树立创业团队的良好形象,获得外界的美誉和信任,得到顾客认同和利益相关者的认同,创造出更大的价值,更好地实现长远目标。另外,一般社会责任感较强的人,都有正确的世界观和价值观,能自觉规范约束自己的行为,这有利于对团队成员的管理。

四、创业资金的筹措渠道

(一) 私人资本融资

1. 个人积蓄

个人积蓄是创业筹资最根本的渠道。个人积蓄的投入对创业企业来说具有非常重要的意义:首先,创业者个人积蓄的投入,表明了创业者对项目前景的看法;其次,将个人积蓄投入企业,是创业者日后继续向企业投入时间和精力的保障;再次,个人积蓄的投入是对债权人债权的保障;最后,个人积蓄的投入有利于创业者分享投资成功的喜悦。将合伙人或股东纳入自己的创业团队,利用团队成员的个人积蓄是创业者最常用的筹资方式之一。就我国现状而言,家庭作为市场经济的三大主体之一,在创业中起到重要的支持作用。以家庭为中心,形成的以亲缘、地缘、商缘等为经纬的社会网络关系,对包括创业筹资在内的许多创业活动产生重要影响。因此,创业者及其团队成员的家庭储蓄一般归入个人积蓄的范畴。对许多创业者来说,个人积蓄的投入虽然是新企业筹资的一种途径,但并不是根本性的解决方案。一般来说,创业者的个人积蓄对于新创企业而言,总是十分有限的,特别是对新创办的大规模企业或资本密集型企业来说,几乎是杯水车薪。

2. 亲友借贷

对于新创企业来说,除了个人和家庭积蓄,身边亲朋好友的资金也是常见的资金来源之一。创业者在向亲友筹资之前,要将日后可能产生的有利和不利方面告诉亲友,尤其是创业风险,以便将未来出现问题时对亲友的不利影响降到最低。需要注意的是,在向亲友筹资时,创业者必须用现代市场经济的游戏规则、契约原则和法律形式来规范筹资行为,保障各方利益,减少不必要的纠纷。第一,创业者一定要明确所筹集资金的性质,据此确定彼此的权利和义务。若筹集的资金属于亲友对企业的投资,则属于股权筹资的范畴;若筹集的资金属于亲友借给创业者或创业企业的,则属于债权筹资。由于股权资本自身的特性,创业者对亲友投入的资金可以约定其在创业企业所占股权及收益权比例,不必承诺日后经营过程中形成利润的分配比例和具体的分红时间;但对从亲友处借入的款项,一定要明确约定借款的利率和具体的还款时间。第二，无论是借款还是投资款项，创业者最好能够通过书面的方式将事情确定下来，以避免将来可能产生的矛盾。

（二）机构融资

1. 银行贷款

银行或其他金融机构是正规的金融部门，它们发放贷款时有严格的审批条件和审查程序。一般情况下，银行或其他金融机构会要求你有贷款抵押品或质押品，如房产、汽车、银行存单、有价证券等。如以私人房产做抵押，还要办理房产价值评估以及公证等手续。而且银行或其他金融机构为了降低风险，一般不会按抵押品的实际价值发放贷款。如果企业经营失败，创业者将失去这些个人资产。

2. 非金融机构贷款

非银行金融机构是指以发行股票和债券、接受信用委托、提供保险等形式筹集资金，并将所筹资金用于长期性投资的金融机构。根据法律规定，非银行金融机构包括信托公司、境外非银行金融机构驻华代表处、农村和城市信用合作社、典当行、保险公司、小额贷款公司等机构。

3. 交易信贷

交易信贷又称商业信用，是指企业在正常的经营活动和商品交易中，由于延期付款或预收货款所形成的企业间常见的信贷关系。企业在筹办期及生产经营过程中，均可以通过交易信贷筹集部分资金。例如，企业在购置设备或原材料的过程中，可以通过延期付款的方式，在一定时期内免费使用供应商提供的部分资金。

（三）吸引投资

1. 天使投资

天使投资主要面向初创期和种子期的企业，是指个人出资协助具有专门技术或独特概念却缺少自有资金的创业者进行创业，并承担创业中的高风险和享受创业成功后的高收益；或者是自由投资者或非正式风险投资机构对原创项目构思或小型初创企业进行的前期投资，是一种非组织化的创业投资形式。天使投资人一般不参与管理，投资金额较小，对创业项目的审查不太严格且不涉足投资人不熟悉的行业，大都基于投资人的主观判断或喜好而做出投资决定。很多天使投资是通过朋友、亲戚或社交圈介绍达成的。所以，想获得天使投资的创业者首先要对自己和创业项目充满信心，并要有能获得该资金的人脉关系，而且还要为此准备好企业运营和财务方面的信息和数据。

2. 风险投资

风险投资也称创业投资。其投资对象一般是具有高科技、高成长潜力的企业。风险投资一般金额较大，不需要抵押，也不需要偿还，投资方式通常是以投资换股权，投资的目的不是控股，而是追求超额回报。当被投资企业增值后，风险投资人会通过上市、收购兼并或其他股权转让方式撤出资本，实现增值。风险投资人对目标企业的考察较为严格，选择投资对象时非常看重创业团队、项目的市场规模和盈利模式。因此，创业者要提高获得风险投资的概率，需要了解风险投资项目选择的标准。

（四）从政府部门获取资金支持

目前，为鼓励创业，国家已经制定出台多种相关法规和优惠政策，创造了较为宽松的创业环境。其中，人力资源和社会保障部专门制定政策，为创业人员提供创业担保贷款；科学技术部为高校科技人员和学生科技创业提供专项资金；农业农村部为农业创业项目提供农业扶持资金；等等。

五、创业资金筹措的困境

创业资金筹措难源于创业活动的高风险性，这种风险源于三个主体：创业者和活动本身固有的风险，即创业企业的不确定性；资源拥有者对创业活动风险的感知程度，即信息不对称；资本市场对创业企业的支持力度，即资本市场欠发达。

（一）创业企业的不确定性

创业企业的不确定性主要体现在三个方面。
（1）商业机会具有不确定性
创业机会受到外界环境的影响，当外界环境发生变化时，机会也会相应丧失。
（2）预期收益具有不确定性
创业所依赖技术的成熟度，创业企业产品的市场接受度不够明确，创业企业治理机制不健全以及缺乏对创业者的行为进行有效监控等，往往会导致其应对内外部环境变化的能力不足，企业盈利的稳定性较差。
（3）创业企业的寿命具有不确定性

（二）信息不对称

信息不对称主要体现在三个方面。
（1）创业者处于信息优势。创业者比投资者对创业活动的创意、技术、商业模式、自身能力、团队素质、产品或服务、企业的创新能力和市场前景等的了解多于投资者，处于信息优势，投资者处于信息劣势。
（2）创业者倾向于对创业信息进行保密。创业者在资金筹措时，担心商业机密泄露，倾向于保护自己的商业秘密及其开发方法，尤其是进入门槛低的行业的创业者更是如此，这样，创业者对创业信息的隐藏会增加投资者对信心甄别的时间和成本，使其在有限的信息条件下难以判断项目优劣，进而影响其投资决策。

(3) 创业企业的经营和财务信息具有非公开性。创业企业或者处于筹建期，或者开办时间较短，缺乏或只有较少的经营记录，企业规模一般也较小，经营活动透明度较差，财务信息具有非公开性，这些特征使潜在投资者很难了解和把握创业者与创业企业的有关信息。

（三）资本市场欠发达

（1）我国缺少擅长从事中小企业资金筹措业务的金融机构和针对企业特点的资金筹措产品。和发达国家相比，我国的金融机构较少，尤其是擅长从事中小企业资金筹措业务的金融机构较少，加上现有金融机构创新能力不足，针对中小企业特点的金融产品少，可供新创企业选择的资金筹措方式有限。

（2）企业上市的要求较高，投入资本的退出渠道不畅。无论主板市场还是创业板市场，对企业上市的要求条件都较高，使相当部分企业无法满足上市条件，从而投入资本的退出渠道不畅，影响了风险投资等投资人对创业企业的投入。

（3）产权交易市场不够发达，影响投入资本的回收。场外的产权交易是投入资本回收的重要方式，统一的产权市场有利于进行跨地区、跨行业的产权交易，相对低廉的交易成本会降低投资者回收投资的代价，使其通过产权交易的方式回收投资。但全国统一的产权交易市场还有欠缺，产权交易成本较高，加大了投资者回收投资的成本，使得其在进行投资时更加谨慎。

（4）高素质的投资者群体尚未形成。由于我国市场经济发展的时间较短，普通大众的投资理念比较保守，尚未形成一个相对成熟的投资者群体，潜在投资者对行业的认识、直觉和经验等也相对缺乏，使得其在选择投资项目时更为谨慎。

第三节 创业实施

一、市场调查

创业成功与否与详尽的市场调查、市场分析、了解所要做的项目发展空间大小有很大的关系。"市场调查"是商业计划书的基础，商业计划书的其他分析基本都是以"市场调查"为依据的。

（一）市场调查的主要内容

1. 经营环境调查

（1）政策、法律环境调查。调查所经营的业务、开展的服务项目有关政策法律信息，了解国家是鼓励还是限制所开展的业务，有什么管理措施和手段，当地政府如何执行有关国家法律法规和政策，对业务有何有利和不利的影响。

（2）行业环境调查。调查所经营的业务，开展的服务项目所属行业的发展状况、发展趋势、行业规则及行业管理措施。进入一个新行业，应充分了解和掌握该行业信息，这样才能有助于尽快实现从"门外汉"到内行的转变。

（3）宏观经济状况调查。宏观经济状况是否景气，直接影响老百姓的购买力。因此，掌握宏观的信息，是做好小生意的重要参数。经济景气宜采取积极进取型经营方针，经济不景气也有挣钱的行业，也孕育着潜在的市场机遇，关键在于如何把握和判断。

2. 市场需求调查

要通过市场调查，对产品进行市场定位。了解市场对某种产品或服务项目的长期需求态势；了解该产品和服务项目是逐渐被人们认同和接受，需求前景广阔，还是逐渐被淘汰，需求萎缩；了解该种产品和服务项目从技术和经营两方面的发展趋势如何等。

3. 顾客情况调查

这些顾客可以是原有的客户，也可能是潜在的顾客。顾客情况调查包括两个方面的内容：一是顾客的需求调查，例如购买某种产品（或服务项目）的顾客大都是什么人（或社会团体、企业），他们希望从中得到哪方面的满足和需求（如效用、心理满足、技术、价格、交货期、安全感等），现时哪些产品（或服务项目）能够或者为什么能够较好地满足他们某些方面的需要等；二是顾客的分类调查，重点了解顾客的数量、特点及分布，明确你的目标顾客，掌握他们的详细资料，如果顾客是某类企业和单位，应了解这些单位的基本状况，如进货渠道、采购管理模式、联系电话、办公地址，某项业务负责人具体情况和授权范围，对某种产品和服务项目的需求程度，购买习惯和特征。如果顾客是消费者个人，应了解消费群体种类，即目标顾客的大致年龄范围、性别、消费特点、用钱标准，对某种产品和服务项目的需求程度，购买动机、购买心理、使用习惯。

4. 竞争对手调查

了解竞争对手的情况，包括竞争对手的数量与规模、分布与构成、竞争对手的优缺点及营销策略，做到心中有数，才能在激烈的市场竞争中占据有利位置，有的放矢地采取一些竞争策略，做到人无我有，人有我优。

5. 市场销售策略调查

重点调查了解目前市场上经营某种产品或开展某种服务项目的促销手段、营销策略和销售方式主要有哪些。如销售渠道、销售环节，最短进货距离和最小批发环节，广告宣传方式和重点，价格策略，有哪些促销手段，有奖销售还是折扣销售，销售方式有哪些，批发还是零售，专卖还是特许经营等，调查一下这些经营策略是否有效，有哪些缺点和不足，从而决策采取什么经营策略和经营手段。

（二）常见的市场调查方法

1. 按调查范围不同

按调查范围不同，市场调查可分为市场普查、抽样调查和典型调查三种。
（1）市场普查。对市场进行一次性全面调查，这种调查量大、面广、费用高、周期长、难度大，但调查结果全面、其实、可靠。

（2）抽样调查。据此推断整个总体的状况。

（3）典型调查。从调查对象的总体中挑选一些典型个体进行调查分析，据此推算出总体的一般情况。

2. 按调查方式不同

按调查方式不同，市场调查可分为访问法、观察法和试销或试营法。

（1）访问法。事先拟定调查项目，通过面谈、信访、电话等方式向被调查者提出询问，以获取所需要的调查资料。

（2）观察法。调查人员亲临顾客购物现场，直接观察和记录顾客的类别、购买动机及特点、消费方式及习惯、商家的价格与服务水平、经营策略及手段等。

（3）试销或试营法。对拿不准的业务，可以通过营业或产品试销，来了解顾客的反应和市场需求情况。

二、撰写创业计划书

（一）创业计划书的类型

一般来讲，按照创业计划书的篇幅长短和精细程度，可分为三种类型：简略创业计划书、详尽创业计划书和企业运营计划书。

1. 简略创业计划书

这是一种短小精悍的创业计划，它一般有 10～15 页，非常适合处于发展早期还不准备写详尽创业计划书的企业。其包括企业的关键信息、市场预测、盈利模式等重要信息，以及少量必要的辅助性材料。简略创业计划书的制定者可能正在寻找资金，以便为撰写详尽的创业计划书进行必要的分析工作。

简略型创业计划主要适用于以下情况：（1）申请银行贷款；（2）试探投资商的兴趣；（3）竞争激烈、时间紧迫。

2. 详尽创业计划书

它一般有 25～35 页，这其中包括 5～10 页的辅助文件。这种计划书比简略创业计划书更为详细，涵盖了创业的方方面面，用来清楚说明企业经营与计划，通常为投资者审阅而准备，用于吸引潜在的投资者和合作伙伴。通过完整型创业计划书，创业者能对整个创业项目有一个比较全面的描述，尤其能够较详细论述计划中的关键部分。详尽创业计划书并非内容越多越好，而是越精练准确越好。

详尽创业计划书主要用于：（1）新创企业；（2）希望就关键问题与投资者探讨；（3）详细描述和解释项。

3. 企业运营计划书

有些已建企业会撰写企业运营计划书，它主要面向企业内部读者，它是企业经营的蓝图。

一般而言,这种计划书长达 40~100 页,其最大特点在于涵盖大量细节信息。对于新创企业而言,设计良好的企业运营计划书能为管理者提供运营指导。

(二) 创业计划书的阅读者

1. 企业员工

对新企业管理团队和普通员工来说,撰写一份明确阐明愿景和未来规划的创业计划书十分重要。创业计划书撰写过程的价值并不亚于计划本身,因为撰写创业计划书能促使管理团队仔细考虑企业的方方面面,并对企业最重要的目标和事项达成一致。表述清晰的书面创业计划书,也有助于企业普通员工协调工作,并通过一致的行动向目标前进。

2. 投资者和其他外部利益相关者

投资者、潜在商业伙伴、潜在客户、前来应聘的关键员工等外部利益相关者是创业计划书的第二类读者。要吸引这部分人,创业计划书必须切实可行,不能过分乐观。同时,创业计划书必须明确显示商业创意可行,因为与那些风险更小的投资选择相比,商业创意能给潜在投资者带来更高的资金回报。除非新企业能展现出非凡的潜力,否则很难找到吸引投资的理由。

(三) 创业计划书的内容

1. 基本逻辑和框架

(1) 基本逻辑。对于成熟的创业者来说,即使没有一份书面的创业计划书,心中也已经有了一个完整的逻辑,这时候,创业计划书的作用无非就是把这个内心的逻辑完整地表达出来。如果创业者在商业计划书中并没有把握住本质,对创业项目本身的发展逻辑没有想透,则无法清晰地通过简洁的书面材料有效地传达。因此,整理创业计划的逻辑是非常重要的。

创业计划的逻辑就是思路,创业计划的逻辑是由其本质目标的思考过程决定的,是基本构架的形成依据。尽管不同企业的创业计划形式和内容不尽相同,不同的创业计划有不同的写作结构,而且一些富有创造力的创业者也并不想看到千篇一律的创业计划书,但偏离传统创业计划书的基本逻辑往往是不明智的。创业计划作为与利益相关者沟通的桥梁和媒介,需要一步一步地向投资人证明其项目的可行性和营利性。因此,创业计划必须在结构上层次分明、环环相扣、逻辑清楚。

(2) 基本框架。目前,有关创业计划书的结构模式多种多样,不同企业的创业计划书也不尽相同。对于创业者而言,需要根据业务性质,自行决定创业计划书中应该包含哪些具体内容。基本构架体现了创业计划的一般逻辑。通常,一份完整型创业计划的基本结构主要包括计划摘要、计划主体和附录三大部分。

①计划摘要。创业计划首先要思考的不是包括什么内容,而是在最开始如何吸引读者看下去。计划摘要是整个创业计划的浓缩版本和精要速写,其主要作用是让阅读者能在较短时间内评审计划并做出判断。通常情形下,阅读者通过快速浏览这部分,可以判断计划是否能入"法眼"。其基本的内容包括封面及目录、实施概要及商业模式。

②计划主体。这部分要思考：要向阅读者展示什么？如何在有限的篇幅展示清楚？这部分是整个计划书的核心，内容既要翔实又不能连篇累牍。其基本内容包括企业描述、环境分析（一般环境分析、产业环境分析、市场环境分析）、职能计划（组织计划、运营计划、营销计划、财务计划等）、风险分析。

③附录。这部分要思考：阅读者还想了解哪些细节？进一步推送哪些细节以提高阅读者的认可度？其内容包括附表附件（相关文献、附图、附表、调查问卷等书面资料）以及其他说明（一系列更加详细的财务预测和设想分析等）。

2. 主要内容介绍

（1）执行概要。执行概要也称执行概览，是创业计划书第一页的内容，是整个创业计划书的概述，能让忙碌的投资者快速对创业计划书有一个简短和全面的了解，向读者提供他想要知道的新企业独特性质的所有信息。许多时候投资者可能会先向企业索要执行概要副本，在执行概要有足够说服力时，他才会要求阅读详尽的创业计划书副本。因此，执行概要是创业计划书中最重要的部分。

（2）企业描述。在这一部分，创业者需要对创业企业的概况做一个描述。第一项是介绍企业的简史和使命。作为一个新创企业，企业使命和企业文化的建设十分重要，创业者应下功夫创建企业文化。第二项是介绍企业组织结构，包括高层管理者团队成员之间的关系。对新企业而言，最常见的问题就是没有界定权责关系，当两个或多个创业者地位相当时更容易发生这种失误。因此，计划书中必须加上组织结构图，即企业内职权与责任如何分配的图形化描述，同时配以简要的文字来说明结构中的重要关系。第三项是介绍企业的法律组织形式，它可以是个人独资、合伙制、有限责任制或其他组织形式。这个部分还应该简要说明企业的现状及其发展方向。

（3）产品或服务。对创业企业产品或服务的独特之处及其市场定位进行简要描述，解释清楚产品或服务的专利性质及对知识产权的保护情况。

（4）市场分析。一个项目或产品成功与否，最终的裁决者只有一个——市场。市场分析一般包括产业分析、市场划分、顾客锁定、市场容量及前景预测。

①产业分析。进行产业分析，主要考虑几个问题：第一，产业的可接近性，即该产业是否是新企业值得进入的产业？第二，该产业是否具有尚未充分满足需求的市场？第三，从整体上看，产业是否存在定位空间，并且这种定位是否有助于改善目前产业中的消极因素，这有利于新企业考虑公司层次以及产品或服务层次的定位。

②市场划分。市场划分的目的在于让投资商从创业团队的视角去了解和体会一个他或许不太熟悉的市场。从更深一层含义上说，市场划分部分将直接体现一个团队对市场的理解和内部的经营理念。在划分市场方面，创业团队可以选择一些比较特殊的着眼点，根据市场总体在这些着眼点上表现出的不同特征进行分类。理想的分类，既可以帮助投资商快速地找到目标市场，而且还可以在一定程度上传递目标市场的重要信息。

③顾客锁定。在对市场有一定的了解后，投资商往往会将目光放在目标市场上，即顾客锁定。目标市场的主体选择如何，直接关系到一个企业的定位。如果该企业的定位偏高、偏低或不准，这些都会对日后的经营造成巨大的影响。

④市场容量及前景预测。市场容量及前景预测是提供财务数据的重要根据。市场容量是指

项目或产品直接目标市场和潜在市场的总和。这个数字提供了市场对某个产品的总的购买能力，将它和一些具有特定意义的比例数据相乘，可以得出许多重要的财务数据，不但可以推导出企业的固定销量，还可以用来进行近期的规划。

（5）竞争分析。对一个新企业来说，竞争是不可避免的，但过多的竞争会产生不必要的风险。如果竞争过于激烈，最好还是选择一种不同的生意形式。要像了解消费者一样了解竞争者。创业者要了解竞争对手，应该采取以下步骤。首先，确定竞争对手是谁；列出各个直接竞争者和间接竞争者的名称、地址和业务类型。其次，分析近两年来新成立的企业以及近两年来关闭的企业，分析其失败与成功的原因。再次，分析现存的企业；针对价格、产品（或服务）的质量、便捷性、广告、促销和销售等方面，对竞争对手进行分析；分析销售情况较好的企业的业绩，确定业绩与其运作方式是否具有相关性；对这些企业的运作方式进行全面、彻底分析，并得出有价值的信息。最后，把自己的运作计划与竞争者做比较，指出你的产品（或服务）在价格、性能、质量、耐用性等方面与竞争者相比所具有的优势。

（6）管理团队。在评价新企业价值时，投资者想看到的关键内容就是企业管理团队的优势。如果管理团队不合格，大多数投资者就会直接放弃。因此，这部分材料应该包括管理团队每个核心成员的简要介绍，包括他的从业或受雇经历、教育背景和主要成就等。如果管理者的简历中含有特别信息，应该在附录中详细说明。如果管理团队成员之间曾经有过共事经历，那么就应该强调这些与工作相关的经历。这部分还应该列出与企业打交道的专业服务机构名单，包括法律公司、咨询公司和会计公司，应说明这些专业机构如何帮助企业达到最初目标。

（7）营销计划。营销是企业经营中最富挑战性的环节，一个好的营销策略往往能成就一个企业。这部分是创业计划的重中之重。影响营销策略的主要因素有：①消费者的特点；②产品的特性；③企业自身的状况；④市场环境方面的因素；⑤营销成本和营销效益因素。

在创业计划书中，营销策略应包括以下内容：①市场机构和营销渠道的选择；②营销队伍和管理；③促销计划和广告策略；④价格决策。

（8）运营计划。本部分涉及企业的日常运营问题。一方面应描述新企业打算如何生产自己的第一项产品，以及与之有关的现实可行性；另一方面要表明企业需要多少存货来满足顾客需求。如果新企业是一家服务性组织，也应该提供类似信息。本部分还应该解释企业的质量控制程序。尽管不需要很详细，但应该表明在制造过程中计划采用何种监控或独到程序以确保高质量。

（9）财务分析。本部分需表明企业的财务生存能力。第一项对企业在未来三五年的资金需求及其使用计划作出解释。有些创业计划书提供了所需资金的投入时间表，它能够阐明追加资金的投入需求（这正是投资者和银行家阅读创业计划的原因），以及企业如果得到追加资金将如何实现进一步的发展。第二项是财务预测，旨在进一步阐明企业的财务生存能力。财务预测应该包括三五年的预计收益表、资产负债表和现金流量表。要注意，创业计划书应该建立在现实预测的基础上，如果预测没达到要求，那么创业者的长期可信度就会遭受质疑。

（10）关键的风险因素。企业必须根据自身实际来描述确实存在的关键风险。创业计划书应该给阅读者的重要印象之一就是新企业管理团队非常细心，已充分认识到企业面临的关键风险。新企业可能面临的风险取决于其产业和特定的环境。环境始终在变化，风险就不可避免地存在。必须勇敢地面对未来的风险，计划书对于风险的发生要有相应的防范策略，不能采取视而不见的态度，或者没有办法消除风险。

（四）创业计划书的特殊性

（1）创意方案很难被复制。或有技术壁垒，或有关键的方法或步骤，别人不容易在短期内模仿。如果自己的创意很容易被复制，那么，现有的中小企业可能抢在创业者之前将创意变为现实。

（2）产品或服务竞争优势明显。用户从这种产品或服务中获得了什么利益，与同类产品相比有什么竞争优势。

（3）客户明确。我们的产品/服务的真正客户是谁，潜在客户是哪一部分人。

（4）市场容量和增长潜力大。市场容量并不是指目前的实际市场容量，更多的时候指的是未来的市场。有时候即使一项产品或服务的市场容量很大，但如果这个市场增长缓慢，甚至基本停滞，那么，创业者成功的概率也会受到影响。

（5）推向市场所需的资金少、时间短。如果创业资金需要过多，一方面不好融资，另一方面也会增加创业风险。产品或服务开发时间越长，竞争者进入的概率就越大，创业者的市场机会也就越小。

（6）技术和方法被证明可行。有些创意，只是想到了，但距离实现还有很长的一段时间。因此，要证明生产产品或服务的技术和方法是可行的。

（7）创业计划书总体设计合理。条理清晰；表述应避免冗余，力求简洁、清晰、重点突出；专业语言的运用要准确和适度；相关数据应科学、准确、翔实；计划书总体效果要好。

第十三章 新创企业的管理

第一节 战略管理

一、战略

（一）战略的含义

"Strategy"（战略）一词来源于希腊语"Strategos"，其含义是将军。到中世纪，这个词演变为军事术语，指对战争全局的筹划和谋略。将战略思想运用于企业经营管理之中，便产生了企业战略这一概念。企业战略的概念来源于企业生产经营活动的实践。不同的管理学家或实际工作者由于自身的管理经历和对管理的不同认识，对企业战略给予了不同的定义。

哈佛商学院的安德鲁斯教授认为，企业总体战略是一种决策模式，决定和揭示企业的目的和目标，提出实现目的的重大方针与计划，确定企业应该从事的经营业务，明确企业的经济类型与人文组织类型，以及决定企业应对职工、顾客和社会做出的经济与非经济的贡献。

美国达特茅斯学院的管理学教授魁因认为，战略是一种模式或计划，它将一个组织的主要目的、政策与活动按一定的顺序结合成一个紧密的整体。

美国著名战略学家安绍夫认为，经营战略关注企业外部胜于关注企业内部，特别是企业生产的产品构成和销售市场、决定企业干什么事业以及是否要干。

加拿大麦吉尔大学管理学教授明茨伯格认为，战略是由5种规范的定义阐明的，即计划、计策、模式、定位和观念，但企业战略仍只有一个，这5个定义只不过是从不同角度对战略加以充分阐述。

由此我们可知，战略是一种计划，强调战略作为一种有意识、有组织的行动方案。战略是一种计谋，强调战略可以作为威慑和战胜竞争对手的一种手段。战略是一种模式，强调战略最终体现为一系列具体行动及其实际结果。战略是一种定位，强调战略应使企业根据环境的变化进行资源配置，从而获得有利的竞争地位和独特的竞争优势。战略是一种观念，强调战略作为经营哲学的范畴，体现其对客观世界的价值取向。

明茨伯格的定义与传统定义最大的不同在于，他认为战略作为一系列的决策或行动方式，包括刻意安排的（或计划性的）战略和任何临时出现的（或非计划性的）战略。事实上，企业大部分战略是事先的计划和突发应变的组合。许多学者开始研究组织的有限理性，并将重点放在组织不可预测的或未知的内外部因素约束下的适应性上。所以，传统定义与现代定义的本质区别在于，现代概念更强调企业战略的另一方面属性，即应变性、竞争性和风险性。

（二）战略的特征

根据以上学者从不同的角度对战略所下的定义可以看出，因时代、角度的不同，学者对战略的理解也不同。结合以上学者的观点，我们认为战略是对组织全局、长远和重大问题所作出的运筹规划。按照这一定义，战略具有以下特征。

1. 全局性

组织战略是对组织各项经营活动的整体规划，即以组织的全局为出发点，根据组织整体发展需要而制定的，它的着眼点是组织全局的发展和组织的总体行动。因此，战略不是各项活动的简单汇总，而是在综合平衡的基础上，确定优先发展的项目，权衡风险大小，实现组织整体结构和效益的优化。

2. 长期性

战略着眼于组织的未来，谋求的是组织的长远发展，关注的是组织的长远利益，而不是对组织外部环境的短期波动做出反应，也不是对日常经营活动如销售量、劳动生产率、产品价格等做出反应。

3. 适应性

战略要根据组织内部条件和外部环境的变化适时调整，以适应各种变化因素，化劣势为优势，不断寻求新的发展机遇。

4. 竞争性

企业战略的核心内容之一，是要变革自身的经营结构，形成差别优势，以奠定未来竞争的基础。同时，企业战略不仅具有适应未来环境变化的功能，还要具有改造未来环境的功能。在这方面的能力越强，未来的竞争力也就越强。从这个意义上说，战略就是培育组织的核心能力。

5. 质变性

组织战略是战略管理者在把握外部环境本质变化的基础上作出的方向性决策。它不是组织对环境变化的应急反应，也不是以各种经济指标或财务数据为基础的逻辑推理的产物，而是对组织经营活动作出的具有质变性的决策，其目的是创造未来。

（三）企业战略的结构层次

企业的目标是多层次的，它包括企业的总体目标、企业内各个层次的目标以及各经营项目的目标，各层次目标形成一个完整的目标体系。企业的战略不仅要说明企业整体目标以及实现这些目标的方法，而且要说明企业内每一层次、每一类业务以及每个部门的目标及其实现方法。因此，企业总部制定公司战略，事业部或经营单位制定经营单位战略，部门制定职能战略。

第十三章 新创企业的管理

1. 公司层战略

公司战略又称总体战略，是企业的战略总纲，是企业最高管理层指导和控制企业的一切行为的最高行动纲领。总体战略主要回答企业应该在哪些经营领域内进行生产经营的问题。在大型企业里，特别是多元化经营的企业里，它需要根据企业的宗旨和目标，选择企业可以竞争的经营领域，合理配置企业经营所必需的资源，决定企业整体的业务组合和核心业务，促使各经营业务相互支持、相互协调。公司战略是涉及企业全局发展的、整体性的、长期的战略计划，对企业的长期发展产生深远影响。所以，公司战略主要由企业的最高层参与决策、制定和组织实施。

公司层战略可以分为发展战略、稳定战略和收缩战略。公司层战略的关注范围是由多个战略业务单位组成的、从事多元化经营的企业整体。从公司的经营发展方向到公司各经营单位之间的协调，以及从资源的充分利用到整个公司的价值观念、企业文化的建立，都是公司层战略的重要内容。它的侧重点包括从企业全局出发，根据外部环境的变化和内部条件，选择企业应从事的经营范围和领域。

2. 业务层战略

业务层战略又称经营单位战略，或事业部战略、竞争战略。战略经营单位是指企业内其产品和服务有别于其他部分的一个单位。一个战略经营单位一般有着自己独立的产品和细分市场。它的战略主要针对不断变化的环境，在各自的经营领域里有效地竞争。为了保证企业的竞争优势，各经营单位要有效地控制资源的分配和使用。同时，战略经营单位还要协调各职能层的战略，使之成为一个统一的整体。业务层战略是在公司层战略的指导下，就如何在某个特定的市场上成功地开展竞争而制订的战略计划。它是由分管各战略业务单位的管理者制定的，主要侧重于在特定的细分市场中获取竞争优势，包括进行准确的市场定位和选择有效的经营模式。

业务层战略主要有基本竞争战略、投资战略以及针对不同行业和不同行业地位的经营战略。业务层战略着眼于企业整体中的有关事业部或子公司，影响着某一类具体的产品和市场，是局部性的战略决策，只能在一定程度上影响公司层战略的实现，所以参与制定业务层战略的主要是具体的事业部或子公司的决策层。为了保证企业的竞争优势，各经营单位要有效地控制资源的分配和使用，同时还要协调各职能层的战略，使之成为一个统一的整体。

3. 职能战略

职能层战略又称职能部门战略，是属于企业运营层面的战略，是为了贯彻、实施和支持公司层战略与业务层战略而在企业特定的职能管理领域制定的战略，是由职能部门的管理人员在总部的授权下制定出来的。职能层战略的侧重点在于发挥各部门的优势，提高组织的工作效率和资源的利用效率，以支持公司层和业务层战略目标的实现。它较公司层战略更为具体，从某种角度来讲属于战术的范畴，是企业内各主要职能部门的短期战略计划，一般在一年左右，用于确定和协调企业短期的经营活动。

职能战略一般可分为营销战略、人力资源战略、财务战略、生产战略、研发战略等。如果说公司层战略和业务层战略是强调"做正确的事"，那么职能层战略则强调"正确地做事"。职能层战略实施的好坏会在很大程度上影响企业战略目标的实现，相比公司层战略和业务层战略，职能层战略更详细具体，更具有可操作性。

公司层战略、业务层战略和职能层战略共同构成了企业完整的战略体系，上一层次的战略构成下一层次的战略环境，下一层次的战略又为上一层次的战略目标的实现提供保障和支持。只有不同层次的战略彼此联系、相互配合，企业的经营目标才能实现。值得注意的是，上述三个层次的战略中，只有公司层战略和业务层战略才真正属于战略范畴，而职能层战略是根据上一层次的战略制订的短期的、执行性的方案或步骤，因此属于战术范畴。对于中小型企业而言，它们的战略层次往往不明显。中小企业往往相当于大型企业的一个战略经营单位，所以竞争战略对它们来说十分重要。如果它们成功了，就面临着一个发展的关口。对于单一经营的大型企业而言，前两个层次的战略往往是合在一起的。

二、战略管理的内涵

（一）战略管理的概念

战略管理是企业确定其使命，根据组织外部环境和内部条件设定企业的战略目标，为保证目标的正确实施和落实进行谋划，并依靠企业内部能力将这种谋划和决策付诸实施，以及在实施过程中进行控制的一个动态管理过程。这里有两点需要加以说明。

（1）战略管理不仅涉及战略的制定和规划，而且也包含将制定出的战略付诸实施的管理，因此是一个全过程和全面的管理。

（2）战略管理不是静态的、一次性的管理，而是一种循环的、往复性的动态管理过程。它需要根据外部环境的变化、企业内部条件的改变，以及战略执行结果的反馈信息等，重复进行新一轮战略管理的过程，是不间断的管理。

（二）企业战略管理的任务

企业战略管理过程主要是战略制定和战略实施的过程，包括五项相互联系的管理任务。

（1）提出企业的战略展望，明晰企业的未来业务和企业前进的目的地，从而为企业提出一个长期的发展方向，清晰地描绘企业将竭尽全力所要进入的事业，使整个企业对一切行动有一种明确的目标。

（2）建立目标体系，将企业的战略展望转换成企业要达到的具体业绩标准。

（3）制定战略所期望达到的效果。

（4）高效地实施和执行企业战略。

（5）评价企业的经营业绩，采取完整性措施，参照实际的经营事实、变化的经营环境、新的思维和新的机会，调整企业的战略展望、企业的长期发展方向、企业的目标体系，明确企业战略的执行。

（三）企业战略管理的特征

（1）管理的全局性。企业的战略管理是以企业的全局为对象，根据企业总体发展的需要而制定的。它所管理的是企业的总体活动,追求的是企业的总体效果,它通过制定企业的使命、目标和战略来协调企业各部门的活动。

(2) 以企业的高层管理人员为主体。由于战略决策涉及企业活动的各个方面,虽然它也需要企业中下层管理者和全体员工的参与和支持,但最高层管理人员的介入是十分必要的。这不仅是由于他们能够统观全局,了解企业的全面情况,更重要的是,他们具有对战略实施所需资源进行分配的权力。

(3) 时间的长远性。战略决策是对企业未来较长时期(5年以上)内,就企业如何生存和发展等问题进行统筹规划。战略管理是面向未来的管理,以经理人期望或预测将要发生的情况为决策基础。在迅速变化的竞争环境中,企业要取得成功必须对未来的变化采取预应性的态势,这就需要企业做出长期性的战略计划。

(4) 企业外部环境影响因素众多。现今的企业都存在于一个开放的系统中,在未来竞争性的环境中,企业要是自己占据有利地位并取得竞争优势,就必须考虑与其相关的因素,这包括竞争者、顾客、资金供给者、政府等外部因素,以使企业的行为适应不断变化的外部环境,继续良好地生存下去。

三、战略管理的过程

战略管理是由几个相互关联的阶段组成的,这些阶段有一定的逻辑顺序,包含若干必要的环节,由此形成一个完整的体系。

(一) 战略分析

战略分析阶段的主要任务是对为保证组织在现在和未来始终处在良好状态的那些关键性影响因素形成一个概观,即对企业的战略形成有影响的关键因素进行分析,并根据企业目前的"位置"和发展机会来确定未来应该达到的目标。这个阶段的主要工作如下。

(1) 明确企业当前的宗旨、目标和战略。这些指导企业目前行动的纲领性文件是战略分析的起点。

(2) 外部环境分析。进行外部环境分析的目的是了解企业所处的战略环境,掌握各环境因素的变化规律和发展趋势,发现环境的变化将给企业的发展带来哪些机会和威胁,为制定战略打下良好的基础。

(3) 内部条件分析。战略分析还要了解企业自身所处的相对地位,分析企业的资源和能力,明确企业内部条件的优势和劣势。同时,还需要了解不同的利益相关者对企业的期望,理解企业的文化,为制定战略打下良好的基础。

(4) 重新评价企业的宗旨和目标。当掌握了环境的机会和威胁,并且识别了自身的优势和劣势之后,需要重新评价企业的宗旨,必要时要对它做出修正,以使它们更具有导向作用,进而确定下一步的战略目标。

(二) 战略选择

战略选择阶段的任务是决定达到战略目标的途径,为实现战略目标确定适当的战略方案。

企业战略管理人员在战略选择阶段的主要工作如下。

（1）提出备选战略方案。根据外部环境和企业内部条件、企业宗旨和目标，拟订要供选择的几种战略方案。

（2）评价备选战略方案。评价备选战略方案通常使用两个标准：一是考虑选择的战略是否发挥了企业的优势，克服了劣势，是否利用了机会，将威胁削弱到最低限度；二是考虑该战略能否被利益相关者接受。需要指出的是，实际上并不存在最佳的选择标准，经理们和利益相关者的价值观和期望在很大程度上影响着战略的选择。此外，对战略的评估最终还要落实到战略收益、风险和可行性分析的财务指标上。

（3）最终选择出可供执行的满意战略。

（三）战略实施与控制

战略实施与控制过程就是把战略方案付诸行动，保持经营活动朝着既定战略目标与方向不断前进的过程。这个阶段的主要工作包括计划、组织、领导和控制四种管理职能的活动。

（1）通过计划活动，将企业的总体战略方案从空间上和时间上进行分解，形成企业各层次、各子系统的具体战略或策略乃至政策，在企业各部门之间分配资源，制订职能战略和计划。制订年度计划，分阶段、分步骤地贯彻和执行。

（2）为了实施新的战略，要设计与战略相一致的组织结构。这个组织结构应能保证战略任务、责任和决策权限在企业中合理分配。一个新战略的实施对组织而言是一次重大的变革，变革总会有阻力，所以对变革的领导是很重要的。这包括培育支持战略实施的企业文化和激励系统，克服变革阻力等。

（3）每个部门都必须回答以下问题：为了实施企业战略中属于我们责任的部分，我们必须做什么？我们如何才能将工作做得更好？战略实施是对企业的一种挑战，它要求激励整个企业的管理者和员工以主人翁精神和热情为实现已明确的目标而努力工作。

（4）建立控制系统，将每一阶段、每一层次、每一方面的战略实施结果与预期目标进行比较，以便及时发现偏差，适时采取措施进行调整，以确保战略方案的顺利实施。如果在战略实施过程中企业外部环境或内部条件发生了重大变化，则控制系统会要求对原战略目标或方案做出相应的调整。

需要指出的是，在战略管理实践中，各阶段并不是按直线排列的。由于各项工作是直接相联系的，很可能战略分析和战略决策重叠在一起；也可能评估战略时就开始实施战略了。所以，以上步骤主要是为了理论上讨论问题的方便而已。

四、战略管理的重要性

战略管理是指组织的高级管理层对战略的制定、执行和控制进行的管理活动。战略管理在组织管理过程中发挥着重要的作用，主要体现在四个方面。

（1）使组织适应环境变化。加强战略管理，通过环境分析预测未来变化，作出全局性的谋划，使组织内部条件更好地适应外部环境的要求，避免盲目性，以免遇事陷于混乱而导致失败。战略的失误是最大的失误，因此要有所预谋才足以应变。组织战略目标的确定必须使内部条件与外部环境相适应，才能保证战略目标切实可行。如果对外部环境没有把握，闭门造车，则可能导致失败。

（2）它对整个组织的运行起导向作用，发挥组织的协同效应。以战略引导组织活动的全过程被称为战略导向。战略往往是组织活动的起点和归宿，组织的一切活动都是从战略要求出发，最后以实现战略目标为依据。根据战略需要才能规划组织模式，具体组织各个部门的活动，进行资源配置，拟订实施短期的策略和计划，使各部分协调一致，发挥出协同效应，取得更好的效果。

（3）它使组织扬长避短，取得竞争优势。组织实行战略管理要进行优劣势分析，充分利用优势，扬长避短，以己之长克敌制胜，这也是战略的指导思想。它贯穿于组织活动的全过程。一切战略的最终归宿都是扬长避短、趋利避害，使自己在竞争中取胜。

（4）它为组织成员确立奋斗目标，统一全体成员行动，有助于调动全体人员的积极性、主动性和创造性，塑造良好的组织文化和组织形象。

第二节　人力资源管理

一、人力资源

（一）人力资源的含义

人力资源是指推动经济和社会发展的人的劳动能力，包括现实劳动能力和潜在劳动能力。人力资源与人口资源、劳动力资源的界定有所不同。人口资源是一个国家或地区在一定时期内所有人的总和。劳动力资源是指人口中达到法定的劳动年龄，具有现实的劳动能力，并且参加社会就业的那一部分人。从企业管理的角度看，企业人力资源是由企业支配并加以开发的、依附于企业员工个体的、对企业效益和企业发展具有积极作用的劳动能力的总和。

（二）人力资源的特点

人力资源是进行社会生产最基本、最重要的资源，与其他资源相比较，其具有以下四个特点。

1. 能动性

这是人力资源区别于其他资源的最根本的特点。人力资源具有思想、情感和思维，具有主观能动性，能主动利用其他资源去推动社会和经济的发展，其他资源则处于被动使用的地位。另外，由于人具有创造性思维的潜能，人力资源还是唯一能发挥创造作用的因素。人力资源的能动性体现在：一是自我强化，即通过接受教育或主动学习，使自己的素质得到提高；二是选择职业，即个人均可按照自己的爱好与特长自由地选择职业；三是积极劳动，即人在劳动过程中能够积极主动地利用自己的知识与能力，有效地利用其他资源为社会和经济发展创造性地工作。

2. 两重性

人力资源既是投资的结果，同时又能创造财富。从生产与消费的角度看，人力资本投资是一种消费行为，并且这种消费行为是必需的，没有这种先期的投资，就不可能有后期的收益。另外，人力资本与一般资本一样具有投入产出的规律，并具有高增值性。研究证明，对人力资源的投资无论是对社会还是个人所带来的收益都要远远大于对其他资源投资所产生的收益。

3. 时效性

人力资源是一种居于生命的资源，它的形成、开发和利用都要受到时间的限制。人在生命周期不同阶段的体能和智能是不同的，因而这种资源在各个时期的可利用程度也不相同。与物质资源相似，人力资源在使用过程中也会出现有形磨损和无形磨损。有形磨损是指人自身的衰老和疲劳，这是一个不可避免的、无法抗拒的损耗；无形磨损是指个人的知识技能与科学技术发展相比的相对老化。因此，人力资源在使用过程中有一个可持续开发、丰富再生的独特过程。人在工作的同时，确立终身学习的观念，不断地更新知识、提高技能、积累经验、增强素质，可以在一定程度上减少人力资源的无形磨损。

4. 社会性

每一个民族都有其自身的文化特征，每一种文化都是一个民族的共同的价值取向，但是这种文化特征是通过人这个载体表现出来的。由于每个人受自身民族文化和社会环境的影响不同，其个人的价值观也不同，他们在生产经营活动、人与人交往等社会性活动中，其行为可能与民族文化所倡导的行为准则发生矛盾，可能与他人的行为准则发生矛盾，这就要求人力资源管理注重组织文化建设，重视人与人、个体与群体、人与社会的关系及利益的协调与整合。

二、人力资源管理概述

（一）人力资源管理的内涵

人力资源管理是管理学中的一个崭新的和重要的领域。作为对一种特殊的经济性和社会性资源进行管理而存在，人力资源管理是指对员工有效管理和使用的思想和行为，也就是指一切对组织中的员工构成有直接影响的管理决策及其实践活动，包括对人力资源进行有效开发、合理配置、充分利用和科学管理的制度、法令、程序和方法的总和。简单来讲，人力资源管理是吸引、培养、维系有效劳动力的一系列组织活动。有效的人力资源管理具有普遍意义，任何一种社会形态中各种各样的组织都需要。

（二）人力资源管理的基本职能

人力资源管理的任务是，把企业所需的人力资源吸引到企业中来，将他们保留在企业，开发他们的潜能，充分发挥他们的积极作用，为实现企业目标服务。人力资源管理包括以下五项职能。

（1）获取。包括人力资源规划、员工招聘。

（2）整合。这是使员工之间和睦相处、协调共事、取得群体认同的过程，是员工融入组织使个人认知与组织理念、个人行为与组织规范的同化过程。

（3）奖酬。包括薪酬管理、福利管理和激励计划，它是指为员工对组织所作出的贡献而给予奖酬的过程。根据员工在实现企业目标过程中作出的贡献给予适当、公平的奖酬，公平合理的奖酬反过来可以激励员工为企业作出更大的贡献。

（4）调控。包括绩效考核和素质评估，以此为基础决定员工的奖惩、升迁、离退、解雇等，对员工实行公平的动态管理。

（5）开发。包括员工培训、职业生涯设计。

（三）人力资源管理的原则

人力资源管理的原则是人力资源管理活动一般规律的体现，是人们在人力资源管理中应遵循和依据的基本准则。在人力资源管理中，应遵循的基本原则主要有以下八条。

1. 系统优化原则

系统优化原则是基于现代管理的系统性质这一基本事实。现代组织是由许多相互联系、相互作用的系统要素（子系统）结合而成，具有特定的投入产出功能，处于一定环境中的有机整体。人力资源管理的系统优化是指人力资源系统经过有效的组织、协调、控制，其整体功能达到最优状态。系统优化要求：系统的整体效应大于个体或部分效应之和，即"1+1＞2"，且系统内部的消耗最小。人力资源管理的系统优化，需要通过有效的组织结构，使其形成一个有机整体，在同样数量和具备同样素质的劳动力投入前提下发挥它的最大效能。在动态环境中，人力资源管理必须不断进行动态调整，才能实现系统优化。具体来说，由于环境条件的变化，组织内原先相对平衡的人员结构失衡，客观要求及时改变这种失衡状况，从而形成新的平衡状态，才能达到系统优化，提高组织系统的效能。

2. 互补合力原理

互补是现代人力资源管理的要求。在组织内，人力资源管理要求群体成员间协调优化组合。要达到协调优化组合，必须采取扬长避短、优势互补的方法。作为群体中的每一个成员，人各有所长也各有所短，以己之长补他人之短，从而使每个人的长处得到充分发挥。作为群体，可以通过各成员间相互取长补短组合成最佳结构，从而形成群体优势，实现各个独立个体不可能达到的目标。

互补可以根据群体中的不同成员的特性作具体比较分析，选择最优结合。可以是各成员专业知识的互补结合，实现整个组织的专业知识结构的合理化；可以侧重于各成员能力相异的互补，在体力、智力、经验和心理上的互补，达到群体能力的较全面发展；也可以偏重于各成员间性格和性别的差异互补，形成良好的人际关系和稳定的心理环境。互补要求组织内各成员之间密切配合，产生更大的合力，推动组织发展。

3. 能级原则

"能级"是借用物理学的概念，是指物体所具有的做功能量，物质内部或系统内部由于结构、秩序、层次的存在,造成秩序的先后、层次的高低的自然级差。"能级"状态在管理中也存在。一个组织总要以一定的结构、层次、秩序呈现出来,在组织中从事各类活动的不同部门和人员,在组织中处于不同的地位和身份,呈"能级"状态,各自承担不同的职能和责任。显然,组织中"能级"存在是客观事实,人力资源管理遵循能级原则。

根据能级原则,人力资源管理要特别注意两方面:一方面,要建立一个科学的组织管理机构,管理者要对组织机构及其组成部分,以及目标、责任、工作范围、工作程序等进行合理设计。另一方面,各部门和人员的"位、责、权、利"相一致。不同部门和人员应该有明确的责任,责不交叉、各负其责;有相应的权利,权要到位,责权相应;有相应的利益,负有多大责,得多大利。做到在其位,谋其责,行其权,取其利。

4. 竞争原则

市场经济的一个最大特点就是竞争。通过竞争,优胜劣汰,实现资源合理流动和高效配置。人力资源管理也要坚持竞争原则,通过竞争,使人力资源得到合理配置,高效使用。竞争可以有效激励员工,通过公平、公正的竞争,使每个员工的才能得到合理使用。同时,组织也可以通过竞争发现各种人才。

人力资源管理坚持竞争原则,主要应做好以下工作:一是在用人方面坚持任人唯贤,根据人的才能合理安排工作;二是员工的录用和提拔,要通过公开、公平的考核,择优任用;三是员工职务的升降要以工作业绩为主要依据,并与人员的考核、使用结合起来;四是改革单一的委任制,采用聘任制、考任制、选举制等多种任用形式,实行个人和用人单位的双向选择。

5. 激励强化原则

激励强化是指通过对员工物质的或精神的需求欲望给予满足,来强化其为获得满足而努力工作的心理动机,从而调动人的积极性和创造性。人的能力分潜能力和显能力,潜能力是指由人本身的各种因素决定的一种可能能力;显能力是指人在实际工作中发挥出来的能力。在缺乏激励的情况下,显能力一般小于潜能力。人力资源管理要重视激励强化,充分激发员工的潜能力。

在人力资源管理中,激励强化原则的运用包括:一是管理者要善于激励员工。员工的动力源于需求,需求可大体划分为生理(物质)需求和精神需求两种类型,因此,既要重视物质激励,又要关注精神激励。二是管理者要设法"维系",即使员工的积极性和工作动力得以持续;激励和"维系"对组织活动的动力都十分重要,但"维系"更为困难复杂。三是关注利益相容。不同部门和人员之间利益不一致是正常的,但经各方的协商,适当妥协,可以达到利益相容,形成利益共同体。

6. 公平原则

公平原则是现代价值观在人力资源管理中的引申,它体现现代社会中组织与组织、组织与个人、个人与个人之间通行的一种关系。它包含着双重意义:一是公正,依照客观实际,对任何涉及该范围的人和事均一视同仁,同样对待;二是平等,各主体之间在地位、身份、人格等方面平等,不存在卑贱高低之分。如此,才能消除员工的消极因素,产生满意的心态和良好的工作态度。

人力资源管理遵循公平原则。首先要正视公平的约束力,并且要在管理活动中重视公平的效应。作为组织的管理者,对所有人应该平等相待。遵循公平原则,可以消除组织内出现的人际关系紧张和损害组织凝聚力的行为倾向,协调好个人与组织的关系。在组织活动过程中,关键就要看管理者是否以这些规则一视同仁地对待每个员工;如能做到,每个员工会以相应规则约束自己,一旦失范受到惩罚也会心甘情愿。

7. 个体差异原则

不同员工存在个体差异,这种差异主要表现为:一是能力性质、特点的差异,即能力的特殊性不同;二是能力水平的差异;三是人性与工作态度的差异。承认人与人之间能力水平上的差异,是为了在人力资源的利用上坚持能级层次原则,各尽所能,人尽其才。在人力资源管理中,遵循个体差异原则有以下要求。

(1) 对组织中的所有职位,应根据工作的复杂程度、难易程度、责任轻重及权力大小等因素,统一划分出职位的能级层次。把不同能力的人安排在相应能级层次的职位上,并赋予该职位应有的权利和责任。

(2) 人的能力会不断变化,因而每个人所对应的能级不是固定不变的。当一个人的能力特征改变,或层次水平上升下降,他所对应的职位及能级也必须进行相应调整。

(3) 不同的人在人性、需要层次方面也存在差异,因而管理者必须了解员工的个体差异,采用差异化管理,对不同的员工采取不同的方式进行管理、激励、使用与开发。

8. 人本原则

人本原则即以人为本,是人力资源管理最基本的原则。坚持以人为本原则,对人力资源管理至关重要。其一,人是主体,组织的发展与创新都要依靠人,依靠人的主体作用。其二,人是组织发展的动力之源。人的主观能动性与创造性,是组织活力乃至整个社会经济发展动力的源泉;只有坚持以人为本,才能充分激励人的工作热情和创造性。其三,人是目的。社会经济发展最终是为了人,为了满足人的需要、实现人的价值、促进人的发展。以人为本作为人力资源管理的核心理念,它体现了一种"人高于一切"和"一切为了人"的价值观,这种价值观是组织管理的全部意义所在。在人力资源管理中,人本原则的具体要求如下。

(1) 以人为中心,将人力资源管理的视角从以"事"为中心转移到以"人"为中心上来。

(2) 在组织活动中,管理者要尊重员工、关心员工、依靠员工,重视人性化管理。

(3) 强化对员工的激励,不能把员工置于严格的监督和控制之下,而是为其提供良好的环境和条件,通过有效激励,使他们的创造性和潜力得以充分地发挥。

(4) 重视组织文化建设,创造良好的文化环境,形成一种良好的共同愿景和团队精神。

(5) 以人为目的,重视员工的需要和对员工的开发,协调个人目标与组织目标,把员工自我价值的实现与组织的发展目标相融合。

三、人力资源管理的发展与挑战

(一)人力资源管理的发展趋势

(1)知识经济时代是一个人才主权的时代。人才有就业选择权与工作自主决定权,高素质人才易获得工作,拥有优势人才的企业有竞争力。

(2)员工是客户。站在员工的需求角度,为企业各层级的员工提供一揽子人力资源系统解决方案。

(3)人力资源管理的重心是对知识型员工的管理。

(4)人力资源管理的核心是人力资源价值链管理。

(5)企业与员工关系的新模式——以劳动契约和心理契约为双重纽带的战略合作伙伴关系;建立信任与承诺的关系,是双赢的战略合作伙伴关系。

(6)人力资源管理在组织中的战略地位上升,管理责任下移到直线经理手中。

(7)人力资源管理全球化、信息化。

(8)人才流动速率加快,流动交易成本和流动风险增加。

(9)沟通、共识、信任、承诺、尊重、自主、服务、支持、创新、学习、合作、支援、授权、赋能将成为人力资源管理的新准则。

(10)人力资源管理的核心任务是构建智力资本优势,人力资源管理角色的多重化、职业化。

(二)人力资源管理面临的挑战

(1)如何依据企业的战略要求设计和开发出企业的人力资源管理系统、绩效评估指标体系、薪酬体系。

(2)人力资源管理如何适应工作方式变化的要求。

(3)人力资源管理如何推动企业的组织与管理变革。

(4)组织的扁平化使员工承担更多的自我开发与自我管理。

(5)如何构建新的职位分析系统(在知识经济下)。

(6)员工的差异化,企业应如何针对不同类型的人才采取不同的雇佣模式。

(7)如何为员工提供适当的培训。

四、人力资源管理的功能与目标

(一)人力资源管理的功能

概括地讲,人力资源管理具有获取、整合、保持、评价、发展五个方面的功能。

1. 获取

根据组织的目标,确定所需员工的标准和条件,通过预测、规划、招聘、考评、选拔等方式,获取组织所需要的人员。获取职能主要包括工作分析、人力资源规划、员工招聘与选用等工作活动。

2. 整合

通过组织文化、信息沟通、人际关系、化解矛盾冲突等方式,对人力资源进行有效整合,使组织内部个体、群体的目标、行为、态度趋向组织的要求和理念,形成高度的合作与协调,发挥集体优势,提高组织的能力和绩效。

3. 保持

通过薪酬、激励、沟通、晋升等管理活动,保持员工的积极性,维护劳动者的合法权益,保证员工的工作安全与健康。保持职能主要包括两方面:一是保持员工的工作积极性,如公平报酬、有效沟通、参与管理、劳资关系和谐等;二是保持健康安全的工作环境。

4. 评价

对员工的工作成果、劳动态度、技能水平以及其他方面作出全面的考核、鉴定和评价,为作出相应的奖惩、升降、去留等决策提供依据。评价职能包括工作评价、绩效考核、满意度调查等。其中绩效考核是核心,它是奖惩、晋升员工的决策依据。

5. 发展

通过员工培训、工作丰富化、职业生涯规划与开发,促进员工知识、技能和其他方面素质的提高,使员工的劳动技能得到增强和发挥,最大限度地实现其个人价值和对组织的贡献,以达到员工个人和组织的共同发展。

(二) 人力资源管理的目标

人力资源管理的目标具有双重性,既要考虑组织的绩效与发展要求,又要考虑员工个人的发展,强调在实现组织目标的同时实现个人的全面发展。其具体目标主要包括以下四个方面。

1. 实现人力资源的合理配置

人力资源的合理配置包括数量和质量两方面:数量方面的合理配置指人与事平衡,比例合理;质量方面的合理配置指员工能力特点与工作岗位相适应,以达到事得其人,人尽其才,以保持人事相宜的良好状态。人力资源管理谋求的是在组织活动中人与事、人与人、人与组织的相互适应,使人力资源得到合理配置和有效利用。

2. 有效激励组织成员的潜能

每个人都有主观能动性,需要激励才能发挥。有效激励组织成员的潜能,可通过物质激励、精神激励、情感激励等各种方式,充分调动员工的积极性和创造力,使其潜能得到最大限度的发挥,从而提高人力资源的利用率与工作效率,促进组织绩效的提高和竞争力的增强。

3. 提高员工的工作生活质量

工作生活质量指管理部门和工会共同合作,改善员工的生活福利和工作环境,增加员工的参与决策,从而提高生产率和员工满意感。改善工作生活质量的要求:劳动报酬的充分性和公平性,安全和有利于健康的工作条件,组织中良好的人际关系,提高工作满意度,重视员工参与决策,关注员工的职业发展,保障员工在组织内的权利。

4. 提升人力资源的素质

实现员工与组织的共同发展,是人力资源管理的最终目标。从组织发展的角度看,组织绩效的改善和竞争力的提高,关键取决于人力资源的素质。从社会的角度看,人的全面发展是社会发展的目标。因此,人力资源管理的重要目标就是不断提升人力资源的综合素质,实现员工与组织的共同发展。

第三节 财务管理

一、财务管理的含义

企业财务管理是组织财务活动和处理财务关系的一项经济管理工作,是企业管理的一个重要组成部分。随着经济的发展,财务管理在企业管理中的地位和作用也越来越重要,有时甚至成为企业生存和发展的关键所在。

(一) 财务活动

在商品经济条件下,企业的职能是组织产品的生产和商品的销售,在生产过程中,劳动者将生产产品所消耗的生产资料价值转移到产品中去创造出新的价值。通过商品的出售,实现转移价值和新创造的价值,表现为使用价值的生产和交换过程与价值形成和实现的统一,而企业在生产经营过程中的商品价值的货币表现就是资金。在企业生产经营过程中,商品不断运动,商品价值形态也不断变化,由一种形态转化为另一种形态,周而复始地不断循环。从使用价值形态看,表现为商品运动;从价值形态看,则表现为资金运动。随着生产经营活动的不断进行,企业的资金始终处于不断循环周转之中,周而复始形成资金运动。因此,企业的资金运动是企业经济活动的一个方面,具有其独特的运动规律,这就是财务活动。

企业的财务活动是企业各项财务收支的资金运动的总结,是组织生产和经营的必要条件。在生产经营中,企业必须用各种方式,通过不同的渠道,以最低的代价,筹集一定数量的资金,用于各项必要的投资和生产经营的各个方面,谋求最大限度的资金运用效果,并对实现的利润进行合理的分配,以保证资金积累和股东的合法收益。所以,资金筹集、资金使用和资金分配一系列活动都是企业财务活动的主要内容。

资金筹集活动是资金运动的开始。企业组织商品生产必须具有一定数额可供支配的资金,一般来说,企业可以通过投资者投资和向银行或其他金融机构借入来筹集资金,而因筹集资金所发生的资金流入和流出是筹集资金所形成的财务活动之一。

资金使用活动包括企业内部使用资金和投放资金两个方面。在企业内部资金的营运过程中，表现为购买材料、商品，支付工资和其他费用及销售商品收回资金的资金收支活动；在投放资金过程中，表现为购置资产、对外投资的资金支出和收回，以及企业对内投资所形成的资产变卖和收回。不论是营运资金或投入资金，都是企业使用资金而引起的财务活动。

资金分配活动是企业通过资金的营运和投放，对取得的各种收入在扣除各种成本费用、税金后的收益进行分配的活动。资金分配活动可以通过投资人收益或企业留存方式进行。企业在生产经营过程中所形成的经营成果和收益在分配中所发生的资金收入、支出和退出，同样也是财务活动。

（二）财务关系

财务关系是指企业在组织财务活动中与有关各方面的经济利益关系。企业的各项财务活动必然要与国家、企业所有者、债权债务人和职工等发生财务关系。企业必须严格执行国家的法律法规，认真处理好各种关系，做到既要符合国家和企业利益，又要保护股东和利害关系人的利益。这些关系包括如下内容。

1. 企业同政府之间的关系

企业同政府之间的关系，是强制无偿的分配关系。体现在政府行使行政管理职能，担负维持社会正常秩序，保证国家安全，组织和管理社会活动等任务，无偿参与企业利润的分配关系。企业应按照税法规定向中央和地方政府缴纳所得税、营业税及其他税款，并上缴规定的有关费用。

2. 企业同投资者之间的财务关系

企业同投资者之间的财务关系，是企业的投资者（包括国家）向企业投入的资本以及企业向其所有者支付的投资报酬，形成的企业同其投资者之间的财务关系。企业投资者包括国家、法人和个人，企业同投资者必须按照合同、章程、协议的规定，履行出资义务和享受企业实现利润后所取得投资报酬的权利。

3. 企业同其债务人、债权人和其他关系人之间的财务关系

现代企业投资关系复杂，往来结算频繁，与金融机构、其他企业和个人之间有着信用、结算方面的债权债务关系。企业与债权人之间发生的财务关系主要是借入资金、发行债券和商业信用等方面的借贷和结算关系，企业必须合理调度资金，恪守信用，及时付息，如期履行付款义务；企业与债务人之间发生的财务关系，主要是购入债券，提供借贷和商业信用等方面的借贷和结算关系。企业必须要求债务人依法按时偿还债务，务必使双方按照合约办事，促进社会主义市场经济的健康发展。

4. 企业与内部各单位之间的财务关系

在企业内部实行经济核算制的条件下，企业内部各部门之间，在相互提供产品、材料或劳务时，也有内部计价结算，拨付、交还的财务关系，以明确各自的经济责任，这体现了企业内部的责权关系。

5. 企业与职工之间的财务关系

企业按照职工提供的劳动数量和质量,根据工资分配原则支付职工应得的报酬,包括工资、津贴、奖金等,它体现了按劳分配的关系。

二、财务管理的特点

财务管理是一项综合性的管理工作,在社会主义市场经济条件下,每个企业都要根据其面临的市场环境独立经营、自负盈亏,其特点主要有以下三个方面。

(一)价值管理

财务管理主要是运用价值形式对企业的生产经营活动进行全面管理。通过对企业的资金活动及其形成的财务关系进行组织、监督和调节,促进企业全面改善生产经营管理。同时,由于企业的资金活动贯穿于生产经营的全过程,还涉及社会的各个方面,这就决定了财务管理工作必然会在管理企业内部的整个生产经营活动的同时,还要关心社会各方面的经济利益,使企业的财务管理成为一项范围广泛、关系复杂的综合性管理工作。

(二)信息反馈

在市场经济条件下,市场充满着竞争,企业必须及时获得市场信息,并以此作出相应的决策方案。企业的决策是否正确,经营是否合理,生产是否符合市场需要,都可以在财务指标中及时得到反映。财务管理信息反馈迅速,有利于提出对市场的分析和反应,提高企业参与市场竞争的能力。

(三)控制和调节

对企业生产经营活动进行控制和调节,是财务管理的重要职能。财务管理主要是利用价值形式对企业生产经营活动进行控制和调节的,通过合法性检查和合理性检查达到控制和调节企业生产经营过程的目的。合法性检查是指检查是否遵守国家财经法规;合理性检查是指检查是否讲求资金使用效果。企业通过对各项财务收支和财务指标的检查和对计划定额的编制和分析,可以及时发现和制止不合法和不合理的行为,使企业财务行为规范化,并从中发现问题,改正错误,提高经济效益。

三、财务管理的作用

随着经济改革的深入,国内、国际的经济和市场环境不断发生着变化,使企业面临着激烈的竞争和挑战,每个企业都要独立经营,独立确定财务决策,加强以财务管理为中心的企业管理工作,在市场经济客观要求条件下,为追求企业效益和资本增值的目标而发挥作用。企业财务管理的作用主要表现在以下五个方面。

（一）指导企业经营，参与市场竞争

财务管理是一个全面性的管理活动，它的作用必然经常贯穿于企业经营战略和经营方针的全过程，因而必然要经常研究企业环境、政府政策和市场营销策略，积极参与市场竞争，财务部门通过制订合理的财务计划，经常作出检查分析，指导企业生产经营，使财务工作由被动转向主动。

（二）研究筹资策略、优化资本结构

筹集资金是企业的基本财务活动，是决定企业经营规模和发展速度的重要环节。随着金融市场的发展，企业的筹资渠道增多，通过一定的筹资渠道，采取合理的筹资方式，有效地组织筹集资金，也是财务管理作用的一项重要内容。企业在筹资渠道多元化、多层次的条件下采取最佳的筹资渠道和筹资方式筹集企业所需资金，研究合理筹资组合和最佳的资本结构，从而优化资源配置，降低综合资金成本，提高资金效益。

（三）组织资金投放，提高投资效益

企业财务管理在客观上易受资金时间价值、投资风险报酬以及通货膨胀的影响，通过财务管理分析、评价在资金的投放、使用活动中，按照报酬与风险平衡的原则，作出最佳投资策略，确定有利的投资方向、投资规模和投资结构，降低投资风险，提高投资效益，达到既可行又有利，为提高企业创利能力而发挥应有的作用。

（四）加强营运资金管理，实现资金管理效益

营运资金是企业日常经营活动所需垫支的流动资金，是企业理财工作的重点，加强对营运资金的管理是加速资金周转、提高资金利用效果的重要方面，财务管理通过合理安排日常营运资金的使用，达到实现最佳的流动资金管理效益、最合理的发展速度和最佳的偿债能力。

（五）合理分配利润，维护各方利益

利润分配是财务管理的主要内容，合理分配利润与国家、企业和投资人有着密切关系。企业在向国家缴纳所得税后，按比例提取公积金和公益金用于扩大企业和职工集体福利，剩余的分配给投资人作为投资报酬，如果支付投资报酬过多，会影响企业再投资能力，减少未来收益，反之，则会引起投资人的不满。为此，确定合理的分配规模和方式，达到既维护企业长期利益，又维护国家利益和投资人利益，是企业财务管理应发挥的作用之一。

四、财务管理的内容

根据企业的财务活动，企业财务管理的内容主要有四个方面：筹资管理、投资管理、营运资金管理和利润分配管理。

（一）筹资管理

筹资管理是对企业财务活动中的筹资活动的管理。企业欲开展生产经营活动，需筹集到其经营规模所需要的一定数量的资金。公司所筹集的资金既要能够满足正常经营和特定投资计划的需求，也要考虑归还各项到期债务和支付利息及股利方面的要求。筹集所需的资金是企业开展经营活动的前提条件。

筹资管理就是要解决如何筹集所需的资金，包括向谁筹资、什么时间以及筹集多少资金等问题。不同的筹资渠道和筹资方式由于筹资成本不同，资金使用的时间、条件也不尽相同，给公司带来的风险大小也就不同。筹资管理的目标就是正确权衡成本与风险之间的关系，采用最适当的筹资方式来筹集资金，在风险适度的情况下，保证资金成本最低。

筹资管理的关键是确定公司的资本结构，即各种来源的资本在总资本中所占的比例。具体内容包括：确定具体的财务目标；预测对资金的需求量；规划资金的来源渠道；研究各种筹资方式及其优、缺点，选择合理的筹资方式和渠道；确定综合资金成本与最优资本结构，保持资本结构的合理性。

（二）投资管理

筹资是为了投资，企业投资管理就是对企业财务活动中的投资活动进行管理。在财务管理学中，广义上的投资是指公司全部资产的占用，也称资产的配置，但财务管理中的投资更常用的是狭义的投资，是指企业的固定资产等长期经营性资产的投资。企业投资管理的根本任务就是依据公司的具体经营目标和管理要求，合理配置固定资产类型与产能，提高固定资产等长期经营性资产的利用效率和盈利能力。

企业固定资产等长期生产性的投资收益较高，但流动性差，风险大。因此，在进行投资决策时，要仔细进行风险因素分析，将风险控制在合理的范围内。长期投资管理的具体内容可以归纳为：确定长期投资管理的财务目标，实施投资项目的可行性研究。

（三）营运资金管理

财务管理的根本任务就是依据公司的具体经营目标和管理要求，合理配置各类资产，并对有关投资事项做深入分析，加强资金管理和成本控制，不断加快资金的周转速度，提高流动资产的配置效率以及利用水平。

营运资金管理主要是对企业的现金、短期有价证券、应收账款和存货等流动资产的管理，这类资产具有较强的流动性，可以提高企业的变现能力和偿债能力，减少企业的财务风险，但同时伴随的是较差的盈利能力。公司需要对该类资产的风险和收益进行权衡比较后，确定适宜的资产形式以及资产规模。营运资金管理的具体内容可以归纳为：制定营运资金的管理方针，加强成本费用控制，强化金融资产投资监督。

（四）利润分配管理

公司通过生产经营和对外投资等都能获取利润，对利润应按照规定的程序进行分配。财务管理应该努力挖掘各项潜力，合理有效地使用人力、物力和财力，增加公司盈利，提高公司价值。同时，财务管理也要根据公司的具体经营状况和未来发展的要求，制定合理的分配政策，正确处理各项财务关系，确定有效的税收方针，定期考核总体及各部门的经营业绩，进行全面财务分析，为未来更加稳定和长期的发展提供保障和指明方向。

在进行财务分配时，既要考虑股东的近期利益，也要考虑股东的远期利益和公司的长远发展，过高的股利支付率会影响公司的再投资能力，不利于公司的长远发展，相应会损害股东的长期利益，公司应该根据实际情况，全面考虑各种因素的影响，合理作出财务分配的决策，以实现公司价值最大化的财务目标。

利润分配管理的具体内容可归纳为以下五个方面：确定合理的财务分配政策，准确处理好各项财务关系，确定有效的税务方针，建立完备的责任考核制度，实施全面的财务分析。

参考文献

[1] 张丽：《大学生就业与创业教程》，武汉大学出版社2017年版。
[2] 李建宁、邢敏：《大学生就业指导》，北京理工大学出版社2017年版。
[3] 黄明霞、余仕良、康瀚月：《大学生就业指导与创业咨询》，中国纺织出版社2018年版。
[4] 王海：《大学生就业与创业教育理论研究》，吉林大学出版社2018年版。
[5] 杨公科、孟野、雷五兰：《当代大学生就业方略》，陕西科学技术出版社2003年版。
[6] 姚凤云、郑郁、赵雅坦：《大学生就业与创业》，清华大学出版社2017年版。
[7] 朱纪纲、王英鉴：《大学生就业指导与创业教育》，浙江工商大学出版社2016年版。
[8] 李肖鸣：《大学生就业与创业指导教程》，河北大学出版社2011年版。
[9] 刘永贵：《大学生就业与创业指导》，科学出版社2017年版。
[10] 郭伟、陈永秀：《大学生就业与创业指导》，中国铁道出版社2014年版。
[11] 孟丽娟、张云仙：《大学生就业与创业指导》，山东人民出版社2013年版。
[12] 吴国新、刘极霞：《大学生就业与创业指导》，电子科技大学出版社2013年版。
[13] 刘平：《大学生就业与创业指导》，清华大学出版社2016年版。
[14] 杨珺、刘军林：《大学生就业与创业指导》，西北工业大学出版社2011年版。
[15] 伍祥伦、何东、杨德龙：《大学生就业指导与创新创业教育》，科学出版社2017年版。
[16] 苗天慧：《大学生就业与创业指南》，中国科学技术出版社2009年版。
[17] 郭鹏、冯丽霞：《大学生就业教育》，清华大学出版社2016年版。
[18] 孙宏伟：《大学生就业指导》，山东人民出版社2010年版。
[19] 于长湖、闫振华：《大学生就业创业与职业生涯规划》，中国经济出版社2010年版。
[20] 李新野、刘晓慧、张巍：《大学生就业创业法律指导》，华南理工大学出版社2012年版。
[21] 鄢万春、吴玲：《大学生就业创业与职业发展指导》，科学出版社2016年版。
[22] 张兵仿：《大学生就业指导教程》，时事出版社2016年版。
[23] 张彦军、杜峰：《大学生就业指导与实践》，北京工业大学出版社2011年版。
[24] 孙玉梅、张吉松、苏凤：《大学生就业、创业理论指导与实践分析》，中国纺织出版社2017年版。
[25] 章加裕、余康发、陈树发：《大学生就业指导概论》，西南交通大学出版社2009年版。
[26] 刘建中：《大学生就业指导》，电子科技大学出版社2020年版。
[27] 张信容：《大学生就业与创业》，高等教育出版社2011年版。
[28] 李燕、邵林、王志军：《大学生就业指导创新研究》，浙江大学出版社2013年版。

〔29〕杨晓慧：《大学生就业创业教育研究》，经济科学出版社 2015 年版。

〔30〕胡钟华、竺照轩：《大学生就业指导》，机械工业出版社 2020 年版。

〔31〕朱选朝：《大学生就业创业》，上海交通大学出版社 2018 年版。

〔32〕邓长青、李斌成、王燕：《大学生就业指导概论》，华中科技大学出版社 2005 年版。

〔33〕秦荔康：《大学生就业与创新创业的多维度分析》，《人才资源开发》，2022 年第 10 期：第 56－57 页。

〔34〕王明明、刘晓红：《基于企业需求的大学生就业创业能力培养策略探析》，《创新创业理论研究与实践》，2022 年第 8 期，第 82－84 页，第 124 页。

〔35〕刘颖：《"双创"背景下大学生就业创业机制优化研究》，《就业与保障》，2022 年第 3 期，第 121－123 页。

〔36〕晋捷：《"互联网＋"时代下的大学生就业创业》，《山西青年》，2022 年第 8 期，第 113－115 页。

〔37〕史蓓：《职业生涯规划在大学生就业创业工作中的作用》，《才智》，2022 年第 10 期，第184－186 页。

〔38〕陈惠鑫：《校企合作，助力大学生就业创业》，《人力资源》，第 2022 年第 6 期，第 88－89 页。

〔39〕宋智华：《高校大学生创新创业及就业能力培养路径》，《人才资源开发》，2022 年第 6 期，第 42－44 页。

〔40〕朱建利：《大学生创新创业与就业指导深度融合的研究》，《产业创新研究》，2022 年第 2 期，第 157－159 页。

〔41〕李颖：《新时代大学生就业观研究》，河北大学博士学位论文，2021 年。

〔42〕李文俊：《新时代大学生劳动观培养研究》，辽宁大学硕士学位文化文，2021 年。

〔43〕盛红梅：《新时代大学生创新创业价值观研究》，东北师范大学硕士学位论文，2020 年。